贵州省高校人文社会科学研究项目资助
选题名称：贵州推进旅游产业化的重要理论和实践研究
课题编号：2024RW66

黔东南州旅游高质量发展研究

陈烦　著

中国纺织出版社有限公司

图书在版编目（CIP）数据

黔东南州旅游高质量发展研究 / 陈烦著 . -- 北京 ：
中国纺织出版社有限公司，2025. 5. -- ISBN 978-7
-5229-2717-6

Ⅰ. F592.773.2

中国国家版本馆 CIP 数据核字第 2025CG9481 号

责任编辑：顾文卓　向连英　　特约编辑：贾可心
责任校对：寇晨晨　　　　　　责任印制：储志伟

中国纺织出版社有限公司出版发行

地址：北京市朝阳区百子湾东里A407号楼　邮政编码：100124

销售电话：010—67004422　传真：010—87155801

http://www.c-textilep.com

中国纺织出版社天猫旗舰店

官方微博http://weibo.com/2119887771

北京虎彩文化传播有限公司印刷　各地新华书店经销

2025年5月第1版第1次印刷

开本：710×1000　1/16　印张：16

字数：266千字　定价：98.00元

前　言

　　旅游业作为全球最具活力的综合性产业之一，既是推动经济增长、促进社会就业的重要引擎，也是传承文化、增进人类文明互鉴的桥梁。随着全球经济格局的深刻变革与消费需求的持续升级，传统粗放式、规模化的旅游发展模式已难以适应新时代的要求。如何在生态保护、文化传承与经济效益之间寻求平衡，如何通过创新驱动实现旅游业质的跃升，成为全球共同关注的课题。我国旅游业历经数十年的高速发展，取得了举世瞩目的成就，但同时也面临资源开发过度、产品同质化、服务品质不均等问题。党的二十大报告将高质量发展置于全面建设社会主义现代化国家的核心地位，为旅游业转型升级提供了根本遵循。

　　黔东南苗族侗族自治州（以下简称黔东南州），镶嵌于云贵高原向湘桂丘陵过渡的褶皱之中，是贵州最早的文化发祥地之一，是自然生态保存完好、奇山秀水、自然风光迷人的"森林之州"，是全球18个生态文化保护圈之一，是地形地貌奇异复杂、景象万千的"神奇之州"，是"返璞归真、回归自然"的"全球十大旅游胜地"，是民族风情原生浓郁、文化积淀异常深厚、民族歌舞、民族节庆世界闻名的"歌舞之州、百节之乡"，是"国家全域旅游示范区""中国·黔东南民族文化旅游示范区"，是中国民族文化旅游最佳目的地TOP10之一，是"原生态民族文化博物馆""苗族侗族文化遗产保存核心地""人类疲惫心灵栖息的家园"。这里汇聚了苗岭山脉的苍翠、清水江的灵动与千年民族文化的瑰丽，33 个民族在此繁衍生息，创造了以吊脚楼建筑、苗族飞歌、侗族大歌为代表的非物质文化遗产。在新时代"绿水青山就是金山银山"的发展理念指引下，旅游业已成为黔东南州实现生态保护、文化传承与乡村振兴协同发展的重要抓手。在此背景下，本书聚焦"高质量"这一核心命题，试图从理论建构、实践路径与政策创新等维度，探索黔东南州旅游业高质量发展的新方向、新动能。

本书立足新发展格局，以"守正创新"为方法论内核，通过系统性探索和实践验证，基于理论分析与现状调查，构建旅游高质量发展的理论框架，分析旅游高质量发展的作用机理，探寻黔东南州旅游高质量发展存在的问题，并提出推动黔东南州旅游高质量发展的实践路径，以期为民族地区旅游业转型升级提供科学路径，实现经济、文化、生态与社会的协同发展。通过"理论构建—实践验证—模式推广"的闭环，探索一条民族地区通过文旅融合实现经济升级、文化复兴、生态优化与社会和谐的特色道路。

全书共分为七章：第一章围绕研究背景、国内相关研究的综述、研究目的与研究意义、研究方法、创新点、相关理论基础等高质量的理论框架展开；第二章探讨黔东南州旅游高质量发展的机理，围绕黔东南州旅游高质量发展的意义、原则、影响因素、驱动力以及作用机理展开；第三章聚焦黔东南州旅游高质量发展现状，围绕黔东南州旅游发展阶段，旅游资源的现状、特点以及黔东南州旅游高质量发展现状展开；第四章探讨黔东南州旅游高质量发展的比较优势，围绕自然旅游资源体系、人文旅游资源体系、传统村落旅游体系、和特色旅游产品体系展开；第五、第六章聚焦黔东南州旅游高质量发展的问题，提出制度优化建议与前瞻性思考；第七章是结论和研究展望。

需要说明的是，旅游高质量发展并非一蹴而就的工程，其实现需要政府、企业、社区与游客的协同共治。本书在成稿过程中，既吸收了学界的前沿成果，也参考了行业一线从业者的宝贵经验，更从无数游客的真实反馈中提炼出需求导向的启示。在此，谨向所有为本书提供支持的专家学者、实践工作者致以诚挚谢意。特别感谢各基金、项目对本课题的资助，使研究得以顺利展开。

囿于研究视野与成书周期的客观限制，本书内容恐有未尽完善之处，恳请读者批评指正。期待本书能为政府部门制定政策、企业优化战略、学界深化研究提供有益参考，更希望以此抛砖引玉，激发更多关于旅游高质量发展的深度思考。

陈烦

2025 年 2 月于凯里

目　录

第一章　绪论

一、研究背景

党的十九大报告中指出"我国已步入高质量发展阶段"，高质量发展是新时代经济社会发展的战略选择，是全面建设社会主义现代化国家的首要任务。党的二十大报告指出，高质量发展是全面建设社会主义现代化国家的首要任务。《"十四五"文化和旅游发展规划》明确提出，要有序推进文化和旅游实现高质量发展，让文化和旅游产业成为满足人民美好生活需要和推动高质量发展的重要支撑。经历多年发展，旅游已经从高速增长阶段转向优质旅游发展阶段。

根据文化和旅游部公布的 2024 年前三季度国内旅游数据情况，2024 年前三季度，国内旅游总人次 42.37 亿，同比增长 15.3%，旅游收入（旅游总花费）4.35万亿元，同比增长 17.9%。中国经济已由高速增长阶段转向高质量发展的阶段，旅游在社会发展和国民经济体系中的地位不断上升，日益成为缓解产能过剩的重要出路，成为推动经济社会发展的新动力，成为文化繁荣的新舞台，成为产业转型升级、提升区域软实力的重要抓手，成为民生幸福的新途径。

旅游是服务人民美好生活的事业，是幸福产业、健康产业，是美丽经济。当前，我国旅游发展速度、发展规模、发展效益大幅提升，旅游逐步从小众旅游向大众旅游转变，从单一观光旅游向观光休闲度假旅游、沉浸式旅游转变，从景点旅游向全域旅游转变，从资源依赖向谋划创意转变，从门票经济向产业经济转变，从浅层次旅游向深层次旅游转变，从市场低端向市场高端转变，从旅游单一发展向集聚发展转变，旅游发展迈出高质量发展步伐。如何提升旅游品质，把旅游业培育成国民经济的战略性支柱产业，促进旅游业持续高质量发展已成为当务之急。

（一）政策背景

1. 旅游高质量发展有利于共同富裕目标的实现

共同富裕作为社会主义的本质要求，既是发展目标，也是复杂的社会系统工程。其长期性和艰巨性源于中国区域发展差异、城乡二元结构、收入分配格局等多重矛盾的叠加，需要在高质量发展中通过制度创新、资源再平衡和利益共享机制逐步破解。高质量发展是我党基于当前社会主要矛盾做出的正确判断和战略部署，习近平同志指出，"在高质量发展中促进共同富裕是总的思路"，以高质量发展推进共同富裕已成为解决人民日益增长的美好生活需要和不平衡不充分的发展之间的矛盾的关键之举、长期之策。2024年全年国内旅游人数达到56.15亿人次，旅游作为服务人民美好生活的重要载体，正经历从"小众高频"向"大众普惠"的深刻转型，本质上是中国式现代化进程中"发展为了人民"理念的生动实践。旅游作为综合性产业，通过其独特的经济与社会属性，能够有效发挥富民惠民、产业联动和区域协调的功能，成为推动共同富裕的重要引擎。

高质量旅游注重挖掘地方特色资源（如生态、文化、乡村），形成"旅游+"产业链（如农业、手工艺、文创），为欠发达地区创造新的经济增长点，促进地方经济多元化，激活区域发展潜力。旅游高质量发展通过深化产业融合与延伸产业链条，能够充分释放乘数效应，形成"点—线—面"联动的经济增值网络，激活全链条经济效应。在横向融合方面，有利于打破产业边界，构建"旅游+"生态圈。"旅游+农业"通过农旅融合提升农产品附加值，"旅游+文化"通过非遗活动与消费场景创新结合激发文化魅力，"旅游+科技"通过数字化重构旅游体验边界，"旅游+"生态圈驱动跨界融合，促进产业升级。

在纵向延伸方面，有利于贯通产业链条，释放上下游协同价值。从上游来看，通过景区开发可以拉动建材、园林设计等行业需求，有利于资源开发与要素整合；从中游来看，旅游交通（航空、高铁）、酒店建设可以促进基建投资，有利于推动服务升级与效率革命；从下游来看，可以扩展文创产品、旅游保险、跨境购物等衍生消费，有利于消费延伸与价值裂变。旅游高质量发展通过横向融合打破产业壁垒、纵向延伸提升价值链韧性，最终形成"一业兴百业旺"的共生格局。其经济价值不仅体现在直接产出增长，更在于通过就业包容、要素流动和利益共享，将产业红利转化为共同富裕的基石。

2. 旅游高质量发展有利于国内国际"双循环"格局的构建

旅游高质量发展对构建国内国际"双循环"新发展格局具有重要的推动作用。通过提升旅游产业的质量和效率，旅游业不仅能够激发国内消费潜力、促进经济结构优化，还能增强国际交流合作、推动全球资源要素流动。

在国内大循环方面，旅游高质量发展有利于扩大内需，促进消费升级；优化供给结构，推动产业转型；促进就业与区域协调发展。旅游业是典型的消费驱动型产业，覆盖"吃住行游购娱"全链条，能有效拉动交通、餐饮、文化、零售等关联产业发展。高质量旅游产品（如文旅融合、康养旅游、乡村旅游）可满足居民多元化、个性化需求，释放消费潜力。旅游高质量发展强调数字化、绿色化、品牌化转型。文旅融合（如"非遗+旅游""博物馆+旅游"）能提升文化附加值，推动传统产业升级。旅游业是劳动密集型产业，可吸纳大量就业，尤其为中小城市、偏远地区提供发展机会。通过跨区域旅游线路（如长江经济带、大运河文化带旅游），促进资源整合与区域协同发展。

在国际循环方面，有利于扩大开放合作，提升国际竞争力。高质量旅游服务（如高端定制游、国际会展旅游）能提升中国旅游品牌的全球吸引力，增加入境游收入，平衡服务贸易逆差。通过跨境旅游合作区（如中老铁路沿线旅游）、国际文旅节庆活动，可以促进沿线国家文化交流与经济合作。中国游客出境游带动目的地国消费，同时引入国际先进管理经验和技术，形成双向互动。通过制定国际旅游标准（如可持续旅游认证）、参与世界旅游组织（UNWTO）等平台，可以增强中国在全球旅游规则制定中的影响力。

旅游高质量发展通过激活内需、优化供给、扩大开放，成为连接国内国际双循环的重要纽带。它不仅是中国经济转型升级的抓手，也是构建人类命运共同体、推动全球化可持续发展的重要路径。未来需进一步发挥旅游业的"乘数效应"，为"双循环"格局注入更强动力。

3. 旅游高质量发展需要以五大发展理念为引领

2015年10月26日至29日在北京举行党的十八届五中全会，明确提出了"创新、协调、绿色、开放、共享"的新发展理念。旅游高质量发展是推动经济转型升级、满足人民美好生活需求的重要途径，以"创新、协调、绿色、开放、共享"五大发展理念为引领，能够为旅游业注入新动能、构建新格局。旅游业具有内生的创新引领性、协调带动性、开放互动性、环境友好性、共建共享性，与五大发展理念高度契合❶。

创新方面，通过产品创新、技术创新和模式创新，有利于驱动旅游业态升级。开发文化IP旅游、研学旅行、康养旅游等新业态，创新旅游产品，可以突破传统"门票经济"，推动"体验经济"发展。利用大数据、人工智能、虚拟现实（VR/AR）等技术打造智慧旅游，进行技术创新，如智能导览、沉浸式体验景区、在线预订平台优化，有利于提升游客便利性。推动"旅游+"跨界融合，进行模式创新，如文旅与农业、体育、教育结合，有利于形成乡村民宿、体育赛事旅游等复合型产品。

协调方面，通过协调统筹，有利于区域联动与城乡均衡。打破行政区划壁垒，构建跨区域旅游带（如长三角一体化旅游圈、黄河文化旅游带），有利于实现资源共享、线路互通，促进区域协同。城市依托文化资源和商业设施发展都市旅游，

---

❶ 吕雁琴，陈静，邱康权.新发展理念下中国旅游业发展水平的空间非均衡及动态演变研究［J］.新疆大学学报（哲学·人文社会科学版），2021，49（3）:1-9.

乡村通过生态和民俗打造特色小镇、田园综合体，避免同质化竞争，有利于实现城乡互补。

绿色方面，通过绿色引领，有利于可持续发展。通过将生态保护、资源节约与环境友好理念贯穿于旅游开发、运营和消费的全过程，能够有效平衡经济增长与生态保护的关系，实现旅游业的长远健康发展。

开放方面，通过开放合作，有利于国际化与双向互动。通过开放合作，旅游业能够突破地域限制、整合全球资源，加速国际化进程并实现双向互动。这不仅促进客源市场与旅游服务的跨境流动，更通过文化交融、标准互认和产业链协同，提升旅游业全球竞争力与影响力。

共享方面，通过共享共赢，有利于普惠性与包容性发展。通过共享共赢，旅游业能够打破资源垄断与利益分配失衡，推动发展成果惠及更广泛群体，尤其是弱势地区、低收入人群及特殊需求群体，从而实现普惠性与包容性增长。共享共赢强调主体共治、利益共享、机会公平，通过制度设计、技术赋能与社区参与，构建旅游业可持续发展的社会根基。

（二）实践背景

1.国家层面

旅游高质量发展已成为国家战略的重要组成部分，近年来，国务院、文化和旅游部等部委围绕这一目标出台了一系列政策文件，逐步构建起以供给侧结构性改革、文旅融合、科技赋能、生态保护为核心的顶层设计框架。《"十三五"旅游业发展规划》（国发〔2016〕70号）首次将旅游业定位为"幸福产业"，提出质量效益型发展路径；《关于促进全域旅游发展的指导意见》（国办发〔2018〕15号）确立了"全域旅游"发展理念，推动旅游治理体系重构；《"十四五"旅游业发展规划》（国发〔2021〕32号）明确旅游业"三步走"战略，提出到2025年形成高质量发展格局；《关于释放旅游消费潜力推动旅游业高质量发展的若干措施》（国办发〔2023〕36号）聚焦新消费场景培育与服务质量提升，《智慧旅游创新发展行动计划》（办资源发〔2024〕82号）明确数字技术在旅游全链条中的应用路径。相关政策文件围绕"提质增效、创新融合、绿色发展、科技赋能"等核心主题，提出了明确的发展目标和实施路径。例如，《国内旅游提升计划（2023—2025年）》明确提出，到2025年，国内旅游市场规模保持合理增长，优质旅游供给更加丰富，游客消费体验显著改善，旅游公共服务效能持续提升。当前，国家政策体系正朝着"精准化、数字化、国际化"方向深化，未来，国家将继续深化旅游业改革，推动政策落地实施，进一步释放旅游消费潜力，助力经济高质量发展。

2. 省级层面

省级层面以贵州省为例，贵州省近年来围绕旅游高质量发展出台了一系列政策文件，旨在推动旅游业从规模扩张向品质提升转型，充分发挥其作为全省支柱产业的带动作用。《贵州省"十四五"文化和旅游发展规划》提出建设"国际一流山地旅游目的地和国内一流度假康养目的地"总体目标，明确"旅游产业化"战略路径，部署市场主体培育、业态升级、服务质量提升、盘活闲置低效项目"四大行动"。《关于推动旅游业高质量发展加快旅游产业化建设多彩贵州旅游强省的意见》确立了"两大提升"（产品服务质量、游客满意度）、"三大要素"（资源、客源、服务）的总体思路。《关于加强金融支持文化和旅游产业高质量发展的若干措施》（黔文旅发〔2022〕33号），提出拓宽文化和旅游企业融资渠道、优化提升金融服务质量、加强文化和旅游企业信用环境建设、完善文化和旅游资产抵质押担保、加大信贷支持力度、加强协调联动六个方面二十二条具体的金融支持文化和旅游产业高质量发展措施。此外，还发布了《贵州省旅游条例》《贵州省传统村落保护和发展条例》，制定了《贵州省大旅游创新发展工程专项行动方案》《贵州省加快生态旅游发展实施意见》《贵州省旅游资源管理办法（试行）》等。贵州通过政策创新与资源整合，正逐步形成以山地旅游为核心、民族文化为特色、乡村振兴为支撑的高质量发展模式，加快贵州旅游高质量发展其时已至、其势已成。

3.市州级层面

市州级层面以黔东南州为例，黔东南州位于贵州省东南部，自然生态保存完好，奇山秀水，自然风光迷人，誉为"森林之州"，地形地貌奇异复杂，景象万千，誉为"神奇之州"，民族风情原生浓郁，文化积淀异常深厚，民族歌舞、民族节庆世界闻名，誉为"歌舞之州、百节之乡"，是贵州最早的文化发祥地之一，是全球 18 个生态文化保护圈之一，是"返璞归真，回归自然"的全球十大旅游胜地，是"中国·黔东南民族文化旅游示范区""国家全域旅游示范区"，是中国民族文化旅游最佳目的地 TOP10 之一，是"原生态民族文化博物馆""苗族侗族文化遗产保存核心地""人类疲惫心灵栖息的家园"。黔东南州作为贵州省民族文化与生态资源富集区，近年来围绕旅游高质量发展出台了一系列政策文件，旨在通过顶层设计推动旅游业转型升级、文化传承与生态保护协同发展。《黔东南州"十四五"文化和旅游发展规划》明确将旅游业作为全州支柱产业，提出建设"国际知名民族文化旅游目的地"和"中国民族文化保护示范区"的目标。强调以苗侗文化为核心，打造"一核两廊三区"旅游空间布局。《黔东南苗族侗族自治州传统村落保护实施办法（试行）》通过立法保护传统村落文化肌理，规范旅游开发行为，避免过度商业化。2022 年 10 月 28 日，黔东南州人民政府办公室印发了《黔东南州民宿高质量发展实施方案》（黔东南府办函〔2022〕54 号），方案从规划布局、配套设施、宣传推广、品牌引领、产品建设、经营模式、品牌运营等方面提出 11 条措施，促进黔东南州民宿产业集群、高质量发展。旅游作为满足群众美好生活需求的重要领域，正面临从量变到质变的深刻转型。旅游高质量发展号角已经吹响，必将迎来新一轮发展春天。

（三）学术背景

旅游高质量发展文献发表的时间分布能有效地反映特定时间内旅游高质量发展的整体研究现状以及受关注的程度。在中国知网数据库上，以"旅游""高质量"为篇名检索词，对 2017~2023 年的相关文献进行检索，统计自 2017 年"高质量"

一词首次提出以来各年的期刊文献，可得到旅游高质量发展研究发文数量年度分布图，如图1-1所示。从总量上看，我国旅游高质量发展研究发文数量呈上升趋势，由2017年的2篇增长到2023年的360篇，增长率高达17900%，年均增长率2983%。研究主题主要涉及高质量发展、乡村旅游、乡村振兴、旅游业、文旅融合、全域旅游、旅游产业、乡村旅游发展、高质量发展、经济高质量发展、乡村振兴战略、文化旅游产业、文化旅游、旅游高质量发展、发展路径、产业融合、生态旅游、康养旅游、文旅产业、体育旅游、数字经济、旅游景区、黄河流域、新发展理念、发展探析、发展策略研究、体育旅游产业、发展对策研究、冰雪旅游、乡村旅游产业、新时代、实现路径、河北省、休闲农业、河南省、乡村文化旅游、中国式现代化，研究层次主要涉及政策研究（社科）、基础研究（社科）、基础与应用基础研究（自科）、行业指导（社科）等。

旅游高质量发展研究发文数量年份分布图

图 1-1　旅游高质量发展研究发文数量年度分布图

　　基于以上背景，本研究在对旅游高质量概念、内涵、乡村旅游高质量发展、旅游景区高质量发展等国内外相关研究进行梳理后，对旅游高质量发展相关理论进行阐述；基于文献与相关理论基础，分析探讨黔东南州旅游高质量发展研究，结合自身旅游条件、旅游发展基础、旅游资源特色以及地区的区域经济发展的现状，探索出一条独具特色的、具有一定示范效应的旅游高质量发展的路径，这样有利于避免大拆大建，简单复制，科学合理开发旅游资源增量，激活旅游资源存量，串联旅游吸引要素，促进区域旅游更好的发展，对黔东南州民族文化特色旅游、"民族文化国际旅游目的地"的打造具有重要的意义。

二、国内相关研究综述

（一）高质量发展的内涵

高质量发展是指在确保经济持续健康发展的基础上，通过提升产业技术水平、优化产业结构、强化创新驱动、提高产品和服务质量等手段，实现经济增长的质量和效益的提升。其核心在于从单纯追求经济规模和速度的增长，转向更加注重质量、效率、公平、可持续和安全的综合发展。这一概念最早在党的十九大报告中提出，并成为新时期中国经济发展的重要战略目标。从起源背景来看，高质量发展的概念源于中国经济发展进入新常态，传统的高速增长模式面临资源环境约束加剧、发展动力转换等挑战。高质量发展以质量优先，从"有没有"转向"好不好"，注重发展效益和竞争力；以创新为引领，通过科技突破和模式创新驱动经济增长；以系统思维统筹政治、经济、文化、社会和生态文明建设，兼顾当前与长远利益，避免以牺牲环境和社会公平为代价的增长。发展阶段上，中国经济自改革开放以来经历了高速增长阶段，进入 21 世纪后逐步转向高质量发展阶段。高质量发展是实现中国式现代化的必由之路，其本质是以人民为中心的发展，目标是建设社会主义现代化强国。它不仅追求经济增长，更强调发展的全面性、协调性和可持续性，是新时代中国应对国内外挑战、实现民族复兴的核心路径。标志性事件包括中国政府发布的"十四五"规划和 2035 年远景目标纲要，这些都是中国高质量发展的重要标志。高质量发展是创新驱动的发展，是集约高效的发展，是平衡充分的发展，是绿色生态的发展。

（二）旅游高质量发展研究

旅游高质量发展以旅游经济质量的提升为基础[1]，是新时代经济社会发展的战略选择[2]，是一种更高层次的可持续发展[3]，旅游高质量发展是指在旅游产业发展过程中，注重质量效益而非单纯数量增长，强调可持续性、创新性、协调性和人民的幸福感，追求可持续、协调、创新、绿色、开放的发展模式。

旅游高质量发展研究内容覆盖了众多方面，包括地区差异、经济质量、发展路径、融合模式、评价体系、技术应用等，体现了旅游高质量发展研究的深度和广度。胡北明、王之婧、胡灵珊（2023 年）通过分析 31 省份规划文本，探索了"十四五"时期中国旅游产业发展的地区差异。马波、高丽鑫、寇敏（2022 年）基于旅游供需两个方面的基本特征，构建了旅游性价比分析的拓展框架，并对旅游性价比展开动态分析。胡北明、王之婧、胡灵珊（2023 年）提出了调整旅游产业结构、创新旅游产业发展模式、提升发展实力、发挥文化驱动作用等旅游产业高质量发展路径。魏鹏举（2022 年）和侯兵、杨君、余凤龙（2020 年）分别探讨了文旅深度融合和文化和旅游融合对高质量发展的影响。厉新建、宋昌耀（2022 年）提出了文化和旅游融合高质量发展的逻辑框架和战略方向。吴云超（2022 年）构建了创新投入产出、旅游产业发展、绿色环境发展、经济协调发展、对外开放水平五个旅游经济高质量指标体系。陈岩英（2022 年）研究了新时代旅游城市的高质量发展内涵与路径。杨秀平、李秋辰、王睿（2023 年）和张新成、梁学成、宋晓、刘军胜（2020 年）分别基于产业结构视角和五大发展理念，构建了高质量发展评价体系。薛芮、余吉安（2023 年）探讨了冰雪旅游高质量发展的多元利益主体博弈与文化资本实践的双轮驱动机制。孙怡（2023 年）基于

[1] 马波，高丽鑫，寇敏.旅游业高质量发展的微观机理探析——以旅游性价比为中心 [J].华中师范大学学报（自然科学版），2022, 56（1）:16-24.

[2] 厉新建，宋昌耀.文化和旅游融合高质量发展：逻辑框架与战略重点 [J].华中师范大学学报（自然科学版），2022, 56（1）:35-42.

[3] 张朝枝，杨继荣.基于可持续发展理论的旅游高质量发展分析框架 [J].华中师范大学学报（自然科学版），2022, 56（1）:43-50.

县域经济视角，研究了县域旅游产业高质量发展路径。白铂（2023 年）基于行动者网络视角，研究了滑雪旅游度假地高质量发展动力机制。刘民坤（2023 年）提出了新时代旅游商品高质量发展的现实困境与关键进路。崔佳琦、王文龙、邢金明（2021 年）探讨了冰雪体育旅游产业高质量发展的困境和路径。蒋瑛、刘琳、刘寒绮（2022 年）评估了城市的智慧旅游建设对旅游经济高质量发展的影响。马勇、唐海燕（2021 年）研究了高铁对旅游业高质量发展的影响。王兆峰、李琴（2022 年）研究了长征文物保护单位名录与 A 级景区名录的对照。周铭扬、缪律、严鑫（2021 年）分析了我国体育旅游产业发展现状，并探究了高质量发展的逻辑起点与实现路径。张玉钧、高云（2021 年）提出了生态旅游高质量发展路径。毕雪燕、郭凯旋（2020 年）探讨了黄河流域文化旅游资源的开发利用。甘颂甜、郭腾杰、聂真新（2022 年）研究了云南少数民族体育旅游发展困境及高质量发展路径。龙志、曾绍伦（2020 年）构建了旅游发展质量评估指标体系。岳瑞波、韩子贵（2020 年）介绍了黄河中下游沿岸生态旅游景点。孙晓、刘力钢、周洋、演克武（2023 年）研究了中国内地 30 个省份的旅游经济高质量发展差异性。潘怡、姚绩伟（2023 年）提出了民俗体育旅游高质量发展的价值与困境。孙晓、刘力钢、陈金（2021 年）探讨了旅游产业技术创新与应用能力的提升。

学者们采用了多种研究方法研究旅游高质量发展，这些方法从不同角度和层面分析了旅游高质量发展的内涵、影响因素、评价指标和实现路径，为旅游高质量发展提供了科学的理论依据和实践指导。比如胡北明、王之婧、胡灵珊（2023 年）通过分析政策文本，如规划文本，来探索旅游产业发展的战略地位和战略安排情况，以及规划热点和演变方向。众多学者使用回归分析、双重差分模型（DID）、熵权法、DEA 模型等计量经济学方法，对旅游经济高质量发展的相关因素进行实证检验。王兆峰、李琴（2022 年）利用 GIS 空间分析方法探索旅游资源的空间分布特征，以及空间自相关方法研究旅游经济高质量发展的差异性及时空演变。耿松涛、王冉（2023 年）运用耦合协调度模型、Dagum 基尼系数、Moran's I，以 30 个省份的面板数据为对象，对旅游产业与区域经济高质量发展之间的关系进行研究。孙晓、刘力钢、周洋、演克武（2023 年）通过熵值法、Dagum 基尼系数及分解方法、空间自相关方法、Kernel 密度估计法测算旅游经济高质量发展评价指数，分析旅游经济高质量发展的差异性。孙晓、刘力钢、陈金（2021）通过熵值法、变异系数法、泰尔指数法测算旅游经济高质量发展评价指数，分析旅游经济高质量发展的差异性。张新成、梁学成、宋晓、刘军胜（2020）采用定性比较法解析旅游高质量发展失配度的成因。李文路、覃建雄（2021 年）基于压力—状态—响应（PSR）基本原理，构建生态旅游高质量发展模型。黄家璇、赵希勇（2023 年）运用德尔菲法、决策试验与评价实验室—解释结构模型—交叉影响矩阵相乘法等方法，探讨旅游高质量发展的关键因素。甘颂甜、郭腾杰、聂真新（2022 年）通过文献资料法、实地调研等方法，探讨旅游高质量发展的困境和路径。郑玉香，胡晶晶（2022 年）选择特定地区或旅游目的地进行案例研究，分析旅游高质量发展的具体实践和路径。

旅游高质量发展受多维度、多层次因素的交互影响，这些因素既包括资源禀赋、基础设施等硬性条件，也涉及政策环境、文化创新、技术应用等软性驱动，各种因素相互作用，共同推动旅游产业的高质量发展。刘英基、韩元军（2020）等认为旅游资源的整合、生态环境保护、以及资源与环境的可持续利用对旅游高质量发展至关重要。雷莹、杨红（2021 年）、刘红梅（2021 年）等众多学者认为交通、网络等基础设施建设，以及公共服务建设，对提升旅游发展质量有显著作用。政策的制定和规划的实施对旅游高质量发展具有重要影响。例如，胡北明、王之婧、胡灵珊（2023 年）分析了"十四五"时期中国旅游产业发展的地区差异，以及各地规划文本中战略地位和战略安排情况，都对旅游产业高质量发展路径产生影响。魏鹏举（2022 年）提出文旅深度融合是高质量发展的必然选择，通过文博文创及其数字化推动文旅融合高质量发展。蒋瑛、刘琳、刘寒绮（2022 年）等认为提升旅游产业技术创新与应用能力，推进产业技术创新共享平台建设，对改善区域内文旅产业高质量发展失衡现状有积极作用。此外还要注重正确处理市场与政府的关系，实现"有效市场"与"有为政府"的有机结合，注重旅游人才的培育和引进，特别是数字技术、文旅产业融合等方面的专业人才对旅游高质量发展的推动作用。通过调整产业结构，创新旅游产业发展模式，提升发展实力，扩大旅游产业发展路径，发挥文化驱动的作用来提升旅游产业发展质量。

（三）乡村旅游高质量发展研究

在绿色发展理念引领下，乡村旅游的提质增效需遵循多维协同发展路径。这一进程依托资源禀赋的永续开发，植根于地域文化基因，旨在实现农业增效、民生改善与生态宜居的三重目标。通过开放型经济体系的构建和产业跨界融合的推进，最终达成生态经济良性互动与城乡共同富裕的可持续发展愿景。作为乡村振兴战略的核心实施载体，乡村旅游的升级发展已成为推进农业农村现代化的关键引擎。从实践层面分析，乡村旅游的进阶发展具有四重战略价值：其一，践行环境友好原则，通过资源集约利用机制强化生态屏障功能，维系乡村原生景观风貌；其二，驱动消费能级跃升，以供给侧结构性改革满足多元化旅游需求，培育乡村经济新增长极；其三，构建文化传承体系，实现自然地理特征、民族人文传统与历史遗产的有机融合；其四，形成长效衔接机制，巩固脱贫攻坚成果的同时激活乡村振兴内生动力，推动农业农村系统性变革。

对乡村旅游高质量发展的内涵理解和阶段划分。关于乡村旅游高质量发展的内涵理解和阶段划分，学界形成了多元化认知体系。在内涵阐释方面，学术研究呈现出三重分析范式：其一，三维度解析框架，战略维度强调全域协调的系统性发展，运营维度聚焦产品创新与品质保障的持续性突破，产业维度关注结构优化与能级跃升的转型路径；其二，价值取向视角，主张以提升原住民生计质量为核心导向的发展哲学；其三，多维效益观，倡导构建资源永续利用机制，通过特色化开发路径培育复合型旅游产品体系，形成产业协同机制，最终实现乡村振兴与民生改善的协同共进。部分研究进一步构建五级发展梯度模型，将发展水平划分为质量阶梯式进阶序列，如有学者认为乡村旅游高质量发展注重自然资源、人文资源的可持续发展利用，是一种创新的发展模式，开发具有特色和一定品质的乡村旅游产品，能促进各产业之间融合发展，实现乡村振兴、共同富裕，并将乡村旅游高质量划分为高质量、中高质量、中质量、中低质量、低质量五个层次。在演进阶段研究领域，王勇（2020 年）提出的五阶段分期理论具有代表性：20 世纪 70~80 年代属于萌芽探索期，2004~2008 年步入休闲业态培育期，2008~2016 年转型为度假经济深化期，2016~2020 年形成全域旅游拓展期，2028 年后则迈入品质化发展新纪元。这种分期模型揭示了乡村旅游从单一业态向综合服务体系演变的迭代演进规律。

对乡村旅游高质量发展动力和影响因素进行识别。乡村旅游是实现乡村振兴的重要抓手，学者通过识别乡村旅游高质量发展的动力对乡村旅游高质量发展进行分析。有的学者认为吸引力、发展动力、多元主体支持力是的乡村旅游高质量发展内生动力，要从融合乡村产业，立足资源优势，培育乡村品牌进行，有的学者认为乡村旅游高质量发展存在内在动力、基本动力和直接动力，认为产业健康持续发展需要是内在动力，旅游消费提档升级是基本动力，优势利好政策是直接动力。学界对乡村旅游高质量发展影响因素的识别方面呈现多维度解析特征。在研究范式层面，存在两种典型分析框架：其一是四维层级的分析模型，将影响因素解构为表层响应层、中间传导层、核心支撑层与基础保障层。具体而言，交通基础设施配置水平、信息化服务覆盖度、生态系统完整性及社区服务网络构成表层响应指标；服务设施投资强度、就业吸纳系数、新型乡村建设进度及环境整治效能构成中间传导要素；产业接待规模弹性、产业链延伸度及品牌价值培育水平形成核心支撑体系；区域生态本底质量、文化资源禀赋及客源市场结构则构成基础保障条件。其二是基于情感维度的三维解构框架，将乡愁要素系统划分为环境承载维度、经济支撑维度与民生保障维度。该框架中，文化基质传承度与生态伦理践行度构成环境维度核心；旅游供需动态平衡机制与资源集约利用效率构成经济维度支柱；而居民可持续生计保障体系与乡土记忆存续机制则构成民生维度基石。这种解构方式揭示了乡村旅游发展过程中物质空间优化与精神价值维系的双向互动规律。

对乡村旅游高质量发展的评价。学界针对乡村旅游品质化发展的评估体系构建呈现多元化理论取向。在评价范式创新层面,主要形成三类具有代表性的分析框架:其一,基于文化生态学理论,构建"文脉传承—业态活力—系统韧性"三维评估模型,重点解构区域异质性特征、时序演化规律及制约机制;其二,依托社会再生产理论范式,创新性构建生产要素循环与价值增值的测度指标体系,揭示乡村旅游发展过程中的要素配置效率与价值实现路径;其三,运用系统协同发展理论,通过构建耦合协调度模型,系统阐释乡村旅游升级与乡村振兴战略间的双向赋能机理及协同演进特征。这些理论框架的突破性应用,为乡村旅游发展质量评估提供了多维度方法论支撑。这些研究和评价涉及定量指标体系的构建,评价方法的选取和分析,比如运用标准差椭圆、障碍度模型、耦合协调评价模型、改进熵值—DEMATEL—ISM 组合等模型和方法。

对乡村旅游高质量发展存在的问题进行剖析。乡村旅游高质量发展存在定位模糊,缺乏规划引导;盲目跟风,旅游项目雷同,同质化严重;基础配套、配套设施较为落后,不完善;乡村旅游产品创新不足,旅游模式单一;乡村旅游服务体系滞后、不完善;旅游开发与生态环境冲突,生态保护不够;乡村旅游市场主体较散弱,产业结构较简单,内生动力不足,产业联动效果不佳;旅游业从业人员素质技能不足;政策协同度不强,发展不平衡等问题。

对乡村旅游高质量发展的意见建议。乡村旅游要以高质量发展为基本导向,坚持绿色和生态优先为发展理念;科学规划,绘制高质量发展蓝图;因地制宜,深挖乡村文化,培育特色品牌,坚持特色发展;培育市场主体,大力支持农民职业转型和培育乡村旅游经营主体;整合本地资源,创新融合形式,提高融合水平,用规划引领、用创意催生、用技术加速产业融合,促进融合发展;加强基础设施建设的支持力度,强化基础设施建设,打通村内外循环;深入挖掘乡村地区的各种特色文化,大力挖掘文化资源的旅游价值;注重外部人才的吸纳和乡土人才的培育,提供乡村旅游高质量发展人才队伍;打造可持续的商业运营模式、利益联结机制、资源利用模式,注重长远利益,推动良性发展;加强制度创新,把好监管环节；加强创新驱动，促进乡村旅游品质、业态、产品升级，探索高品质发展之路。

（四）国内旅游高质量发展研究简评

旅游高质量发展研究是近年来旅游业转型的重要方向，其核心在于通过创新驱动、资源优化和可持续治理，实现经济、文化、生态与社会效益的协同提升。旅游高质量发展研究的意义远超行业本身，其本质是通过"以旅彰文、以旅兴业、以旅促绿"，探索人类与自然、传统与现代、增长与公平的和谐共生之道。基于对国内旅游高质量发展研究的综合分析，可以观察到学者们在该领域的研究内容广泛，且在理论构建方面取得了显著成就。从研究思路来看，展示了从宏观政策分析到具体案例研究，从理论框架构建到实证分析，从单一指标体系到综合评价体系，从产业融合到技术创新等多个维度对旅游高质量发展进行的深入探讨。从研究内容来看，覆盖了旅游高质量发展的多个方面，包括地区差异、经济质量、发展路径、融合模式、评价体系、技术应用等，体现了旅游高质量发展研究的深度和广度。从研究视角来看，突破了传统旅游经济学的单一视角，整合生态学（如生态承载力理论）、社会学（社区参与机制）、文化研究（非遗活态传承）等多学科理论，构建了多维分析框架。从研究方法来看，主要涉及文献分析法、定量分析法、定性分析法、混合研究方法、实验与行动研究法、技术驱动型方法，这些方法从不同角度和层面分析了旅游高质量发展的内涵、影响因素、评价指标和实现路径，为旅游高质量发展提供了科学的理论依据和实践指导。

前人相关研究为本课题的展开提供了参考，但以下问题仍值得关注与思考：

一是从经济维度来看，仍然存在增长与公平的失衡问题，主要体现为过度商业化与利益分配不均以及产业结构单一化。部分热门景区过度开发导致文化符号商品化，如古镇同质化商铺泛滥，削弱文化原真性；大型企业垄断资源，本地居民和小商户难以分享收益。部分景区收入过度依赖门票，二次消费占比低，抗风险能力弱。

二是从环境维度来看，仍然存在生态承载力超限与污染问题，主要体现为资源过度消耗和碳中和压力。部分热门景区旺季游客量远超环境容量，旅游交通占全国旅游业碳排放的75%，景区接驳车燃油化、航空依赖等问题突出。

三是从文化维度来看，仍然存在传统性与现代性的冲突，主要体现为文化异化与空心化以及外来文化的冲击。某些非遗活动沦为游客导向的程式化表演，如某地传统祭祀仪式被压缩为15分钟"打卡秀"，存在表演化倾向。全球化背景下，快餐式旅游体验挤压本土文化空间，本土文化遭遇稀释危机。

四是从社会维度来看，仍然存在社区参与与权益保障不足的问题，主要体现为主客矛盾激化、劳动力市场扭曲。生活空间被挤压，大量游客涌入导致物价上涨、交通拥堵等问题。旅游淡季从业人员收入骤减，导致季节性失业，传统行业从业者转型困难，技能错配问题仍然突出。

五是从治理维度来看，仍然存在政策滞后与执行偏差的问题，主要体现为规划科学性不足与跨区域协调困难。部分地方政府追求短期GDP，忽视了长期生态成本。跨省旅游带因地方保护主义难以协同。

六是从技术维度来看，仍然存在数字化鸿沟与伦理风险，主要体现为技术应用失衡和技术异化体验。数字鸿沟、数据安全问题仍然突出，游客隐私泄露事件频发，过度依赖VR导览导致游客沉浸虚拟场景，忽视实地文化感知，虚拟替代现实。

在从理念上升到实践、从地方探索到全面推进的过程中，国内学者做了很多努力，为本研究提供了相关的理论和研究基础。本研究在前人研究的基础上，基于理论分析与现状调查，构建旅游高质量发展的理论框架，分析旅游高质量发展的作用机理，以黔东南州为例，探寻黔东南州旅游高质量发展存在的问题，并提出推动黔东南州旅游高质量发展的实践路径，探索出一条独具特色的，具有一定推广意义的旅游高质量发展的道路，以期为旅游高质量发展提供科学有效的理论依据和参考指南。

三、研究目的、意义、思路、方法及创新点

（一）研究目的

本书通过系统性探索和实践验证，基于理论分析与现状调查，构建旅游高质量发展的理论框架，分析旅游高质量发展的作用机理，以黔东南州为例，探寻黔东南州旅游高质量发展存在的问题，并提出推动黔东南州旅游高质量发展的实践路径，以期为民族地区旅游业转型升级提供科学路径，实现经济、文化、生态与社会的协同发展。通过"理论构建—实践验证—模式推广"的闭环，探索一条民族地区通过文旅融合实现经济升级、文化复兴、生态优化与社会和谐的特色道路。其成果不仅为其他民族地区提供可复制模板，更在国家战略层面为乡村振兴、生态文明、文化自信等目标注入动能，彰显中国式现代化在民族地区的生命力。

本书的主要研究目的包括以下几个方面：

第一，探究黔东南州旅游高质量发展的意义。黔东南州旅游高质量发展不仅是经济命题，更是民族文化存续、生态保护与社会治理的系统工程。通过统筹资源保护、文化活化、产业升级和民生改善，黔东南州有望成为全国民族地区高质量发展的典范，为多元文化传承与生态文明建设提供贵州经验。在分析国内旅游高质量发展研究文献的基础上，探究黔东南州旅游高质量发展的意义，提出黔东南州旅游高质量发展的理论意义和实践意义。

第二，梳理和总结黔东南州旅游发展历经的阶段。黔东南州作为贵州省乃至全国重要的少数民族文化聚集地和生态旅游资源富集区，它的旅游发展历程具有典型性，反映了贵州民族地区旅游开发模式的演进逻辑。它的发展历程不仅是贵州民族地区现代化进程的缩影，更揭示了文化资源型地区在高质量发展背景下如何通过创新路径实现可持续发展，其经验对同类地区具有重要借鉴价值。本研究根据黔东南州旅游发展实际，结合统计年鉴以及统计公报数据资料，分析黔东南州自1999年以来旅游发展的历程。从政策、旅游产值、发展状况、发展成效等

角度梳理和总结每个发展阶段。

第三，分析黔东南州旅游高质量发展的资源体系和资源特征。黔东南州是贵州重要的民族文化与生态旅游目的地，旅游高质量发展的资源体系与资源特征具有鲜明的独特性，既是旅游高质量发展核心竞争力的来源，也是实现可持续发展的关键支撑。从旅游资源角度来看，黔东南州旅游高质量发展以"轻开发、深体验、重保护"为导向，通过主题深化、体验升级、科技融合、生态共治，突破"资源依赖"路径，让游客从"看风景"转向"读生态"，实现旅游可持续发展。本研究结合食、住、行、游、购、娱要素，分析黔东南州旅游高质量发展的资源体系及特征。

第四，分析黔东南州旅游高质量发展的比较优势。黔东南州旅游高质量发展的比较优势，不仅体现在其独特的自然生态与民族文化资源上，更在于这些优势对区域经济、社会、生态及文化传承的深远影响。本研究从自然旅游资源体系、人文旅游资源体系、传统村落旅游体系、特色旅游产品体系来分析黔东南州旅游高质量发展的比较优势，通过"资源独特性—政策创新性—产业协同性"三位一体的发展模式，实现经济、生态、文化效益的共生共赢。对破解欠发达地区发展困境，探索绿水青山转化为金山银山的实践路径具有重要意义，有利于塑造贵州生态文旅品牌，为全国提供人与自然和谐共生的"黔东南方案"。

第五，探究黔东南州旅游高质量发展的影响因素。黔东南州旅游高质量发展不仅是区域发展的现实需求，更是实现民族文化传承、生态保护、经济转型协同推进的关键路径。通过系统研究其影响因素，可为该地区乃至全国同类区域的可持续发展提供科学依据和实践经验，最终实现经济、社会、生态效益的多重共赢。本研究从宏观、中观、微观三个维度，结合政策、经济、社会、生态等多要素，分析其核心影响因素。通过探索宏观、中观、微观三个维度的影响因素，完善旅游高质量发展的评价体系和理论框架，推动政府、企业、社区、游客等多主体协同合作，解决旅游开发中的利益分配、环境治理等问题。为地方政府提供数据支持和理论参考，帮助制定更精准的旅游发展规划、基础设施投资政策、文化遗产保护法规等。

第六，分析黔东南州旅游高质量发展的作用机理。本研究通过分析黔东南州旅游高质量发展的作用机理，揭示内部各要素之间的互动关系、驱动逻辑和协同路径。不仅有助于从理论上构建旅游高质量发展的动态模型，还能为实践中的政策制定、资源整合和可持续发展提供科学依据。既能为该地区破解"保护与开发两难""文化传承与创新矛盾"提供方法论支持，也可为全国同类地区探索高质量发展路径提供理论工具和实践模板，最终实现经济效益、文化延续、生态安全和社会和谐的协同共进。

第七，探究黔东南州旅游高质量发展存在的问题。本研究从旅游布局、基础设施、文化、科技创新、人才、营商环境等方面探究黔东南州旅游高质量发展存在的问题，是对黔东南州旅游高质量发展现状的客观诊断，为"对症下药"提供科学依据，更是推动其实现可持续、包容性发展的关键前提。不仅有助于解决当地发展的现实矛盾，更在于为全国民族地区、生态敏感区的旅游开发提供"问题—对策"范式，避免重蹈"先破坏后治理"的覆辙。有助于推动黔东南州从"粗放增长"转向"精益发展"，实现经济、文化、生态、社会的多维共赢。

第八，提出黔东南州旅游高质量发展的有效路径。综合黔东南州旅游高质量发展现状、问题的探讨，从锚定黔东南州旅游高质量发展之匙，筑牢黔东南州旅游高质量发展之基，铸就黔东南州旅游高质量发展之魂，凝练黔东南州旅游高质量发展之核，坚守黔东南州旅游高质量发展之本，营造黔东南州旅游高质量发展之境、强化黔东南州旅游高质量发展之支撑方面提出黔东南州旅游高质量发展的有效路径。通过路径实施，有助于实现从"资源依赖"到"创新驱动"，激活内生发展动力；从"单一效益"到"多维共赢"，平衡经济、文化、生态目标；从"区域孤岛"到"协同网络"，融入更大旅游经济圈；从"短期增长"到"长期韧性"，构建可持续产业生态。为贵州乃至全国同类地区提供"保护与发展共生""文化与经济共荣"的黔东南方案。

（二）研究意义

1. 理论意义

旅游业作为现代化经济体系中的关键产业，其发展水平在很大程度上反映了一个国家或地区的经济发展状况和综合竞争力。随着社会经济的快速发展和消费模式的转变，旅游业已经成为全球范围内快速增长的一个重要产业。旅游高质量发展摒弃粗放式发展，注重质量效益而非单纯数量增长，强调可持续性、创新性、协调性和人民的幸福感，以游客体验为中心、以生态文化为根基、以科技创新为引擎，追求可持续、协调、创新、绿色、开放的发展模式。因此，探寻旅游高质量发展的机理和规律具有重要的理论意义。

首先，通过探讨旅游高质量发展的内涵、影响因素、评价标准、问题与路径，结合黔东南州旅游高质量发展实践，构建具有科学性、逻辑性和实用性的理论分析框架，为旅游学及经济学、生态学、社会学、信息技术等相关学科的理论研究提供新的视角和方向，进一步完善旅游学科的理论体系，为旅游实践提供更坚实的理论基础。

其次，丰富了可持续发展理论研究。旅游业作为典型的环境敏感型产业，探索黔东南州旅游业高质量发展，正是在旅游领域具体实施"绿水青山就是金山银山"理念的体现，丰富了"两山理论"在旅游领域的内涵，深化对人与自然关系的理论认知，为可持续发展目标提供实践案例与理论支撑。

最后，黔东南州作为中国西南地区民族文化与生态资源富集的典型代表，其旅游高质量发展研究不仅为区域实践提供了方向指引，更通过个案剖析与理论提炼，为全面理解旅游高质量发展理论提供了重要的实证支撑与范式创新依据。

2. 实践意义

通过对黔东南州旅游高质量发展的研究探索，有利于实现从"资源依赖"到"创新驱动"、从"单一产业"到"三产融合"、从"县域封闭"到"开放协同"的经济转型。其意义不仅体现在经济数据的增长上，更在于探索出一条民族地区通过文旅融合破解发展不平衡、不充分问题的实践路径，为全国同类地区提供了可复制的"绿水青山就是金山银山"转化方案。

经济层面：针对黔东南地区旅游产业的系统性研究，能够在科学评估地域发展潜力的基础上，突破产业升级制约因素，实现资源要素的高效整合。这种研究将构建具有普适性的发展范式，为区域经济培育持久动能。通过活化利用世界最大苗寨聚落（西江）、侗族文化活态博物馆（肇兴）、军事文化古镇（镇远）等特色文旅资源，可有效促进产业链价值提升。这种转化机制不仅能够催生复合型就业岗位，更可形成"旅游+"产业矩阵，使文旅产业逐步升级为区域经济的核心增长极，最终实现经济效益与社会效益的协同发展。

文化传承方面：黔东南州孕育了丰富的非物质文化遗产，包括侗族刺绣、苗族蜡染等。高质量的旅游发展能够为这些文化提供展示和传承的平台，增进公众对当地文化的认识和自信，从而促进文化的保护和传承。对黔东南州旅游高质量发展的研究有助于建立非物质文化遗产的活态传承机制，解决文化传承的"断代危机"；有助于利用数字技术赋能，推动文化基因的现代化转化；有助于激发文化自豪感，加强社区文化认同和代际传递。

提升旅游体验方面：黔东南州旅游高质量发展研究对提升旅游体验具有系统性指导作用，通过科学规划、技术创新、文化赋能与生态保护等路径，推动旅游服务质量提升，全方位优化游客的感官享受、文化感知和情感共鸣，优化旅游环境，提高游客的满意度和忠诚度，实现从"观光式游览"到"沉浸式体验"的跨越，吸引更多游客前往，提升黔东南州旅游的口碑和知名度。

产业融合方面：黔东南州旅游高质量发展研究对产业融合的推动作用显著，其核心在于以旅游业为纽带，打破传统产业边界，通过资源整合、技术赋能、价值链延伸等方式，构建"旅游+"或"+旅游"的融合生态，形成多产业协同发展的新格局。文旅融合有助于激活传统文化的经济价值，农旅融合有助于推动乡村振兴，工旅融合有助于传统手工业焕新，康旅融合有助于培育健康经济新业态，科旅融合有助于数字技术驱动创新，教旅融合有助于研学经济崛起，商旅融合有助于消费场景升级，这种"以旅为媒、多业共生"的发展模式，不仅催生了"非遗＋电商""农业＋元宇宙"等新物种，丰富了旅游产品和业态，更通过产业链的网状链接，形成"1+1>2"的集群效应，为游客带来多元化体验。

区域发展方面：黔东南州旅游高质量发展研究对区域发展的促进作用体现在经济、社会、文化、生态与治理等多维度的协同提升，经济上，以文旅融合激活传统资源，有助于构建"三产联动"的现代产业体系；社会上，以社区参与保障公平共享，有助于缩小城乡差距；文化上，以创新传承筑牢民族认同，有助于增强文化自信；生态上，以绿色技术平衡保护与开发，有助于践行"两山理论"；治理上，以智慧化与本土化结合提升效能，有助于实现多元共治。对黔东南州打造独具特色的旅游品牌，建设生态旅游康养区等有重要意义，提升了黔东南州的竞争力，推动了地方经济的转型升级，更通过创新实践为民族地区探索出一条可持续、包容性发展的路径。

（三）研究思路

本书按照"提出问题—分析问题—解决问题"的思路（具体研究思路如图1-2），对黔东南州旅游高质量发展进行研究。

首先，基于理论分析与现状调查，探讨黔东南州旅游高质量发展的理论基石，主要包括研究背景、国内相关研究的综述、研究目的与研究意义、研究方法、创新、相关理论基础，黔东南州旅游高质量发展的机理（包括意义、原则、影响因素、驱动力以及作用机理）。

其次，进行黔东南州旅游高质量发展的的实证分析，主要包括黔东南州旅游发展阶段，旅游资源的现状、特点以及黔东南州旅游高质量发展现状以及黔东南州旅游高质量发展的比较优势。从旅游发展阶段来看，黔东南州旅游依次经历了起步、资源开发、提质升级、加速发展以及调整和高质量发展的阶段。从旅游资源来看，对黔东南州旅游资源的系统梳理与总结，分析了黔东南州的 A 级旅游景区资源、旅游星级饭店与民宿资源、旅行社资源、乡村旅游重点村镇资源、夜间文化和旅游消费集聚区资源以及非物质文化遗产资源。从旅游资源特点来看，

研究思路	研究目的	研究内容	研究方法

提出问题 → 基于理论分析与现状调查，探讨黔东南州旅游高质量发展的理论基石 → 研究背景、国内相关研究的综述、研究目的与研究意义、研究方法、创新、相关理论基础、黔东南州旅游高质量发展的机理 ← 文献分析法、定性分析法

分析问题 → 黔东南州旅游高质量发展的实证分析 → 黔东南州旅游发展历程（萌芽阶段、起步阶段、高速发展阶段，高质最发展阶段）；
黔东南州旅游发展资源现状、资源特点、高质发展现状黔东南州旅游高质量发展的比较优势（自然旅游资源体系、人文旅游资源体系、传统村落旅游体系、特色旅游产品体系）；
黔东南州旅游高质量发展的问题（旅游布局不合理、旅游高质量发展基础设施薄弱、旅游高质量发展文化创新不足、旅游高质量发展科技创新不强、旅游高质量发展人才匮乏、旅游高质量发展营商环境不优） ← 调查分新法、实证分析法、案例分析法、统计分析法

解决问题 → 黔东南州旅高质量发展的有效路径 → 探讨黔东南州旅游高质量发展的有效路径，主要从锚定黔东南州旅游高质量发展之匙、筑牢黔东南州旅游高质量发展之基、铸就黔东南州旅游高质量发展之魂，凝练黔东南州旅游高质量发展之核、坚守黔东南州旅游高质量发展之本、营造黔东南州旅游高院量发展之境、强化黔东南州旅游高质最发展之支撑方面探讨旅游高质量发展的有效路径 ← 对策探讨

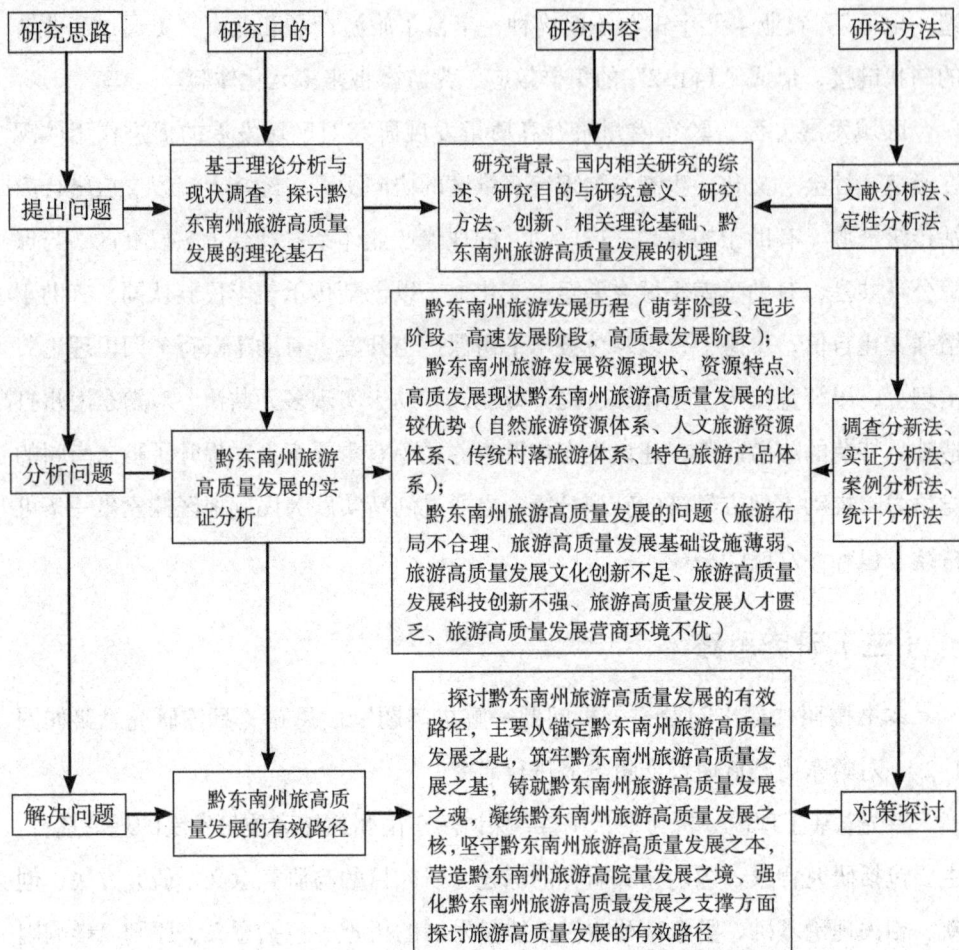

图 1-2　研究思路

黔东南州的旅游资源具有全域分布且片区集中的特点；自然风光旖旎，生态环境保持良好；历史底蕴深厚，原生态民族风情浓郁；文化积淀极为丰富；旅游产品种类繁多。从旅游高质量发展现状来看，黔东南州正不断完善旅游规划，夯实理论根基；旅游改革发展取得一定成效；持续深化"放管服"，营造良好营商环境；创意营销宣传，扩大"民族原生态·锦绣黔东南"影响力；旅游发展水平不断提升。从比较优势来看，黔东南州旅游高质量发展的比较优势明显。从自然旅游资源体

系来看，黔东南州森林旅游资源得天独厚，水域旅游资源独具优势，气候和天象旅游资源独特；从人文旅游资源体系来看，黔东南州历史文化底蕴深厚，民族文化风情独特，体旅融合初见成效；从传统村落旅游体系来看，村落资源丰富多样，村落开发成果显著，文化保育工作到位；从特色旅游产品体系来看，有自然生态—观光型旅游产品，异域风情—体验型旅游产品，文旅融合—文化型旅游产品。

最后，提出黔东南州旅游高质量发展的优化路径。主要从锚定黔东南州旅游高质量发展之匙，筑牢黔东南州旅游高质量发展之基，铸就黔东南州旅游高质量发展之魂，凝练黔东南州旅游高质量发展之核，坚守黔东南州旅游高质量发展之本，营造黔东南州旅游高质量发展之境、强化黔东南州旅游高质量发展之支撑等方面探讨旅游高质量发展的有效路径。锚定黔东南州旅游高质量发展之匙，就是要强化旅游大通道建设，以十大工程撬动旅游发展，促进地区旅游发展平衡，提升区域旅游联结效率。筑牢黔东南州旅游高质量发展之基，就是要完善旅游基础设施的政策支持体系；拓展投融资渠道，形成多元化的融资、投资机制；完善旅游基础设施的规划；加强旅游基础设施建设的科技创新；积极推进乡村旅游基础设施完善工作；提升城市旅游基础设施质量水平。铸就黔东南州旅游高质量发展之魂，就是要加快文旅融合步伐，加强文化产业发展，促进文化创新与市场融合，强化文化遗产保护。凝练黔东南州旅游高质量发展之核，就是要引进先进技术，加持资源保护；加快科旅融合，促旅提质增效；建立健全的科技创新体制机制；支持传统要素升级，大力发展新型旅游业态。坚守黔东南州旅游高质量发展之本，就是要积极推进旅游人才培养，促进人才结构协调发展，注重教育引导，传承文化助力旅游。营造黔东南州旅游高质量发展之境就是要打破空间布局限制，夯实旅游经济基础，协调发展主体利益关系，构建全方位营销体系。强化黔东南州旅游高质量发展之支撑，就是要完善旅游信息咨询服务体系、旅游安全保障服务体系、旅游交通便捷服务体系、旅游便民惠民服务体系、旅游行政管理服务体系、旅游保障体系。

（四）研究方法

1. 文献研究法

文献研究法是一种通过查阅、分析和综合现有文献资料来获取知识和信息的方法。这种方法主要依赖于对已有的研究成果、学术论文、书籍、报告等文献资料的深入研究，通过对这些资料的系统梳理和批判性分析，以期达到对某一研究课题或问题的全面了解和深入认识。通过国内各种数据库检索与"旅游高质量发展"相关的文献（包括专著、优秀硕博论文、学术期刊、会议论文、政策文件、新闻报道等）获得有关"旅游""旅游经济""旅游高质量发展"的文献资料，对其进行全面、系统的分类和分析，对研究主题进行深入理解和探讨，揭示旅游高质量发展的重要性和可行性，为研究提供理论基础。

2. 实地考察法

实地考察法是一种通过直接前往特定地点或现场进行观察和研究的方法。这种方法通常用于获取第一手资料和深入了解某个特定环境或现象的实际状况。实地考察法能够直接接触和体验研究对象，从而获得更为真实和详细的资料。通过深入黔东南州各地区进行实地考察和调研，收集整理"旅游""旅游发展"的情况，结合实际情况，分析黔东南州旅游高质量发展存在的主要问题，最终提出黔东南州旅游高质量发展的对策建议。

3. 案例研究法

案例研究法是一种深入探讨特定个体、事件或现象的方法。通过对这些特定对象的详细分析，研究者能够获得更全面和深入的理解。这种方法通常涉及收集大量的数据和信息，包括访谈、观察、文档分析等，以确保研究结果的准确性和可靠性。通过分析具体案例，对研究主题进行深入理解和探讨。本书中，我们将选择一些具有代表性的地区旅游发展实践案例，通过深入分析和研究这些案例，揭示黔东南州旅游高质量发展的实际应用情况和效果，为研究提供实践基础。

4. 统计分析法

统计分析法是一种通过收集、整理和分析数据来揭示事物本质和规律的科学方法。它广泛应用于经济学、社会学、医学、自然科学等领域，帮助研究者从大量的数据中提取有价值的信息，从而做出更加准确的预测和决策。统计分析法是旅游高质量发展研究中至关重要的工具，通过科学的数据处理与模型构建，揭示旅游发展规律、验证假设并支持决策优化。基于深度访谈获取的一手数据，本书采用统计分析法，对黔东南文旅发展样本实施混合研究方法解析。通过技术手段对文本资料进行结构化梳理，结合统计软件对量化指标开展双维度验证，最终从特定区域的文旅实践案例中提炼出产业升级的运行特征、阻滞因素与演化路径。这种微观实证与宏观规律相结合的论证范式，不仅构建起"现象观察—归因分析—对策生成"的理论模型，更形成具有时空适应性的认知框架，为破解民族地区文旅产业提质增效的关键命题提供方法论参照。

（五）创新之处

1. 选题视角创新

当前，黔东南州高质量旅游发展建设正如火如荼，在西部内陆地区如何进行高质量发展建设还在不断探索和发现，黔东南州旅游正在加快进行高质量发展建设。在这种背景下，研究黔东南州旅游高质量发展对民族地区乃至全国旅游高质量发展建设具有十分重要的现实意义。选题以问题为导向，紧扣乡村振兴、双碳目标、数字化转型等国家战略，聚焦黔东南州旅游发展的痛点（如交通瓶颈、文化保护与开发矛盾、淡旺季失衡），结合人类学、生态学、经济学、数字技术等多学科方法，进行跨学科融合，突出黔东南州作为"民族文化生态保护区"的独特性，避免同质化研究，体现了选题视角的创新。

2. 学术思想创新

本书将自然科学（如生态学、复杂性科学）与人文社会科学理论深度结合，进行理论跨界融合，采用文献研究、实地考察、案例研究、统计分析等混合研究方法，增强解释力，思考可持续发展理论、利益相关者理论、产业融合理论、新质生产力理论在民族地区的适用性，强调"地方性知识"的价值。理论层面上，本书在一定程度上丰富了民族地区旅游高质量发展系统性理论，为同类区域提供参考范式；实践层面上，指导黔东南州平衡文化保护与旅游开发，规避"过度商业化""生态退化"等陷阱；政策层面上，为政府制定差异化的民族地区旅游政策提供学理依据。本书突破了传统旅游研究的理论框架，结合黔东南州的独特性（民族文化、生态资源、乡村振兴背景），融合跨学科理论，提出具有原创性和指导性的新观点或新范式，促进学术思想创新。

四、相关理论基础

（一）可持续发展理论

自第三次工业革命以来，全球现代化进程的深入推进使人类社会面临双重挑战：一方面，资源耗竭、生态退化及环境污染三大危机逐步显现；另一方面，经济格局失衡与社会治理困境形成叠加效应。这种复合型危机促使国际社会对传统线性发展模式进行批判性反思，最终催生出具有划时代意义的"可持续发展"理论范式。世界环境与发展委员会（WCED）在1987年发布的里程碑文件《我们共同的未来》（《布伦特兰报告》）中，首次系统阐释了这一理论内核，报告创新性提出代际公平发展观，其纲领性表述强调："当代人的发展诉求实现，不得以牺牲后代人的发展权利为代价。"该纲领的发布标志着人类文明范式的转型，使可持续发展从生态保护的专业术语升华为涵盖经济重构、社会革新与环境伦理的复合理论体系。就理论演进而言，该理论经历了从单一维度到多维整合的认知跃迁：在经济学维度，主张在维持必要经济增速的同时，更注重增长质量的优化提升，通过推行清洁生产机制（CPM）和循环经济范式（CEP），实现从"资源—产品—污染"的线性经济模式向"资源—产品—再生资源"的闭环系统转型；在社会学向度，将社会公正纳入可持续发展框架的建构性要素，强调发展内涵应包含民生福祉的系统性提升，具体体现为贫困消减机制、教育普惠工程和社会保障体系的协同优化；在环境科学领域，基于行星边界理论（Planetary Boundaries），强调发展活动必须严格限定在生态阈值之内，通过环境库兹涅茨曲线（EKC）的实证研究，构建经济增长与生态保护的动态平衡模型。从实践维度分析，该理论体系创造了三重变革动能：其一，在产业转型层面，推动传统"资源掠夺型"产业向绿色技术产业集群演进，催化出碳金融、生态补偿等新兴市场形态；其二，在制度设计层面，形成包含环境税制、绿色 GDP 核算、生态红线管控等政策工具包；其三，在价值认知层面，重塑"人类中心主义"的传统思维，确立"天人合一"的生态文明观。这种多维创新机制不仅破解了环境保护与经济发展的"零和博弈"困局，更通过培育共享经济、可再生能源等战略性新兴产业，开辟出包容性增长的新赛道，为全球气候治理和 2030 年可持续发展目标提供了可操作的实现路径。

旅游可持续发展是指在满足当代人旅游需求的同时，不损害子孙后代满足其旅游需求的能力，确保旅游发展与生态环境、社会文化和经济发展相协调，实现长期、稳定、健康的发展模式。它涵盖了生态、经济、社会和文化等多个维度，追求旅游活动的综合效益最大化，避免短期行为对资源和环境造成不可逆的破坏。旅游活动的开展应以不破坏生态环境为前提，保护自然生态系统的完整性和生物多样性。旅游可持续发展要合理规划旅游设施建设，避免过度开发导致生态退化。要确保旅游产业的经济可行性，实现旅游收入的合理分配。一方面，旅游项目应具备盈利能力，为地方经济发展作出贡献；另一方面，经济收益应在旅游企业、当地社区和政府之间均衡分配，促进地方经济的全面发展。需要尊重当地的社会文化传统，促进旅游发展与当地社区的和谐共生。旅游活动应有助于提升当地居民的生活质量，增强他们对本土文化的认同感和自豪感。鼓励当地居民参与旅游经营和管理，让他们从旅游发展中受益，避免因旅游开发导致文化冲突和社会矛盾。旅游可持续发展倡导对旅游资源的合理利用，遵循减量化、再利用、再循环的原则。推广绿色旅游理念，鼓励游客和旅游企业节约资源、减少浪费。旅游高质量发展强调在经济、社会、生态和文化等多个维度的可持续性。在旅游景区建设中，应根据景区的生态承载能力确定游客接待量，采用环保型建筑材料和能源，推广生态旅游模式，如在自然保护区开展生态观光、科普教育等活动，既保护了生态环境，又能为游客提供高质量的旅游体验。旅游可持续发展能够增加旅游收入，优化产业结构，创造就业机会，促进经济可持续增长。可持续旅游发展模式能够吸引更多的游客，提高旅游收入，推动旅游业与其他产业的融合发展，如农业、手工业等，促进产业结构优化升级，提高经济发展的质量和效益。可持续旅游发展注重社区参与和本地化经营，能够为当地居民创造更多的就业机会，促进当地经济发展。

（二）利益相关者理论

20 世纪中叶以后，随着社会的发展和进步，企业规模不断扩大，其对社会和环境的影响也日益显著。企业在追求利润最大化的过程中，引发了一系列社会和环境问题，如环境污染、劳工权益受损、产品质量安全等。这使人们开始关注企业除经济责任外的社会责任，企业管理者也逐渐认识到需要考虑更多群体的利益，而不仅仅是股东的利益。传统的企业管理理论主要以股东利益至上为核心，将企业视为股东的财产，管理者的主要职责是为股东创造最大利润。然而，随着企业经营环境的日益复杂，企业的生存和发展受到多种因素的影响，包括员工、供应商、顾客、社区等。这种变化促使管理理念从股东中心主义向更广泛的利益相关者视角转变，认识到企业是一个由多种利益相关者相互作用构成的社会组织。现代社会是一个多元化的社会，不同群体之间的利益诉求各不相同。在企业经营过程中，这些利益诉求之间可能会产生冲突。例如，企业为了降低成本可能会压低供应商的价格，或者为了提高生产效率而延长员工的工作时间。这些冲突如果得不到妥善解决，将会影响企业的长期稳定发展。因此，需要一种理论来系统地分析和协调这些利益关系，利益相关者理论应运而生。利益相关者管理范式的理论建构始于 20 世纪中叶的战略决策理论革新。1963 年斯坦福研究院（SRI）在组织行为学研究领域率先提出"利益相关者"概念框架，标志着企业管理理论开始突破传统经济人假设的局限。这一理论演进在 1984 年迎来关键节点，战略管理学家爱德华·弗里曼（R.Edward Freeman）在其奠基性著作《战略管理：利益相关者方法》中，系统构建了现代利益相关者理论体系，成功解构了股东价值最大化的单维治理逻辑。利益相关者理论创造性地提出多维价值平衡模型：其一，在治理结构层面，主张建立基于组织合法性理论（Institutional Legitimacy Theory）的包容性决策机制，要求企业决策矩阵必须整合股东、员工、消费者、社区等多元主体的权益主张；其二，在价值创造维度，通过引入三重底线模型（Triple Bottom Line），将经济绩效、社会责任和环境承诺纳入统一的战略评估体系。这种范式转换使得企业从"利润输送机"转型为"价值协调者"，在商业生态系统（Business Ecosystem）中构建起可持续的共生关系。从战略实施角度观察，利益相关者理论催生出两大核心机制：首先是社会契约强化机制，通过利益相关者参与（Stakeholder Engagement）和 CSR 报告制度，形成组织与社会的双向价值流动；其次是战略弹性培育机制，借助利益相关者网络构建，企业能够更有效地应对 ESG（环境、社会、治理）风险挑战。这种治理模式的创新不仅提升了企业的社会资本积累效率，更为实现联合国可持续发展目标（SDGs）中的"体面工作与经济增长"（SDG8）、"负责任的消费与生产"（SDG12）等子目标提供了操作性路径。

旅游产业是一个综合性很强的产业，涉及众多行业和领域，包括交通、住宿、餐饮、景区、购物、娱乐等。随着旅游业的快速发展，这些不同的组成部分之间相互关联、相互影响，形成了一个复杂的网络。旅游高质量发展涉及众多利益相关者，包括游客、旅游企业、当地社区、政府部门、非政府组织等。每个利益相关者都有不同的利益诉求和期望，旅游发展需要平衡这些利益关系。各利益相关者在旅游发展中都有不同的利益诉求和角色。游客追求高质量的旅游体验，旅游企业追求经济效益，当地社区希望从旅游发展中获得经济收益和生活改善，政府则关注旅游对经济、社会和环境的综合影响。在旅游目的地规划中，政府部门需要充分听取当地居民的意见，保障他们在旅游发展中的权益，如合理的经济补偿、就业机会等。要建立有效的沟通协调机制，平衡各利益相关者的利益诉求，实现旅游可持续发展的共同目标。同时，旅游企业也要关注游客的需求，提供高质量的旅游产品和服务，以实现多方共赢，推动旅游高质量发展。利益相关者理论有助于我们全面、系统地理解旅游系统的构成。它突破了以往只关注游客和旅游企业的局限，将政府、社区、非政府组织等众多主体纳入研究范畴。这使得我们能够从更宏观的角度看待旅游活动，认识到旅游是一个由多个利益主体相互作用、相互影响的复杂系统。通过考虑旅游活动中所有利益相关者的利益，该理论为旅游可持续发展提供了重要保障。它强调在旅游发展过程中，要平衡经济、社会和环境效益，避免为了短期经济利益而忽视其他利益主体的权益和长期发展目标。该理论要求根据各利益主体的贡献进行合理的利益分配，促进旅游利益分配的公平性。在旅游规划过程中，该理论要求充分考虑各利益主体的需求和利益。这有助于制定更加科学合理的旅游规划，避免盲目开发和资源浪费。该理论有利于整合旅游资源，促进旅游产业各部门之间的协同发展。通过协调不同利益主体之间的关系，实现交通、住宿、餐饮、景区等各环节的有效衔接。

（三）产业融合理论

20世纪后期，以信息技术为代表的高新技术迅猛发展，打破了传统产业之间的边界。互联网技术使信息传播速度加快、成本降低，为不同产业之间的信息交流和业务合作创造了条件。数字技术的出现使得内容产业（如影视、音乐、出版等）可以跨越多种媒体平台进行传播和销售，模糊了传统媒体产业之间的界限。同时，先进的制造技术也促使工业与服务业之间的融合，如智能制造服务将工业生产与软件服务、数据分析等有机结合起来。随着经济的发展和人们生活水平的提高，消费者的需求日益多样化、个性化。消费者不再满足于单一的产品或服务，而是希望获得集成化、一站式的解决方案。例如，旅游消费者希望在旅游过程中不仅能够享受传统的观光服务，还能体验到文化、体育、休闲等多种元素融合的产品，如体育赛事旅游、文化创意旅游等。这种市场需求的变化促使企业跨越产业边界，整合不同产业的资源和功能，以满足消费者的综合需求。在全球化和市场竞争日益激烈的背景下，企业为了获取竞争优势，开始寻求新的业务增长点和发展模式。产业融合为企业提供了拓展市场空间、降低成本、提高附加值的机会。产业融合理论打破了传统产业分立的发展模式，为产业创新提供了新思路。它促使企业和产业在技术、产品、业务流程、组织架构等多个层面进行创新。通过产业融合，企业可以整合不同产业的资源和优势，降低交易成本，提高生产效率，从而提升产业的整体竞争力。产业融合有助于推动经济结构向高端化、服务化、智能化方向发展。它能够催生新的产业形态和商业模式，优化产业结构，促进传统产业的转型升级。

　　旅游高质量发展离不开与其他产业的融合。旅游产业具有很强的关联性，与文化、农业、体育、工业等产业融合可以拓展旅游产品的边界，丰富旅游产品供给。文化与旅游融合可以开发文化创意旅游产品，如以著名文学作品为背景打造主题小镇；农业与旅游融合产生乡村旅游，游客可以参与农事体验、品尝农家美食；体育与旅游融合能催生体育旅游，如举办马拉松赛事旅游、滑雪旅游等，满足不同游客群体的需求。随着人们生活水平的提高和消费观念的转变，游客不再满足于传统的观光旅游，对旅游产品的需求日益多样化和个性化。他们渴望在旅游过程中获得更加丰富、深入的体验，包括文化体验、体育活动、休闲娱乐、健康养生等多种元素。这促使旅游产业与其他产业进行融合，以满足这些新的需求。现代信息技术、交通技术等领域的飞速发展为旅游产业融合提供了技术支撑。互联网和移动通信技术的进步使信息传播更加便捷，游客可以通过各种在线平台轻松获取旅游信息、预订旅游产品。同时，虚拟现实（VR）、增强现实（AR）技术的应用为旅游体验带来了全新的方式，如通过 VR 技术让游客提前感受旅游目的地的景观或历史场景。交通技术的发展则缩短了旅游的时空距离，使跨区域、跨产业的旅游合作更加便利。在市场竞争日益激烈的环境下，旅游产业内部的竞争促使企业寻找新的竞争优势和发展空间。与其他产业融合成为旅游企业拓展业务领域、提升竞争力的重要途径。此外，旅游产业与其他产业之间存在着相互依存、协同发展的关系。而这些产业与旅游产业的融合又能创造出更多的附加值，促进整个产业体的协同共进。旅游产业融合能够整合不同产业的资源和优势，创造出全新的旅游产品和服务类型。通过与其他产业的融合，旅游产业可以借鉴其他产业的先进技术、管理经验和创新理念，优化产业结构，提升自身的竞争力。旅游产业融合有利于打破产业边界，加强旅游产业与其他产业之间的联系和协作。这不仅促进了旅游产业自身的发展，还带动了相关产业的共同繁荣，为旅游产业的转型升级提供了新的方向。

（四）新质生产力理论

新质生产力理论是近年来在中国学术界和政策讨论中逐渐兴起的一个概念，它结合新技术革命、产业变革以及中国特色社会主义经济发展实践，重新定义和拓展了传统生产力理论的边界。这一理论强调生产力发展的新要素、新形态和新路径，尤其关注数字化、智能化、绿色化等现代技术对生产力的重塑作用。新质生产力是以科技创新为核心驱动，突破传统经济扩张模式与生产力演进框架，形成具有高精尖技术、卓越效能及优质发展特性的现代化生产力形态，充分践行创新、协调、绿色、开放、共享的先进发展理念。这一生产力体系源于技术范式变革、要素配置革新与产业链深度重构，其本质内涵体现为劳动者素质、生产工具效能、劳动对象范畴及其协同关系的全面升级，核心评价指标表现为综合生产效率的显著跃升。

该生产力系统由多种革新要素构成多维协同体系：首先是具备智慧科技与生态技术复合知识的新型人才队伍。其次是以人工智能算法、海量数据资源、生物基因工程为代表的智能生产工具。第三类构成要素包含数字化平台、物联网设施等现代化基础支撑体系。各要素通过结构性重组形成功能优化的新型生产系统。作为经济高质量发展的重要引擎，这种生产力形态通过优化资源配置效率，推动经济总量适度增长与发展质量同步提升。

其作用机制呈现双重路径：一方面引导传统产业向价值链高端延伸，实现智能改造与生态化转型；另一方面培育战略性新兴产业，开拓量子信息、空天科技等前沿领域，构建竞争新优势。

在现代化建设新征程中，培育新质生产力体系具有双重战略价值，既是解放和发展生产力的时代要求，更是推进中国式现代化的关键支撑。这种生产力革命不仅体现技术经济范式的转换，更是生产关系的系统性重构，为可持续发展提供核心动力。

旅游新质生产力是在旅游领域中，以创新驱动为核心，融合新科技、新创意、新业态等要素，突破传统旅游生产方式和产品形态，具有高科技含量、高附加值、高效益等特点的新型生产力。它体现为旅游生产要素的优化组合和旅游产品服务质量的质的飞跃，是推动旅游产业高质量发展的关键力量。

新质生产力推动旅游技术创新。随着新质生产力的蓬勃发展，旅游产业注入了前所未有的创新活力。作为现代服务业的关键组成部分，旅游业的高质量发展在很大程度上依赖于科技创新和数字经济所提供的新质生产力优势。智能技术、空间计算、大数据等新兴技术正迅速与旅游产业的发展相结合，不仅增强了旅游产业的吸引力，显著提升了运营效率，还增强了对不同群体的包容性。通过推动人工智能服务的创新进步，释放数据要素的创新潜力，以及充分利用社交媒体实现产品和服务的精准推送与裂变式传播，新质生产力为旅游产业提供了强大的创新动力。这些新兴技术的应用，使得旅游体验更加个性化和便捷，同时也为旅游企业提供了更精准的市场定位和营销策略，助力其在激烈的市场竞争中脱颖而出。此外，新质生产力还促进了旅游产业的可持续发展，通过智能化管理和资源优化配置，减少了对环境的影响，实现了经济效益与环境保护的双赢。因此，新质生产力不仅为旅游产业带来了短期的经济效益，更为其长期的可持续发展奠定了坚实的基础。

新质生产力推动旅游产品创新。在现代旅游业中，旅游产品无疑是构成其核心竞争力的关键要素。随着新型生产力的不断涌现，这些先进生产力在旅游产品创新中的应用，不仅能够显著提升旅游产品的市场竞争力，还能极大地增强其吸引力。第一，利用大数据、云计算等现代信息技术，旅游业可以提高服务的个性化和精准化水平，从而更好地满足游客的多样化需求。第二，通过不断地创新和升级旅游产品，旅游业能够确保其产品的持续发展和更新换代，从而持续吸引游客的兴趣和关注。第三，科技创新的运用使得旅游产品能够实现个性化定制、差异化设计以及特色化打造，这些都直接提升了旅游产品在市场上的竞争力。第四，旅游企业可以借助科技创新的力量，开发出更加吸引人、效率更高、包容性更强的旅游产品，比如智能旅游助手、空间计算技术、大数据分析等。这些先进技术的应用，不仅使得旅游产品更加个性化和差异化，而且能够更好地满足游客日益增长的多样化需求，从而推动旅游业的持续繁荣和高质量发展。

新质生产力推动旅游服务创新。科技创新是新质生产力发展的核心，需要加强科技创新，推动人工智能技术在旅游领域的应用，特别是在旅游服务方面。旅游服务是旅游高质量发展的核心、精髓和关键力量。新质生产力在旅游服务优化过程中的运用，不仅显著提升了旅游服务的品质，而且大幅增强了游客的满意度和体验感。以科技创新为例，它能够实现旅游服务的智能化、个性化以及人性化，从根本上提高旅游服务的品质。同时，通过持续优化和升级旅游服务，确保了旅游服务的持续发展与更新，进而提升了游客的满意度和忠诚度。

新质生产力的推动作用还体现在服务模式的创新上。随着人工智能、混合现实、基于位置的服务以及区块链等前沿技术的广泛应用，游客们开始更加期待那些能够根据他们的消费习惯和个性化喜好量身定制的旅游产品。

然而，目前旅游业在应用数智技术解决实际问题方面的能力尚存较大的提升空间。因此，新质生产力推动旅游企业进行全流程、全链条的数字化改造和融合，是旅游产业实现高质量发展的必经之路，也是必须面对和克服的挑战。只有通过不断的创新和改进，旅游企业才能在激烈的市场竞争中脱颖而出，为游客提供更加优质、高效、个性化的服务，从而推动整个旅游业的持续繁荣和发展。

（五）体验经济理论

美国经济学家约瑟夫·派恩（B.Joseph Pine Ⅱ）与詹姆斯·吉尔摩（James H.

Gilmore）在 1998 年《哈佛商业评论》中首次提出的体验经济学说，作为 20 世纪末期兴起的新型价值创造模式，其理论体系在二人 1999 年合著的《体验经济》专著中得到系统构建。该理论创新性地将经济价值演化轨迹划分为四个递进阶段：基础物质生产阶段、商品流通阶段、服务导向型经济阶段以及体验价值创造阶段。从价值创造维度解析，体验被定义为个体在特定情境下达到身体、情感与精神的和谐状态时，在意识层面形成的积极感知。这种复合感知包含娱乐启迪、知识获取、现实抽离及美学鉴赏等多维向度，本质上构成具有商品属性的经济要素。其独特性在于强调主体参与的不可复制性——每位体验者的知识结构、情感状态与参与程度的差异，决定了体验产品的绝对个性化特征。

在新型体验经济范式中，企业运营逻辑发生根本转变，服务系统成为价值承载平台，实体商品退居为辅助工具，核心商业活动转向为消费者构建具有记忆存留价值的交互场景。这种经济形态呈现出六大典型特征：

其一，非物质生产属性。与传统经济形态不同，体验价值的产出无法通过量化指标进行精准计量，其价值载体并非实体产品，而是存在于消费者认知层面的感受记忆。

其二，时效压缩特征。相较于以年度为周期的农业经济、以月度为单位的工业经济及以天计量的服务经济，体验经济的价值周期呈现指数级压缩，尤其在互联网场景中，体验价值可能以分钟甚至秒为计量单位。

其三，双向交互机制。突破传统卖方主导模式，体验经济强调消费者的全程深度参与，其价值实现依赖于主体与体验场景的持续互动过程。

其四，绝对排他性。每个体验产品的核心价值源于独特的感知组合，这种由个体差异决定的体验异质性，从根本上消解了经济价值的可替代性。

其五，认知烙印效应。优质的体验设计能在消费者意识中形成持久记忆，这种记忆的存续时长往往超越实际体验过程，产生二次传播价值。

其六，溢价创造能力。基于体验产品的不可复制性和记忆延续性，消费者普遍愿意支付超出基础成本的高额溢价，这使得体验经济具备显著的价值增值优势。

这种经济形态的演进，标志着市场价值创造从物质供给向感知塑造的战略转型，企业竞争维度从功能性满足升级为情感记忆的构建能力。体验经济为企业提供了新的经济增长机会和竞争优势。企业通过提供独特的、令人难忘的体验，可以吸引消费者，提高消费者的满意度和忠诚度，从而增加企业的收入和利润。同时，体验经济也推动了产业升级和创新，促进了经济的发展。体验经济理论强调了消费者的体验需求和感受在经济活动中的重要性，为企业提供了新的经营理念和发展方向。在体验经济时代，企业需要更加关注消费者的个性化需求，提供优质的体验，以赢得市场竞争。

体验经济理论在旅游中应用的核心是"从卖资源到卖记忆"，强调以游客的体验为核心，从传统的"产品消费"转向"情感化、个性化的体验创造"，需通过场景营造、技术赋能与文化深耕，创造独特的、个性化的旅游经历，将游客的"旅途"转化为"心途"，满足游客的情感和精神需求。游客购买的不是单纯的交通工具座位、酒店房间、景区门票，而是在整个旅游过程中获得的包括情感、知识、娱乐等多种因素交织的综合体验。游客深度参与旅游活动，感受每一个细节，能够获得更直观和深刻的体验。旅游体验强调游客与景区、文化之间的互动，打破时间和空间的束缚。体验经济下的旅游产品注重个性化和定制化，以满足不同游客的需求。

旅游体验由旅游体验主体、客体和媒介构成。旅游体验主体是游客，游客自身的背景知识、兴趣爱好、心理预期等因素对旅游体验有着至关重要的影响。例如，一位摄影爱好者和一位普通游客在同一自然景区的体验重点可能完全不同，摄影爱好者会更关注光影变化、拍摄角度等，以获取满意的摄影作品来丰富自己的体验。旅游体验客体是旅游资源、产品，包括自然景观（如山脉、河流、海滩等）、人文景观（如历史遗迹、文化建筑等）以及旅游产品（如主题公园的游乐设施、旅游演艺等）。这些客体是旅游体验的物质基础，它们的品质、特色和可参与性直接影响游客的体验质量。旅游体验媒介是旅游服务和设施，高效的旅游交通服务、舒适的住宿设施、专业的导游讲解等服务，以及各种旅游设施如景区的标识系统、休息设施等，能够帮助游客更好地享受旅游资源，提升旅游体验。

旅游体验能够更好地满足游客需求。在体验经济时代，游客更加注重旅游过程中的个人感受和经历，而不仅仅是目的地的选择。旅游体验能够提升旅游竞争力。通过创造独特的旅游体验，旅游目的地可以形成差异化竞争优势，吸引更多游客。旅游体验能够促进旅游业可持续发展。体验经济强调游客参与和互动，有助于推动旅游与文化、生态等多领域的融合，促进旅游业的可持续发展。未来，旅游如何在规模化与个性化、商业化与真实性之间找到平衡，将是旅游高质量发展的关键命题。

五、本章小结

我国经济社会发展进入高质量发展阶段，旅游发展也从高速增长转向优质旅游发展阶段。旅游作为国民经济的重要组成部分，其高质量发展已成为推动经济社会发展、实现共同富裕和构建国内国际双循环新发展格局的关键。旅游发展正从小众旅游向大众旅游、从单一观光向休闲度假、从景点旅游向全域旅游、从资源依赖向创意谋划、从门票经济向产业经济、从浅层次向深层次、从市场低端向高端、从单一发展向集聚发展转变。从政策背景来看，创新、协调、绿色、开放、共享的新发展理念是旅游业高质量发展的必由之路，旅游高质量发展有助于共同富裕目标的实现，对构建国内国际双循环相互促进的新发展格局具有重大意义。从实践背景来看，国家层面、省级层面、市州级层面通过多项政策支持文化和旅游高质量发展。从学术背景来看，研究发文数量呈上升趋势，研究主题多样，研究不断深入。

国内学者已对旅游高质量发展进行了深入研究，在理论构建、模式发展、经验总结方面取得了显著成就。从研究思路来看，展示了从宏观政策分析到具体案例研究，从理论框架构建到实证分析，从单一指标体系到综合评价体系，从产业融合到技术创新等多个维度对旅游高质量发展进行的深入探讨。从研究内容来看，覆盖了旅游高质量发展的多个方面，包括地区差异、经济质量、发展路径、融合模式、评价体系、技术应用等，体现了旅游高质量发展研究的深度和广度。从研究视角来看，突破了传统旅游经济学的单一视角，整合生态学、社会学、文化研究等多学科理论，构建了多维分析框架。从研究方法来看，主要涉及文献分析法、定量分析法、定性分析法、混合研究方法、实验与行动研究法、技术驱动型方法，为旅游高质量发展提供了科学的理论依据和实践指导。

本章介绍了黔东南州旅游高质量发展的研究背景，通过搜集和整理国内相关文献，对高质量发展、旅游高质量发展、乡村旅游高质量发展进行了分析和研究，介绍了选题的研究目的和意义，确定了选题的研究思路和研究方法。通过对旅游高质量发展的相关理论的梳理和总结，阐明了黔东南州旅游高质量发展的理论基础。本研究认为，可持续发展理论、利益相关者理论、产业融合理论、新质生产力理论、体验经济理论共同构成了旅游高质量发展的理论基础，为黔东南州旅游高质量发展提供了理论上的指导。

第二章 黔东南州旅游高质量发展的机理

一、黔东南州旅游高质量发展的意义

（一）推动产业升级与经济增长

旅游业本身是一个综合性产业，涵盖了交通、住宿、餐饮、购物、娱乐等多个领域，旅游高质量发展能够带动旅游相关产业的协同进步，促使这些相关产业不断提升产品和服务质量，实现产业升级，优化产业结构，促进经济增长。

一是旅游高质量发展能够推动产业升级。通过旅游高质量发展，能提升旅游服务品质、创新产品（如生态旅游、康养旅游、智慧旅游等），减少对传统农业的依赖，延伸旅游产业链（如银饰、蜡染、苗绣等非遗产品开发），推动旅游产业从传统的观光旅游向多元化、综合化的方向发展，推动第一、第二、第三产业融合，提升经济附加值，推动旅游业从"数量扩张"转向"质量效益"，带动交通、住宿、餐饮等关联产业升级。这不仅丰富了旅游市场，也提升了旅游产业的整体素质和竞争力，为旅游经济注入新的活力。

二是旅游高质量发展能够促进就业与提高收入。旅游业的蓬勃发展能够带动相关产业如餐饮、住宿、交通、购物等的兴旺，创造大量就业机会，促进地方经济发展。旅游业产业链长、就业门槛相对较低，高质量发展可为当地青年、妇女提供就业岗位（如导游、非遗传承人、民宿经营者），减少人口外流，助力乡村振兴和城乡均衡发展。

三是旅游高质量发展能够激活乡村经济。黔东南州可以通过打造特色文旅产品、推动农旅融合，将文化资源优势转化为经济优势，实现了乡村产业的多元化发展。旅游业的繁荣，可以带动当地农产品销售、手工艺品制作等相关产业的兴起，为乡村振兴提供了内生动力。例如，依托西江千户苗寨、肇兴侗寨等特色村寨，发展乡村旅游，将传统农耕文化与旅游相结合，带动民宿、手工艺、农特产品等产业发展，促进农民增收。这种根植于文化土壤的生态重构模式，既保留了苗乡侗寨的烟火气，又打开了通向现代文明的新窗口，为全国乡村振兴提供了有益的示范。

四是旅游高质量发展能够增强经济韧性。通过培育高端旅游市场（如会展旅游、定制游），减少对低端消费的依赖，提升抗风险能力。

（二）提升居民福祉与区域协调发展

黔东南州旅游高质量发展提升居民福祉与区域协调的核心逻辑，在于通过"以人为本"和"均衡发展"两大原则，将旅游的经济效益转化为社会价值。对居民来说，是从"旁观者"变为"参与者"和"受益者"，能够实现物质富裕、精神富足、生态宜居。对区域来说，是从"单点突破"到"全域联动"，能够打破城乡、区域壁垒，形成资源共享、责任共担的发展共同体。高质量的旅游发展能够为居民提供更多休闲娱乐的选择。居民可以参与到本地的旅游活动中，如参加民俗文化节、户外运动旅游等，放松身心、丰富阅历、增长见识，增强生活幸福感。同时，旅游基础设施的改善，如道路、公共交通、卫生设施、公园、休闲步道等设施的高质量建设，不仅服务于游客，也会让当地居民受益。例如，城市绿道的建设可以作为旅游景观吸引游客，同时也是当地居民日常休闲锻炼的好去处，提升了整个社会的生活品质。黔东南州内不同地区的经济发展水平存在差异，一些偏远地区经济相对落后。通过旅游高质量发展，可以将旅游资源优势转化为经济优势，吸引资金、人才等要素向这些地区流动，促进区域经济的均衡发展。例如，榕江县通过"村超"的影响力，吸引了大量游客和投资，推动了当地经济的快速发展。旅游高质量发展可以通过乡村旅游、特色小镇等模式，将城市消费引入乡村，助力共同富裕，缩小城乡差距。旅游高质量发展还可以推动社区共建共享，以"村BA""村超"等特色文旅活动凝聚社区参与，强化民族团结，提升居民对旅游发展的获得感和话语权。

（三）推动生态环境保护与可持续发展

旅游高质量发展通过将生态保护纳入旅游开发的核心逻辑，不仅能够减少传统旅游业对自然资源的消耗，还能通过创新机制将"绿水青山"转化为可持续的"金山银山"。传统旅游发展存在过度开发，导致生态退化（如水源污染、生物多样性丧失）、文化同质化、社区利益边缘化等问题。而旅游高质量发展，以生态承载力为底线，以"保护优先、适度利用、利益共享"为原则，构建"生态—经济—社会"良性循环，实现从"掠夺式开发"到"共生式发展"的转变。黔东南州地处长江、珠江上游，生态地位重要。通过发展生态旅游（如雷公山国家森林公园、潕阳河景区），减少工业开发对森林、水源的破坏。旅游高质量发展强调生态友好型旅游模式。这促使旅游目的地加强生态环境的保护和管理，合理开发利用自然资源。例如，旅游高质量发展要求黔东南州在旅游开发过程中注重生态保护，通过科学规划和合理开发，避免对自然环境造成破坏，守护"两江"屏障，践行"两山"理念。通过发展生态旅游，推动景区周边的生态环境修复和保护。在生态脆弱地区，会采用生态旅游的方式，限制游客数量，建设生态步道等低影响设施，以减少旅游活动对生态系统的破坏。同时，旅游高质量发展过程中，通过开展生态旅游教育活动，提高游客和当地居民的环保意识，形成旅游与生态环境良性互动的可持续发展模式，促进全社会共同参与生态保护的良好氛围。高质量的旅游发展还可以促进环境的美化和绿化。旅游景区为了提升吸引力，会加强景观建设和生态修复工作，这在一定程度上改善了当地的生态环境质量。而且，旅游产业的绿色转型,如利用传统村落"天人合一"的建筑智慧(如吊脚楼、风雨桥),有助于倡导绿色出行和低碳住宿,减少旅游碳足迹;如推广使用清洁能源交通工具、建设绿色环保型酒店等措施,有助于减少旅游活动的碳排放,推动整个社会向低碳经济发展。

(四)促进文明互鉴与软实力提升

旅游高质量发展作为全球化时代的重要议题,不仅是经济转型的抓手,更是文明对话的桥梁与国家软实力构建的战略支点。旅游是不同文化之间交流的重要桥梁。高质量的旅游发展能够更好地展示当地的传统文化、民俗风情等。游客在旅游过程中接触到不同的文化,能够增进对其他文化的了解和尊重。例如,在黔东南州通过旅游高质量发展,游客可以深入体验苗侗民族的传统服饰、歌舞、手工艺等文化,促进不同民族之间的文化交流。同时,本地居民也能从游客带来的不同文化中获得启发,推动本地文化的创新发展。黔东南旅游高质量发展依托丰富的民族文化资源,将文化元素深度融入旅游产品中,如"村BA""村超"等特色文化活动,将传统文化与现代旅游深度融合,不仅提升了旅游体验,还促进了民族文化传承的创新性发展。从"村超"赛场的激情呐喊到侗族大歌的天籁之音,从苗绣技艺的匠心传承到非遗千灯会的现代演绎,这些活动不仅丰富了游客的体验,更让民族文化在守正创新中焕发新生。民族文化IP的市场号召力不断增强,推动了文化产业的繁荣,增强了当地居民的文化自信和认同感。旅游高质量发展还有助于挖掘和保护地方文化以及文化多样性。为了满足游客对文化体验的需求,当地会更加重视文化资源的整理和保护,还会支持少数民族地区、传统村落发展特色旅游,避免文化同质化。例如,黔东南州一些古老的民俗活动、传统手工艺等在旅游发展过程中得到传承和复兴。同时,旅游也是文化传播的重要载体,高质量的旅游产品能够更有效地将本地文化传播到世界各地,让更多人了解和欣赏当地的特色文化,促进不同文化之间的交流互鉴。银饰叮当与移动支付同频、围炉煮茶邂逅战舞酒吧,传统与现代的碰撞不仅催生了新的消费增长点,也让黔东南成为了一个开放包容的文化交流平台。通过举办各类特色文旅活动，黔东南吸引了越来越多的国内外游客，增强了文化传播力，高质量旅游产品（如文化遗产线路、国际文旅节庆）成为讲好中国故事的重要载体，推动了区域文化的传播和区域开放合作。

二、黔东南州旅游高质量发展的原则

（一）坚持生态优先，绿色发展

旅游高质量发展要求黔东南州以创新驱动为引领，深入践行生态文明理念。在全面把握"十四五"时期战略机遇的基础上，应深度融入国内国际双循环体系，聚焦"四新"战略目标，系统推进新型工业化、新型城镇化、农业现代化和旅游产业化协同发展。将旅游产业化确立为区域经济转型升级的核心引擎，通过实施旅游产业规模倍增工程，着力提升服务质量与业态创新，加速打造彰显苗侗文化特色的现代化产业生态系统。在此过程中，需始终秉持生态保护与绿色可持续发展并重的原则，构建环境友好型旅游经济模式。黔东南州要着力构建生态保育与文化赓续协同发展体系，形成"双遗产"保护创新范式。通过建立文化遗产活态传承机制与生态资源科学开发准则，构建起多层次保护网络。

在自然遗产维度，依托国家级生态文化场馆群落与古生物化石主题展馆群落，创新实施生物多样性立体保护工程；在人文遗产领域，系统推进非遗数字化工程与传统节庆活化工程，重点培育"侗族大歌文化生态保护区""苗族银饰技艺传承基地"等特色文化空间。这种双轨并行的保护策略催生出独特的文化生态复合价值：台江苗族姊妹节、雷山苗年庆典等非物质文化遗产实现节庆化展演，与雷公山自然保护区、㵲阳河湿地等生态景观形成时空呼应。通过开发非遗主题生态游径、创设民族文化生态博物馆聚落，构建起"山水为幕、文化为魂"的文旅融合发展格局，使吊脚楼营造技艺、苗医药知识体系等古老智慧在现代生态治理中焕发新生，最终实现民族文化基因库与生态安全屏障的协同增效。要构建生态旅游与人文感知深度耦合的发展范式，须实施"双核驱动、五维协同"战略路径。

在价值维度上，建立生态认知系统与文化解码机制相融合的体验架构，通过构建"自然解码—文化沉浸"双轨体验模式，推动旅游价值形态从表层景观消费向深度价值认同跃迁。实施层面应采取"五全"创新策略：全域景观营造方面，打造"山水剧场+文化展廊"复合空间场景；全链产业融合方面，培育非遗工坊集群与生态研学基地联动业态；全维服务升级方面，构建智慧导览系统与文化解说体系；全民共建共享方面，创新社区赋权机制与传统知识转化模式；全域协同治理方面，建立跨行政区生态文化保护联盟。这种转型本质上构成旅游经济范式的三重跃升：在体验层级上实现从视觉消费到身心参与的进化，在产业形态上完成从门票经济到价值经济的转换，在文化传承上达成从静态展示到活态再生的跨越。通过开发苗侗生态史诗研学线路、创设梯田剧场实景演艺等载体，使游客在参与蜡染制作、聆听多声部民歌过程中，深度感知生态智慧与文化密码，最终形成具有在地性特征的可持续发展范式。

黔东南州旅游高质量发展需以生态本底优先战略为价值导向，实施绿色动能转换工程，形成环境保护与文旅经济协同演进的新型发展范式。通过构建"生态肌理—文化基因—旅游载体"三位一体发展架构，为塑造具有民族地域特色的现代化发展样本提供价值基石。

（二）坚持文化传承，彰显特色

旅游高质量发展要求黔东南州应以"文化为魂"，通过科技赋能与机制创新，打造世界级民族文化旅游目的地，实现文化传承、特色彰显与经济发展的多维共赢。黔东南州要以苗族、侗族等少数民族文化为特色，通过城市建筑、文化小品及公共设施体现这些文化特色，加强市政和城市景观建设，美化城市环境。在实施民族村寨保护性开发过程中，应构建"基因识别—价值转化—活态传承"三位一体的系统化开发策略。确立"保护性开发、差异化表达"的基本原则，通过建立民族文化基因图谱数据库与生态承载力预警系统，形成特色村寨分类培育机制。如民族活态传承型（如岜沙苗寨原生文化体验）、文脉赓续型（如隆里古城汉文化展示）、生态协同型（依托雷公山景区构建复合业态）、枢纽服务型（打造旅游集散智慧平台）、主题深耕型（银饰锻造主题村落）、多元共生型（苗侗文化交融示范区）。每个类型均需贯彻四维开发准则——空间维度实施建筑风貌导控，时间维度构建文化活态传承链，技术维度应用数字化保护手段，机制维度创新社区共治模式。在文旅融合发展过程中，应注重依托民族文化资源构建差异化旅游体系。要以苗侗等少数民族文化为基底，系统打造多维度的文化体验模块。

其一，构建村寨活态博物馆，通过原生态聚落展示与非遗工坊参访形成沉浸式体验场景；其二，创新设计文化展演体系，将传统歌舞艺术转化为剧场化演艺项目；其三，培育特色消费场景，开发包含银饰刺绣等民族工艺品的文创产品链；其四，策划周期性文化节庆，重点包装苗年、侗族大歌节等标志性节事活动；其五，构建美食文化体验动线，通过长桌宴等饮食习俗展示实现味觉记忆传播。

这种以活态化传承为内核的旅游开发模式，既能实现文化遗产的创造性转化，又能形成具有市场吸引力的复合型产品矩阵。要大力扶持地方特色旅游商品体系建设，通过多元化商业布局提升消费体验。具体而言，可重点打造主题商业街区网络，将传统工艺、非遗文化与现代商业形态有机融合。例如规划刺绣手工艺文化街区集中展示苗绣技艺，设立传统蜡染艺术工坊体验区，开发银器锻造主题文化街巷，创建特色饮食文化体验带集中呈现酸汤美食。同时，可整合民族餐饮文化展示空间，形成集制作体验、文化传播、产品销售于一体的复合型旅游消费场所。这种差异化定位既能凸显地域文化特色，又能构建完整的文旅商品产销体系，有效促进旅游产业链价值提升。旅游高质量发展要坚持文化传承，彰显特色，通过系统梳理民族艺术、传统技艺及民俗风情等非物质文化宝藏，运用现代设计理念开发独具魅力的文旅产品。这种创新性转化不仅增强了旅游产业的市场竞争力，更能形成经济增值与文化保育的互动机制——旅游收益反哺文化修复工程，传统元素的现代表达则持续丰富旅游供给，由此构建起动态平衡的可持续发展模式。

（三）坚持全域统筹，协调发展

旅游高质量发展要求黔东南州要从全局出发，统筹资源、协调各方，推动产业融合、生态保护、智慧升级和区域协同。通过全域统筹和协调发展，黔东南州旅游不仅能够实现经济效益的提升，还能促进社会、文化和生态的全面进步，最终实现可持续、高质量的发展目标。黔东南州旅游发展不应局限于单一景区或城市，而应通过全域统筹，对旅游资源进行整体规划和整合，打破行政区域界限，将分散的景点串联成线、连点成片，打造精品旅游线路，提升旅游产品的整体吸引力，推动跨区域合作，形成资源共享、优势互补的格局。要打造"一核多极"旅游格局。以凯里为核心，辐射周边县市，形成多个旅游增长极，如镇远历史文化旅游区、雷公山生态旅游区、黎平侗族文化旅游区等，实现差异化、互补性发展。要进行资源整合联动，推动黔东南州与相邻地区或资源互补的地区开展旅游合作，共同开发跨区域旅游线路，形成区域旅游联动效应。比如，串联镇远古城、肇兴侗寨、加榜梯田等景点，构建跨区域旅游环线；与周边省份（如湖南、广西）共建"大湘西—黔东南"旅游走廊。全域统筹协调能够打破部门和行业壁垒，促进旅游产业与相关产业的深度融合，形成多元化的旅游产品体系。例如，通过整合文化资源，打造具有民族特色的文化旅游演艺项目；结合体育赛事，发展体育旅游。坚持全域统筹协调发展，能够引导资源向薄弱地区倾斜，推动基础设施建设，提升旅游服务水平，促进区域间的协同发展，缩小旅游发展差距。

（四）坚持创新驱动，科技赋能

黔东南州旅游高质量发展离不开创新驱动和科技赋能。通过智慧旅游、大数据、人工智能、VR/AR、区块链、5G 等技术的应用，黔东南州旅游可以实现服务升级、管理优化和体验提升，进而满足游客的多元化需求，推动旅游业的可持续和高质量发展。要充分发展智慧旅游的作用，提升服务效率。利用物联网、大数据、人工智能等技术，实现景区的智能化管理。例如，通过智能监控系统实时监测游客流量，优化景区资源配置，避免拥堵和安全隐患。开发智能导览 App 或小程序，提供语音讲解、AR 导览、路线推荐等功能，提升游客的游览体验。推动景区门票、酒店住宿、交通出行等服务的在线预订和无现金支付，提升游客的便利性。要强化大数据应用，提供精准营销与服务。通过大数据分析游客的消费习惯、游览偏好等，为景区和旅游企业提供精准的营销策略，推出个性化的旅游产品和服务。利用大数据和人工智能技术，根据市场需求和游客流量动态调整门票价格、酒店房价等，实现资源的最优配置。通过大数据监测网络舆情，及时发现和处理旅游投诉或负面事件，维护旅游目的地的形象。

要强化虚拟现实（VR）与增强现实（AR）技术的应用。利用 VR 技术打造虚拟旅游场景，让游客在未到达目的地之前就能"身临其境"地体验景区的魅力，激发旅游兴趣。在景区内引入 AR 技术，通过手机或 AR 设备为游客提供互动式体验。例如，在历史文化景区，游客可以通过 AR 看到历史场景的复原或与虚拟人物互动。

要运用人工智能（AI），提升服务质量。利用 AI 技术开发智能客服系统，为游客提供 24 小时在线咨询服务，解答常见问题，提升服务效率。通过 AI 算法分析游客的兴趣和需求，为其推荐合适的旅游线路、餐饮、住宿等服务，提升游客满意度。利用 AI 技术进行人脸识别、行为分析等，提升景区的安全管理水平，预防突发事件。

要运用区块链技术，保障透明与信任。利用区块链技术确保游客个人信息和交易数据的安全，防止数据泄露和滥用。通过区块链技术实现旅游服务的透明化，例如酒店预订、门票购买等，确保游客的消费权益。利用区块链的智能合约功能，自动执行旅游合同条款，减少纠纷和人为干预。

要运用 5G 技术，推动旅游体验升级。在景区内实现 5G 网络全覆盖，为游客提供高速、稳定的网络服务，支持高清直播、AR/VR 体验等。利用 5G 技术实现远程互动，例如通过高清视频直播让游客实时观看远方的自然景观或文化活动。

利用 5G 技术优化景区内的交通管理，实现智能停车、智能调度等功能，提升游客的出行体验。

（五）坚持产业融合，提升经济质量

旅游高质量发展要求黔东南州要坚持产业融合，提升区域经济水平。通过产业融合，能够有效提升黔东南州旅游业的附加值，带动相关产业的发展，促进区域经济协调发展。通过旅游与工业、农业、文化、体育、科技、生态、教育、康养、交通、金融等产业的深度融合，可以充分发挥黔东南州民族文化、生态资源等优势，打造多元化的旅游产品和服务，满足游客的多样化需求，推动旅游经济的可持续和高质量发展。

要坚持旅游与工业融合，促进工业旅游与制造业升级。开发工业遗址、现代工厂参观等旅游项目，展示工业文化和技术创新，推动制造业与旅游业的融合。将黔东南州特色工业产品与旅游结合，开发旅游纪念品、文创产品，提升工业产品的附加值。

要坚持旅游与农业融合，促进乡村旅游与农业体验发展。依托黔东南的田园风光和农耕文化，开发农家乐、农事体验、田园观光等乡村旅游项目，推动农业与旅游业的深度融合，提升农业附加值。将黔东南州特色农产品（如茶叶、香禾糯、蓝莓等）与旅游结合，打造具有地域特色的农产品品牌，增加农民收入。建设集观光、采摘、休闲为一体的农业园区，吸引游客参与农事活动，促进农业与旅游的双赢。

要坚持旅游与文化融合，促进文化旅游与创意产业发展。依托苗族、侗族等少数民族的独特文化，开发民族村寨旅游，如西江千户苗寨、肇兴侗寨等，展示民族建筑、服饰、歌舞、节庆等文化元素。利用苗年、侗年、姊妹节、芦笙节等传统节日，举办大型文化旅游活动，吸引游客参与，提升旅游吸引力。将苗族银饰、侗族大歌、刺绣、蜡染等非物质文化遗产融入旅游体验，开发非遗手工艺体验项目，推动文化传承与旅游经济双赢。

要坚持旅游与体育融合,促进体育旅游与健康产业发展。依托黔东南的山地、河流等自然资源,开发徒步、攀岩、漂流、骑行等户外运动项目,打造体育旅游目的地。举办山地马拉松、自行车赛等体育赛事,吸引体育爱好者参与,带动旅游消费。结合黔东南的森林、温泉等资源,发展康养旅游,满足游客的健康需求。

要坚持旅游与科技融合,促进智慧旅游与数字产业发展。利用大数据、人工智能等技术,打造智慧旅游平台,提供个性化、便捷化的旅游服务。通过 VR/AR 技术,重现黔东南的历史文化场景,提升游客的沉浸式体验。利用社交媒体、短视频等平台,推广黔东南的旅游资源,提升知名度和吸引力。

要坚持旅游与生态融合,促进生态旅游与绿色发展。依托雷公山、月亮山、清水江等自然资源,打造生态观光、徒步探险、森林康养等旅游产品,吸引生态旅游爱好者。利用雷公山国家级自然保护区等资源,发展科普教育、生态研学等旅游项目。在旅游开发中注重生态环境保护,推广低碳旅游、绿色出行等理念,建设生态友好型旅游目的地,实现旅游与生态的协调发展。

要坚持旅游与教育融合,促进研学旅游与知识经济发展。开发以苗族、侗族文化为主题的研学旅游线路,吸引学生群体,推动教育与旅游的结合。依托雷公山、清水江等自然资源,开展生态科普教育,吸引研学团队。将非遗手工艺、民族歌舞等融入研学旅游,提升旅游的知识附加值。

要坚持旅游与康养融合,促进康养旅游与健康产业发展。依托黔东南的森林、温泉等资源,打造康养旅游目的地,吸引中老年游客和健康追求者。结合医疗、养生、康复等服务,提供全方位的康养旅游体验,推动健康产业发展。

要坚持旅游与交通融合,促进交通旅游与基础设施建设。依托黔东南的自然风光和民族文化,打造精品自驾游线路,吸引自驾游爱好者。开通旅游专列、旅游巴士等,方便游客出行,提升旅游体验。加快高铁、高速公路等交通网络建设,完善交通基础设施,提升黔东南旅游的通达性。

要坚持旅游与金融融合,促进旅游金融与投资。开发旅游保险、旅游信贷等金融产品,为游客和旅游企业提供金融支持。吸引社会资本参与黔东南旅游项目开发，推动旅游基础设施建设和产业升级。

（六）坚持民生为本，共建共享

旅游高质量发展不仅是经济问题，更是民生问题。通过坚持民生为本、共建共享的原则，黔东南州旅游发展不仅能够促进经济增长，还能提升居民生活质量，确保旅游发展成果惠及广大人民群众，推动社会经济的全面进步，促进社会和谐发展。旅游业的可持续性发展须构建多方协同治理体系，通过利益相关主体的价值共创实现民生导向的产业升级。

政府部门需强化政策引导与制度保障，市场主体应创新生态友好型经营模式，社区原住民可通过文化遗产诠释权参与价值分配，而游客作为文化消费主体则需践行负责任旅游理念。这种四位一体的互动机制将驱动旅游经济从单一增长转向包容性发展——公共服务的精准投放激活基层文旅细胞，商业模式的迭代创新提升产业附加值，最终形成主客共享的普惠性发展成果。

要构建普惠型旅游服务体系，推进黔东南州文旅产品的民生化改造。通过基础设施的适需性规划——包括无障碍游览动线设计、多语种智慧导览系统布设及文旅消费券精准投放机制——实现全周期旅游服务升级。针对特殊群体，需建立分众化权益保障机制。如老年群体可享受文化场馆预约绿色通道，学生群体实施研学旅行积分兑换制度，残障人士配套辅具租赁与志愿者陪游服务，低收入家庭创新"以劳代惠"的文旅参与模式。通过公共文化服务的普惠性供给提升公民素养，借助文旅融合激活社区内生发展动力，最终构建主客双向赋能的共治共享新格局。

要深化公共资产社会化利用改革，构建全要素惠民供给体系，推进政府投资类文体教设施的公益性转型。通过建立基础设施分类开放矩阵——文化鉴赏类场馆（博物馆、美术馆、纪念馆）、科学普及基地（科技馆、青少年宫）、全民健身空间（城市公园、体育场馆）及基层文化节点（群艺馆、社区活动中心）实施梯度开放策略。同步打造"数字孪生＋实体服务"双轨平台：线上搭建文化遗产虚拟展厅与预约系统，线下完善无障碍设施与多语种导览配套。针对特殊群体创新权益兑现机制，可探索文化积分通兑、错峰惠民专场及公益讲解定制服务。这种供给侧结构性改革将重塑公共文化服务范式，通过资源可及性提升促进公民文化权益均等化，借助空间功能复合化激发城市活力再生，最终实现公共资源使用效率与社会效益的帕累托最优。

要实施民生导向的休憩空间重构工程，构建"生态—功能—人文"三维协同的城镇更新范式。重点推进景观界面优化工程。通过海绵城市技术升级雨水管理系统，运用垂直绿化激活建筑灰空间，借助光影艺术装置重塑夜间景观层次，同步建立生态敏感性评估机制保护生物栖息地。在旅游功能集成方面，应创新"15分钟文旅生活圈"规划模型——以蓝绿廊道系统串联文化地标，依托智慧导视平台实现服务设施全域可达，构建融合非遗工坊与生态研学功能的复合型公共空间。针对社区参与方面，需建立"规划—运营—受益"全链条赋能体系。推行社区赋权型旅游开发模式，组建居民旅游议事会嵌入项目决策层，开发传统技艺活态传承就业岗位，创新文化资产证券化分配路径。利益共享机制方面要构建三级收益回馈体系——基础层通过物业增值补贴实现普惠分配，发展层设置生态补偿专项基金，增值层则建立文化 IP 衍生收益分红制度。这种共生型发展架构将催化多重价值转化：生态资产的保值增值增强城镇韧性，社区文化资本的创造性转化培育新型经济业态，最终形成环境效益、经济效益与社会正义的乘数效应。

（七）坚持品质引领，塑造品牌

旅游高质量发展要坚持品质引领，塑造品牌，吸引更多游客，推动旅游业可持续发展。要强化区域旅游品牌认知度，构建多媒体传播矩阵，深化境内外市场开发，打造特色节庆 IP，通过整合传播渠道、深耕目标市场、培育特色活动三维发力，系统构建"民族生态"旅游目的地品牌形象，全面提升市场吸引力与产业竞争力。

要整合首都优质媒体资源，联合大型传媒集团打造立体化传播网络，重点在长三角、珠三角及成渝经济圈的核心交通枢纽数字屏幕进行旅游形象展播。同步开展线上新媒体精准投放，形成全渠道传播效应。

要组建专项团队赴境内外目标城市，通过旅游产品路演、同业洽谈会等形式开展精准营销，重点突破粤港澳大湾区及东南亚客源市场。在长三角、京津冀等经济发达地区举办投资说明会，推出民族文化体验园、生态康养基地等优质文旅项目。策划"原生态蓝莓文化节"等具有地域标识度的主题活动，配套举办非遗文化展演、农特产品市集等多元体验项目。创新设计"苗岭秘境"低碳骑行挑战赛等体育旅游产品，通过"节庆+赛事"双轮驱动模式构建差异化品牌体系。

要以非遗活化工程为抓手，重点打造《银秀》全景式舞台剧目与苗族史诗《仰阿莎》沉浸式演艺项目，通过创新艺术演绎构建"苗侗秘境"文旅 IP。运用现代声光电技术再现"锦鸡舞""反排木鼓舞"等非遗场景，形成剧场驻演+实景巡演双线并行的文化传播矩阵。

要进行跨平台传播，联动省级卫视打造《秘境黔东南》专题纪录片，在黄金时段推出文旅探访系列节目。建立年度合作机制，承接影视剧组外景拍摄项目。

要组建精准营销网络，组建专业团队参与中国国际旅交会、东盟旅游展等 A 级展会，策划"媒体大 V 黔东南州探秘行"活动，定向邀请 50 家重点客源地旅行社开展深度采风考察。

要塑造体育旅游品牌，持续运营"雷公山超级马拉松"国际赛事，配套开展"苗岭天路"百公里骑行挑战赛，打造山地运动旅游示范区。

要建设文化体验工程，创新设计"千人民俗体验季"活动体系，包含侗族大歌传习工作坊、银饰锻造非遗课堂等深度体验项目，形成"月月有节庆、季季有主题"的品牌运营模式。通过文化基因解码、传播渠道创新、体验产品升级三维联动，构建具有市场辨识度的民族文化旅居目的地形象，有效提升品牌溢价能力与产业转化效能。

（八）坚持安全为基，防控风险

旅游高质量发展要坚持安全为基，防控风险。在黔东南州旅游高质量发展过程中，应当构建多维度的安全防控体系，通过系统化的风险管理模式为游客打造安心旅居环境。

首先，构建全域旅游安全防护网络。该体系应覆盖旅游全产业链条，重点完善交通运输工具安检维保制度、景区特种设备年检机制、餐饮场所卫生监控体系、林区防火预警系统等基础设施安全规范。针对季节性灾害风险，需建立山洪地质灾害监测平台与极端天气响应预案，通过智能化监测手段实现风险预警前置化。

其次，健全应急管理服务机制。建议采用"平战结合"管理模式，整合公安、医疗、消防等多部门资源，建立统一调度的旅游应急救援指挥中心。通过常态化开展应急演练，形成涵盖事故预防、快速响应、专业处置、善后修复的完整闭环管理流程。同时开发智能救援定位系统，实现黄金救援时段的高效处置。

最后，升级旅游安全保障体系。一是制度体系规范化。深度落实旅游安全法规执行机制，建立"三级责任"管理模式。政府部门应构建"双随机、一公开"监管体系，推动安全标准认证制度与第三方评估机制有机结合。重点完善危机应对方案动态修定制度，运用情景模拟技术提升预案实操性，建立季度性多部门协同演练机制。同步构建安全投入增长模型，确保应急物资储备与专业救援队伍建设同步发展。二是设施管理智慧化。实施旅游设施全生命周期监管体系，建立涵盖消防联动装置、智能救援通道、数字导览系统的物联网络。重点区域部署毫米波雷达监控与北斗定位终端，实现高危地段智能预警全覆盖。推行特种设备"一机一码"溯源管理，构建电梯、索道等设施的数字孪生监测平台，通过振动频率分析预判设备损耗周期。三是预警系统立体化。打造"气象＋地质"双核预警中枢，整合地质灾害监测数据与微气象站实时信息，开发旅游安全指数动态模型。构建五级信息发布矩阵：一级景区广播系统、二级移动端推送平台、三级电子围栏短信、四级车载导航提示、五级智能穿戴设备震动预警。建立风险隐患"三色"治理台账，对重大隐患实施区块链存证督办，实现整改过程可追溯。通过构建"制度—设施—预警"三位一体的防控体系，可形成旅游安全管理的正向循环机制。这种以科技赋能、制度创新为驱动的新型管理模式，立体化安全体系的构建，不仅能提升风险处置效能，更能通过精准服务重塑旅游安全生态，为文旅产业可持续发展注入新动能。

三、黔东南州旅游高质量发展的影响因素

本书从宏观、中观、微观三个维度，结合政策、经济、社会、生态等多要素，分析其核心影响因素。从宏观维度来看，主要受政策环境、经济基础、社会文化趋势、技术创新、生态约束等因素的影响；从中观维度来看，区域、行业或产业、市场层面是关键的因素；从微观维度来看，企业、游客、居民等利益相关者是重要影响因素。

（一）宏观影响因素

黔东南州旅游高质量发展的宏观影响因素可从政策环境、经济基础、社会文化趋势、技术创新、生态约束等维度进行系统分析。政策环境对地区发展具有重要影响，政策导向是推动黔东南州发展的关键因素之一。黔东南州贯彻新发展理念、立足新发展阶段、融入新发展格局，紧紧围绕"四新"主攻"四化"，大力发展旅游产业，推动旅游高质量发展。政府在旅游发展中的角色至关重要，要制定有利于旅游业发展的政策、法规，以及提供资金支持等。黔东南州要通过建立统一的旅游管理机构，统筹规划全州旅游资源开发和管理，以避免资源的盲目开发和无序管理。此外，争取便利的出入境政策，如中转免签和全球个人免签政策，也是政治因素的一部分。

经济因素包括旅游投资、旅游消费水平、旅游收入等。经济发展水平决定了交通建设的投入。充足的资金可以用于修建机场、高速公路和铁路等交通基础设施。经济发展较好的地区能够加大对旅游交通的投资，使黔东南州与外界的连接更加便捷。游客进出更加方便，能够吸引更多的远程游客，增加旅游市场的客源

范围。同时，良好的内部交通网络也有利于游客在州内各景区之间的流动，提升游客的整体体验。经济因素影响通信设施（如 5G 网络覆盖）和公共设施（如公共厕所、游客服务中心）的建设。有足够的资金投入，才能保障景区及周边地区通信畅通，方便游客查询信息、分享旅游体验等。完善的公共设施也能为游客提供舒适的环境，这是旅游高质量发展的基本条件。经济实力强可以支持开发高端旅游产品。在黔东南州经济发展的推动下，可以打造高端的生态康养旅游产品，建设高质量的温泉度假村、森林康养基地等。还可以开发具有文化内涵的深度体验游。这些高端产品能够满足高要求、高消费游客的需求，提升旅游产品的档次。经济发展能够为旅游产品创新提供资金和技术支持。例如，利用虚拟现实（VR）、增强现实（AR）技术开发沉浸式旅游体验项目，让游客可以通过科技手段更直观地感受黔东南州的历史文化和自然风光。资金支持还可以用于挖掘和整合当地特色资源，开发新的旅游节庆活动，如结合当地民族节日和现代音乐元素，创新旅游音乐节等活动。

社会文化因素涉及当地的文化资源、民族风情、历史遗产等。黔东南州拥有丰富的民族文化和自然遗产，这些资源是吸引游客的重要因素，是地区发展的灵魂。黔东南州通过打造"民族原生态·锦绣黔东南"的民族文化旅游品牌，以及举办各种民族节庆活动，如龙舟文化节、仰阿莎文化节等，展现了其独特的社会文化魅力。国内"国潮"兴起与民族文化自信提升，使黔东南的苗侗文化、传统手工艺（如蜡染、银饰）成为游客追逐的"文化 IP"。年轻游客青睐小众、沉浸式体验，推动黔东南开发非遗研学、村寨生活体验等产品。老龄化社会催生康养旅游需求，黔东南依托优质生态资源，发展温泉疗养、山地避暑等银发经济项目。都市人群对"逃离喧嚣"的渴望，使黔东南的原始村寨、田园景观成为热门目的地。这些都会促进黔东南州旅游高质量发展。

技术因素对旅游高质量发展的影响是全方位的，既改变了游客的体验方式，也重塑了旅游产业的运营模式，同时推动了可持续发展和行业创新。通过大数据和人工智能（AI），平台可分析游客的偏好、消费习惯、社交媒体行为等数据，提供个性化行程推荐（如携程、飞猪的智能行程规划）。AI 算法可根据用户兴趣推荐小众景点或特色活动，打破传统"打卡式旅游"的局限。VR 技术让游客提前"云游览"目的地，辅助决策，AR 技术叠加历史文化信息，提升游览深度；通过 3D 建模复刻景点，可以满足特殊人群（如残障人士）的远程游览需求。短视频（抖音）、直播（"云旅游"带货）成为目的地营销的核心渠道，技术降低内容创作门槛，推动"网红经济"与旅游结合。

环境因素包括自然环境和生态环境。黔东南州自然生态保存完好，拥有高森林覆盖率和丰富的珍稀物种，为旅游业提供了良好的自然环境。黔东南州优美的自然景观，如雷公山的原始森林、㵲阳河的清澈水景等是吸引游客的重要因素。良好的生态环境能为游客提供绝佳的视觉享受，像从江县加榜梯田，其壮观的梯田景观在四季呈现不同的色彩和风貌，吸引众多摄影爱好者和游客前来观赏。优质的自然环境还能支持开展多种户外活动，如徒步旅行、山地骑行、漂流等，丰富旅游产品的种类。黔东南州清新的空气、纯净的水源等生态环境要素为生态康养旅游提供了基础。一些森林覆盖率高的地区可以开发森林浴、生态疗养等旅游项目。游客能够在这里放松身心、缓解压力，这种基于良好自然环境的生态健康体验是旅游高质量发展的一个重要方向，有助于吸引追求高品质生活和健康旅游方式的游客。

（二）中观影响因素

黔东南州旅游高质量发展的中观影响因素主要指介于宏观（国家政策、经济环境）和微观（企业运营、游客行为）之间的区域、行业或产业、市场层面的关键因素。这些因素是连接宏观政策与微观行为的桥梁，直接影响旅游资源配置效率、产业协同发展和服务质量提升。通过区域、行业、产业、市场等中间层面的协同与优化，对旅游高质量发展的效率、可持续性和竞争力产生系统性影响。

从区域来看，区域协同与优良空间布局对黔东南州旅游高质量发展至关重要，可以实现区域间的资源互补和产业协同，推动区域经济的协调发展。跨区域旅游资源的整合与联动，能避免重复建设和同质化竞争。优良的旅游功能区布局（如景区、交通枢纽、服务设施的空间匹配），能提升游客体验和资源利用效率。可以与贵阳、铜仁、湖南湘西等地共建"大黔东南旅游圈"，串联梵净山、西江千户苗寨、镇远古城等核心资源，形成差异化互补线路（如民族文化＋自然山水）。融入"泛珠三角"区域合作，通过高铁网络（贵广高铁、沪昆高铁）吸引粤港澳大湾区客源。构建"一心（凯里）两带（清水江、都柳江）多节点"布局，避免雷同开发（如苗寨同质化），突出各村寨特色（如岜沙苗寨"持枪部落"、肇兴侗寨鼓楼群）。

从行业来看，旅游行业内不同企业之间的竞争会影响旅游高质量发展。酒店行业、旅行社行业、旅游景区管理企业等为了争夺市场份额，需要不断提升自身的产品质量和服务水平。黔东南州的酒店企业为了吸引游客，会在设施设备、服务理念等方面进行创新和升级，提供更舒适的住宿环境和个性化的服务，这在一定程度上推动了旅游行业整体质量的提升。旅游行业协会在旅游高质量发展中发挥着重要作用。黔东南州旅游行业协会可以制定行业规范和标准，如旅游服务质量标准、旅游商品质量标准等，规范导游的讲解行为、酒店的接待流程等，能够确保游客在不同的旅游企业享受到相对一致的高质量服务。行业协会还能够促进旅游企业之间的协调与合作。它可以组织企业开展联合营销活动，如共同制作旅游宣传资料、联合参加旅游展会等。同时，协会也可以协调企业之间的利益分配，避免恶性竞争，推动旅游资源的整合和共享。例如，在旅游线路开发方面，行业协会可以协调景区、酒店和旅行社之间的合作，打造更具吸引力的旅游线路组合。

从产业来看，旅游产业的高质量发展离不开产业链的延伸与融合。旅游业作为综合性产业，能够带动住宿、餐饮、交通、娱乐、零售等多种行业的协同发展，形成庞大的产业链。通过整合"吃住行游购娱"全链条，延伸和融合产业链，发展高附加值业态（如文旅融合、康养旅游、研学旅游），旅游业可以推动传统产业的升级改造，催生新兴产业的成长，增强地方经济的综合竞争力。例如，开发非遗体验产品（如苗绣、侗族大歌、银饰制作工坊），打造"可带走的记忆"；发展夜间经济（如西江苗寨长桌宴、镇远古城光影秀），延长游客停留时间；建设民族文化创意产业园（如凯里民族文化宫），聚集手工艺、演艺、餐饮企业，形成规模效应。产业结构的优化对黔东南旅游高质量发展至关重要。黔东南应加快产业结构调整，推动旅游产业与其他产业的融合发展，如旅游与文化、农业、体育等产业的结合，形成多元化的旅游产品体系，提升旅游产业的整体竞争力。同时，优化旅游产业结构，提高旅游产业的专业化和多样化水平，也是提升旅游经济韧性与效率适配发展水平的重要因素。

从市场来看，市场是旅游高质量发展的核心驱动力，通过需求牵引、竞争倒逼和创新激励，推动资源配置效率和服务质量提升。市场因素通过推动旅游产品创新、促进消费升级、助力数字化营销、带动产业增长、推动供给侧结构性改革、提升服务质量以及优化政策环境等多个方面，对旅游高质量发展起到了重要的推动作用。随着消费者需求的不断变化，旅游市场呈现出多样化和个性化的趋势。例如，Z世代的"特种兵"式旅游、中青年的休闲度假需求以及银发族的康养旅游等，都推动了旅游产品和服务的创新。这种多样化的市场需求促使旅游企业开发更多高品质、融合化、个性化的旅游产品，如露营、研学、夜间旅游等新兴业态。消费升级趋势促使旅游企业提升服务质量和产品品质，以满足游客对高端化、定制化旅游产品的需求。数字化和智能化技术的应用为旅游市场带来了新的机遇。短视频、直播电商等新兴营销模式成为旅游市场推广的重要手段。例如，黔东南州"村超"等通过数字化营销迅速走红，提升了旅游目的地的知名度和吸引力。

（三）微观影响因素

微观因素是旅游高质量发展的基础单元，直接作用于游客体验、服务质量和社区参与，尤其对黔东南这类以民族文化与生态资源为核心吸引力的地区而言，微观主体的行为与能力直接决定旅游发展的可持续性。从微观角度来看，企业需从"粗放经营"转向"精细服务"，以创新与品质赢得市场；游客需从"被动消费者"转为"文明共建者"，与目的地形成良性互动；居民需从"旁观者"变为"文化主理人",确保旅游开发根植本土价值;技术需从"工具辅助"升级为"体验重塑",赋能文化传播与效率提升。

旅游企业是旅游高质量发展的核心执行者和创新引擎,其运营能力、产品设计、服务质量及社会责任直接影响目的地竞争力、游客体验与可持续发展。尤其在黔东南州这类民族文化与生态资源富集区,旅游企业需平衡商业利益与文化保护、生态承载的关系。旅游企业需从"资源收割者"转向"价值共创者",成为非遗活化的"翻译者",让传统与现代对话;扮演绿色转型的"实践者",平衡开发与保护;充当社区共富的"连接者",实现利益共享。唯有企业长期深耕品质、责任与创新,方能驱动黔东南州从"资源高地"迈向"质量标杆",为黔东南州旅游高质量发展作出贡献。旅游企业可以打造精品景区与特色产品,创新旅游业态,推动黔东南州旅游高质量发展。旅游行业应当集中资源培育核心旅游项目,构建具备市场影响力和品牌辨识度的特色旅游目的地。着力开发体量轻巧、精准定位专项客群的特色化旅游产品,深度开发个性化深度游产品,重点培育"秘境探索"等主题线路。加速培育疗愈旅游、沉浸式文化体验等创新业态体系,针对家庭亲子、户外探险、健康养生等细分市场,实施精准化产品研发与体验优化工程。重点开发低空滑翔、洞穴探秘、峡谷漂流、冰雪运动等特色项目,打造涵盖海陆空多维空间的户外运动产品矩阵。行业主体需同步提升服务品质,构建差异化服务体系。着力推进旅行社业务模式革新,重点培育家庭定制游、主题微旅行等高端服务形态。通过数字化技术赋能服务流程,构建涵盖行程设计、在地服务、应急保障的全周期服务链条,形成"管家式"旅游服务新范式。

游客是旅游高质量发展的核心参与者和最终体验者,其行为、需求与反馈直接影响旅游目的地的服务品质、文化生态与可持续发展路径。在黔东南州这类民族文化与生态敏感地区,游客既是发展动力,也可能成为潜在挑战。黔东南旅游高质量发展需将游客从"被动消费者"转化为"文化共情者、生态守护者与社区共建者",唯有让游客意识到其行为的深远影响,并通过制度设计引导其成为高质量发展的"盟友",黔东南州的"绿水青山"与"民族文化"方能永续传承。

游客的需求是旅游产品升级与业态创新的核心驱动力。随着消费观念转变和技术进步，游客需求从单一化、大众化向个性化、品质化、深度化演变，倒逼旅游产业链各环节主动调整供给结构，推动旅游业从"资源导向"向"需求导向"转型。游客需求已成为黔东南州旅游创新的"指南针"，未来黔东南州旅游业的高质量发展，本质是要以游客需求为起点，以价值共创为终点的持续迭代过程。唯有将游客视为"合作伙伴"而非"流量数字"，才能真正实现从"产品供给"到"体验共生"的跨越。

居民是旅游高质量发展的核心利益相关者和文化承载者，其参与程度、利益获取及文化认同直接决定旅游开发的可持续性与社会包容性。在黔东南州这类民族文化富集地区，居民不仅是旅游资源的"主人"，更是文化传承、生态保护与社区治理的关键主体。黔东南旅游高质量发展的核心在于将居民从"旁观者"转化为"主理人"，居民是文化原真性的"守门人"，需通过制度保障其话语权；居民是利益共享的"合伙人"，需设计公平可持续的分配机制；居民是生态智慧的"传承者"，需激活传统知识应对现代挑战；居民是社区命运的"决策者"，需赋权其参与规划与监督。唯有构建"居民主体性＋文化完整性＋生态持续性＋利益公平性"四位一体的发展模式，黔东南州的旅游高质量发展才能真正实现"以人为本，以文为魂，以绿为底"的永续发展目标。

四、黔东南州旅游高质量发展的驱动力

（一）需求驱动力

需求驱动旅游高质量发展是当前旅游业发展的核心逻辑之一。随着消费升级和人们生活方式的转变，旅游需求从传统的观光游览向深度体验、文化沉浸、个性化定制等多元化方向转变。这种需求的转变不仅推动了旅游产品和服务的创新，也促进了旅游产业与其他领域的深度融合，进而推动旅游业的高质量发展。

一是消费升级驱动黔东南州旅游产品与服务的创新。传统的景点观光已无法满足现代游客的需求，游客更倾向于追求深度体验和精神享受。例如，"国风汉服旅拍""跟着影视剧去旅游"等新型旅游方式成为热门。游客对旅游产品的个性化需求日益增长，定制游、主题游（如研学旅游、非遗旅游）等成为市场新宠。游客对服务的期待从"有"到"优"，要求旅游目的地提供更贴心、更人性化的服务。例如，淄博、哈尔滨等地的"宠客"现象，体现了服务在旅游高质量发展中的重要性。

二是文化需求驱动文旅融合。黔东南州拥有丰富的民族文化资源，如侗族大歌、苗族飞歌等非物质文化遗产。通过将民族文化与旅游深度融合，打造了"村BA""村超""村歌"等文体旅融合品牌，吸引了大量游客。苗年、侗年、姊妹节等民族节庆活动成为特色旅游产品，通过沉浸式体验"最炫民族风"，实现了文化出彩与旅游出圈的双向奔赴。文化、体育、教育、康养等与旅游的跨界融合，催生了文体旅、文商旅、文教旅、文康旅等新赛道，形成了千亿级市场规模。

三是科技需求驱动数字化转型。虚拟现实（VR）、增强现实（AR）、人工智能（AI）等技术被广泛应用于旅游场景，为游客创造沉浸式体验。例如，敦煌数字展示中心利用现代光影科技让传统文化"活"起来。通过大数据、云计算等技术，优化旅游服务流程，提升游客便利性。例如，智能翻译、智能导航等技术的应用，打破了语言和文化障碍，促进了出入境旅游的发展。

四是绿色与健康需求驱动可持续发展。随着环保意识的增强，绿色出行成为旅游新趋势。例如，高铁＋新能源汽车的组合出行方式在春节期间受到欢迎，既环保又便捷。高品质的康养旅游需求增长迅速，推动了文康旅产业的发展。黔东南州依托绿色生态资源，大力发展温泉康养、森林康养等业态，建设苗侗瑶医馆、康养医院等，打造大湾区旅游康养"后花园"。

需求驱动黔东南旅游高质量发展的核心在于以游客为中心，通过满足多元化、个性化、高品质的旅游需求，推动产品创新、服务升级和产业融合。同时，政策支持、科技赋能和文化引领也为旅游业的高质量发展提供了重要保障。未来，黔东南州将继续朝着更高质量、更可持续的方向发展，成为世界级旅游目的地。

（二）供给驱动力

供给驱动旅游高质量发展的核心在于通过创新产品、优化服务、融合产业以及提升技术手段，满足游客日益多样化、个性化的需求，从而推动旅游业的提质升级。

一是创新旅游产品供给，开发新业态、新场景，满足游客高品质的体验需求。优化旅游产品体系，培育新兴旅游业态与消费场景，全面提升游客体验价值。运用沉浸式夜经济、国潮主题街区、文旅演艺等创新形式，打造差异化体验产品，增强旅游吸引力。典型案例如黄平县旧州景区策划的"西游幻境夜游项目"，通过光影科技与民俗展示融合，配合主题烟花秀及美食娱乐嘉年华形成复合型消费场景；施秉县白沙井景区则打造"水岸音乐狂欢季"，结合摇滚演出与惠民促销激活夜间旅游经济。充分发挥地域资源优势，实施"特色化开发＋品质化升级"双轮驱动战略，构建差异化产品体系以突破同质化困局。黔东南州整合民族文化与生态资源，创新设计"三千三村"主题游线，涵盖民族风情深度游、生态康养度假游等多元化产品组合，实现客流量与旅游收入双增长。从单一景点观光转向深度游、主题游，如亲子游、研学游、康养游等，满足游客对高品质体验的需求。黔东南州依托丰富的非遗资源，推出"非遗＋研学"旅游融合方式，如丹寨县卡拉银匠村的鸟笼编织体验、雷山县郎德苗寨的蜡染体验等，为游客提供深度文化体验。

二是优化旅游服务供给，提升公共服务水平。完善旅游交通、信息咨询、应急救援等公共服务设施，增强游客的便利性和安全感。利用大数据、人工智能等技术，优化旅游信息服务和体验。针对老年游客等特殊群体，提供适老化改造和智慧旅游产品，弥合"数字鸿沟"。黔东南州通过制定《2024年黔东南州旅游服务质量提升"百日攻坚"行动方案》，开展六大整治行动，提升餐饮、住宿、交通等服务品质。西江千户苗寨景区引入"黔游食安"智慧管理平台，实施"互联网＋明厨亮灶"，提升景区餐饮智能化监管水平，保障游客食品安全。

三是推动产业融合与跨界合作。通过与文化、体育、康养、教育等产业的深度融合，形成综合性旅游产品。打破行政边界，推动全域旅游发展。黔东南州通过"旅游＋文化""旅游＋体育"等模式，推动文旅深度融合。例如，"村BA""村超"等赛事成为文体旅融合典范，带动了周边餐饮、住宿等旅游产业发展。黔东南州推出"景景串飞"项目，通过低空旅游串联黄平、凯里、雷山、西江等景点，为游客提供全新的旅游体验。

四是推动绿色发展与可持续供给。在旅游开发中注重环境承载能力，推动低碳化、绿色化经营。例如，施秉县杉木河漂流景区被誉为"矿泉水上的漂流"，吸引了大量游客。通过数字化技术提高旅游资源利用效率，减少浪费，推动可持续发展。

供给驱动黔东南旅游高质量发展的关键在于以游客需求为中心，通过创新产品、优化服务、融合产业、提升技术等手段，打造高质量、可持续的旅游供给体系。这不仅能够满足游客对美好生活的向往，还能为地方经济发展注入新动能，推动旅游业迈向更高水平。

五、黔东南州旅游高质量发展的作用机理

黔东南州旅游高质量发展的机制涉及多维度、多层次的协同效应，其核心在于通过优化资源配置、创新驱动、可持续发展和系统治理，实现旅游产业的经济效益、社会效益和生态效益的有机统一。黔东南州旅游高质量发展的影响因素和驱动力上文已阐述，结合影响因素和驱动力，其作用机理遵循"政策＋市场"双轮驱动、"科技＋文化"双核赋能、"绿色＋包容"双轨并行，通过"政策引导、市场引流、创新破局、文化铸魂、基建筑基"五维发力，进行资源整合、政策支

持、创新驱动、市场拓展、服务提升和可持续发展的多维协同，构建民族地区旅游高质量发展的典型路径。旅游业可逐步实现从规模扩张向质量效益转变、从资源依赖向创新驱动的转型升级，最终构建更具韧性、竞争力和可持续性的产业生态。其经验可为其他民族地区提供参考，未来需进一步强化国际化品牌输出与产业链纵深拓展，向世界级旅游目的地迈进。

一是"政策＋市场"双轮驱动。政府通过制定旅游业发展规划、提供财政支持和税收优惠，推动旅游业转型升级。完善旅游法律法规，强化市场监管，提升服务质量，保障消费者权益。推动跨区域旅游合作，打破行政壁垒，实现资源共享和优势互补。政府引导与市场机制相结合，激发企业创新活力。旅游市场呈现出年轻化趋势，个性化、多样化需求增加，品质消费提升。游客从传统的观光旅游转向深度体验、文化沉浸、健康养生等个性化旅游方式。Z 世代和千禧一代成为旅游消费主力，注重社交分享、数字互动和独特体验。随着收入增加，游客对文化、生态、健康等多元化旅游产品的需求日益增长，对高端酒店、定制行程、精细化服务的需求增加，对高品质、个性化旅游体验的需求上升，推动旅游业提升服务标准。利用"桥头堡"政策对接粤港澳大湾区，吸引投资，落地温泉康养、森林度假等高端项目。打造"千户苗寨西江""千年古城镇远"等超级 IP，通过短视频平台（抖音、快手）定向推广。

二是"科技＋文化"双核赋能。"科技＋文化"双核赋能，以技术提升效率，以文化增强独特性。利用大数据、人工智能、物联网等技术优化景区管理、提升游客体验（如智能导览、人流预警）。VR/AR 技术应用于虚拟旅游、文化遗产数字化展示，拓展旅游边界。OTA（在线旅游平台）、社交媒体（如小红书、抖音）重塑旅游决策链，推动"网红经济"与目的地营销。挖掘地方文化遗产、非遗技艺、节庆活动，打造特色文旅 IP（如故宫文创、西安"大唐不夜城"）。通过文化叙事增强目的地吸引力，例如通过影视剧、纪录片传播旅游形象（如《去有风的地方》带火云南）。通过艺术展览、主题乐园、沉浸式演艺等创新业态提升附加值。以侗族大歌、苗族银饰、蜡染等非遗为核心，打造沉浸式文化体验场景（如肇兴侗寨"篝火晚会"、西江苗寨"长桌宴"),将静态文化转化为动态旅游产品。创新"非遗+节庆"模式,通过苗年、侗年、姊妹节等节庆活动吸引游客,形成"文化展示—游客参与—产业增收"的闭环。依托"村BA""村超"等乡村体育赛事破圈传播,将传统村寨变为网红打卡地,拉动周边餐饮、住宿、手工艺品销售增长。

三是"绿色+包容"双轨并行。"绿色+包容"双轨并行确保增长不牺牲环境公平与社会公平。推广新能源交通工具、绿色酒店认证、碳中和景区,响应全球气候行动,进行低碳转型,发展国家公园、生态旅游,平衡开发与保护(如"无痕旅游"理念)进行生态保护,推动社区旅游(如民宿经济),确保本地居民受益,实现包容性增长。依托雷公山、潕阳河等生态资源,开发绿色旅游线路,严控开发强度,确保资源可持续利用。鼓励村民以非遗技艺、土地入股旅游项目,实现"资源变资产、村民变股东"。

六、本章小结

本章提出了黔东南州旅游高质量发展的意义,认为黔东南州旅游高质量发展有助于推动产业升级与经济增长,提升居民福祉与区域协调,推动生态环境保护与可持续发展以及促进文明互鉴与软实力提升。提出了黔东南州旅游高质量发展的原则,认为黔东南州旅游高质量发展要坚持生态优先,绿色发展;坚持文化传承,彰显特色;坚持全域统筹,协调发展;坚持创新驱动,科技赋能;坚持产业融合,提升经济;坚持民生为本,共建共享;坚持品质引领,塑造品牌;坚持安全为基,防控风险。

本章分析了黔东南州旅游高质量发展的影响因素和驱动力。黔东南州旅游高质量发展是一个系统性工程,涉及多层级、多主体的协同作用。本章从宏观、中观、微观三个维度,结合政策、经济、社会、生态等多要素,分析其核心影响因素。从宏观维度来看,主要受政策环境、经济基础、社会文化趋势、技术创新、生态约束等因素的影响；从中观维度来看，区域、行业或产业、市场层面是关键的因素；从微观维度来看，企业、游客、居民等利益相关者是重要影响因素。本章从需求、供给角度分析了黔东南州旅游高质量发展驱动力。

本章分析了黔东南州旅游高质量发展的作用机理。黔东南州旅游高质量发展的机制涉及多维度、多层次的协同效应，其核心在于通过优化资源配置、创新驱动、可持续发展和系统治理，实现旅游产业的经济效益、社会效益和生态效益的有机统一。作用机理遵循"政策＋市场"双轮驱动、"科技＋文化"双核赋能、"绿色＋包容"双轨并行，通过"政策引导、市场引流、创新破局、文化铸魂、基建筑基"五维发力，进行资源整合、政策支持、创新驱动、市场拓展、服务提升和可持续发展的多维协同，构建民族地区旅游高质量发展的典型路径。旅游业可逐步实现从规模扩张向质量效益的转变、从资源依赖向创新驱动的转型升级，最终构建更具韧性、竞争力和可持续性的产业生态。其经验可为其他民族地区提供参考，未来需进一步强化国际化品牌输出与产业链纵深拓展，向世界级旅游目的地迈进。

第三章 黔东南州旅游高质量发展现状

一、黔东南州旅游发展阶段

（一）旅游起步阶段

第一阶段：旅游起步阶段（1999~2003 年），1999~2003 年旅游收入分别为 0.73 亿元、1.4 亿元、2.24 亿元、3.09 亿元、2.99 亿元，旅游总体发展水平低。政府在此阶段已充分认识到旅游产业对区域经济的战略价值，在科学规划层面确立了系统性的发展框架。通过整合生态资源禀赋与民族文化底蕴，将"生态与民族文化"旅游大州建设确立为区域发展定位。政府层面明确提出旅游发展战略规划，明确将旅游经济列为优先培育的核心支柱产业，着力构建区域经济新动能。在战略实施路径上，重点围绕民族文化传承创新与生态文明建设两大维度，制定"双轮驱动"发展模式。通过全面实施旅游业振兴计划，加速推进产业提质增效，着力打造具有国际影响力的特色旅游目的地。具体目标设定为：以打造民族文化与生态旅游示范区为愿景，坚持品质化与规范化发展路径，严格遵循国际标准进行系统化建设，构建集生态保护、文化传承、产业升级于一体的可持续发展体系。设立州级旅游发展专项资金，开始编制《黔东南州旅游业发展规划》《黔东南苗族文化旅游区发展规划》《黔东南侗族文化旅游区发展规划》等综合性旅游发展规划，以及 16 个县（市）旅游业发展总体规划，对雷山县、镇远县、榕江县、从江县、黎平县等苗侗特色资源景区进行调研，形成区域旅游发展的可研报告，完成了雷公山、施秉杉木河、黄平野洞河、黎平肇兴、从江增冲、雷山郎德、榕江三宝、麻江下司等重点旅游景区（点）的旅游建设性详细规划编制，形成了省、州、县级区域旅游总体规划以及景区旅游详细规划，较为完善的旅游规划体系已基本形成。

（二）旅游资源开发阶段

第二阶段：旅游资源开发阶段（2004~2008 年）。在此阶段，黔东南州遵循市场化与集约化原则重构旅游管理体系，建立由分管副州长领衔的文旅优先发展领导小组，各县实行党政主官负责制。同步设立四个专项管理机构：州级旅游改革发展领导小组、雷公山生态保护区管理局、潕阳河景区管理局及仰阿莎湖景区管委会。该阶段系统规划了中长期文旅发展战略，提出"四位一体"发展框架：以文化展示提升旅游内涵、以城乡规划服务景区建设、以交通网络支撑全域旅游、以生态治理优化旅游环境。

在空间布局方面，构建"四核一带"经济格局：凯里都市文旅核心区、雷公山苗族生态文化圈、镇远历史人文与自然景观带、黎平侗族文化生态区及东部工业协同发展带。同步推进文旅产业标准化建设，重点实施四大百项工程计划：百处传统建筑保育工程、百名非遗传承人培育计划、百个特色村寨保护项目及百位文旅专业人才培养工程。配套开展旅游商品研发、景区环境治理及服务质量提升等专项行动，形成文旅主导的产业生态系统。旅游收入稳步提升，2004~2008 年旅游收入分别为 16.8 亿元、17.5 亿元、47.89 亿元、60.71 亿元、83.58 亿元，旅游收入占 GDP 比重突破 10% 并逐渐提升。旅游基础设施逐步改善，旅游通达能力进一步增强。

在旅游公路建设方面，重点旅游景区县县、县乡、乡乡之间更加畅通，2007 年建成小黄侗寨至高增侗寨油路、雷山至西江、西江至台江排羊通乡油路、施秉杨柳塘至马号公路。2008年启动8个民族文化旅游村寨的二次开发，实施328公里旅游环线公路建设。

在航空运输网络方面，2007年实现区域性航线突破，黎平机场率先开通至桂林的定期航班。同期通过加密支线航班频次、延伸航线覆盖范围，显著提升该旅游机场的航空通达能力与运力保障水平。

在文旅配套体系优化提升方面，2007年重点推进景区提质工程，系统实施景观优化与服务设施升级计划。地标性项目大阁山市民广场、三棵树民族廊桥相继建成投用，同步启动服务设施扩容计划，全年完成旅游厕所新建及改造27处、游船码头3座、民俗展演场地5处、生态停车场5个、游客集散中心4所，并构建覆盖主要景区的65公里生态游憩步道系统。旅游市场开发、旅游宣传促销进一步加强。采取主动出击的方式到国内外客源市场开展旅游宣传促销活动，拓展旅游市场，举办黔东南旅游推介会、旅游展演推介会，贯彻统一规划、统一标准、统一口号、统一促销"四个统一"，制定《黔东南旅游宣传促销方案》，依靠新华网、新浪网等主流宣传媒体，多彩贵州印象等贵州宣传媒体，黔东南信息港、黔东南苗侗旅游网等黔东南州宣传媒体，积极推介黔东南旅游，制作旅游指南、黔东南州情多媒体宣传资料、宣传折页、特色旅游线路等资料。

（三）旅游提质升级阶段

第三阶段：旅游提质升级阶段（2009~2014年）。在此阶段实施"工业强州、城镇带州、旅游活州"战略，启动、编制、完成《中国凯里原生态民族文化艺术总体方案》《黔东南休闲旅游规划》《原生态民族文化世界旅游目的地的建设方案》《环雷公山自驾专线产品规划》《黔东南旅游精品线路规划方案》《从江县旅游总体规划·修编》《剑河县温泉重点旅游村寨发展与保护规划》等16项旅游规划和专项规划。

文化遗产保护体系构建方面，黔东南州系统编制非遗传承与文旅融合系列规划文件。2014年率先出台《贵州省非物质文化遗产保护发展规划（2014—2020

年)》，同步形成三大专项规划：针对西江千户苗寨制定遗产地分级管控方案，围绕"苗乡十景"编制保护性修复技术导则，结合旅游目的地建设完善空间布局指引。在制度创新层面，推出全国首部民族自治地区非遗管理办法草案，配套制定民族音乐人才认证与激励机制、传统歌谣数字化保护方案，并启动实施"多彩贵州"侗族大歌振兴计划等。旅游发展水平显著提升，突破百亿，2009~2014 年分别为 100.8 亿元、109.72 亿元、187.29 亿元、198.5 亿元、254.48 亿元、314.79 亿元，旅游总收入占黔东南州 GDP 比重提升至 40% 左右，旅游产业呈现多维发展态势，在资源整合与业态创新层面取得显著突破。一方面，依托自然人文资源的深度挖掘，特色旅游产品体系持续优化；另一方面，交通网络与服务设施完成系统性升级，形成旅游配套支撑体系。通过实施差异化品牌战略，已培育出具有地域标识度的文旅 IP，其市场认知度与客源吸引力呈现显著增长。2014 年，黔东南州文化遗产保护工作实现跨越式发展。在非物质文化遗产领域，全州国家级名录项目达 53 大类 72 个保护单元，其中《侗族大歌》《苗族芦笙舞》《苗侗医药》等 13 项重点遗产完成数字化建档，标志着非遗数据库建设工程取得阶段性突破。

历史聚落保护方面，全州 276 个村落入选国家传统村落名录，占当年全国总量 2555 个的 10.8%，其地级行政区入选数量创历史新高，稳居全国首位。

以交通为主的旅游基础设施建设进一步提升，旅游公路建设进一步完善，完善旧州—野洞河—周家山、党扭—加榜、干荣—麻料、西江营上—连成河口等旅游公路建设。航线通达地区和航班密度进一步拓展，凯里黄平机场、黎平机场增加广州—凯里、长沙—黎平、济南—凯里—桂林、海口—凯里—北京 4 条航线航班。

游客集散服务中心、旅游驿站、星级酒店、旅行社数量逐步增加，质量不断提升，旅游接待服务能力不断增强。统计数据显示，截至 2011 年末，全州旅游接待体系已形成规模效应。具体业态构成分析显示：星级饭店总量达 48 家，其中高端四星级饭店 4 处、中端三星级饭店 23 处，二者合计占比达 56.25%，显示出中高端酒店的主导地位。同期旅游服务机构同步发展，注册旅行社数量达 23 家，与星级饭店形成 1:2.09 的配比关系，产业协同布局初具规模。

　　旅游宣传推介进一步加强。积极参加中国（北京）旅游博览会、中国（贵阳）国内旅游交易会、中国非物质文化遗产博览会、中国国际旅游商品博览会、中国西部旅游博览会、法国（巴黎）国际旅游交易会、伦敦旅游交易会等国内外旅游推介会，展示黔东南州苗侗文化特色及优质旅游产品。通过整合传统媒体与数字传播资源，多维度提升黔东南文旅品牌曝光度。

　　在国家级传播平台方面，于央视综合频道及国际频道黄金时段，每日循环播放以苗侗风情为特色的 10 秒文化旅游宣传片。针对重点客源市场实施精准推广，将在京沪等一线城市交通枢纽及本地区核心客源地的高铁站，通过 LED 数字大屏动态展示黔东南生态旅游主题视觉内容。此立体化传播方案特别注重在目标人群密集区域进行持续性品牌输出，借助主流媒体权威性和公共场所流量优势，强化"民族原生态·锦绣黔东南"的品牌认知度。举办中国凯里文化旅游节、2012 中国黔东南首届蓝莓节、中国·凯里银饰刺绣博览会、中国·雷山苗年节、中国·凯里原生态民族文化旅游节、黎平·中国侗族鼓楼文化艺术节、贵州台江苗族姊妹节、侗族大歌节等节庆活动。推出实景歌舞《天下西江》《古韵镇远》，大型室内歌舞剧《银秀》（以黔东南民族文化为核心），大型民族舞蹈诗《苗乡侗寨·天歌神韵》，黔东南苗族歌舞剧《仰阿莎》，侗族大歌音乐诗剧《行歌坐月》（原名《珠郎娘美》），大型文艺演出《醉美西江》等，充分展现黔东南民族文化旅游目的地品牌形象。多形式、多渠道加强宣传，举办黔东南州旅游推介会、黔东南原生态摄影大赛、多彩贵州旅游商品设计大赛、中国·贵州黔东南超百公里跑国际挑战赛、旅游商品能工巧匠选拔赛、自行车环骑黔东南等活动。

（四）旅游加速发展阶段

　　第四阶段：旅游加速发展阶段（2015~2019 年）。在此阶段，黔东南州着力完善生态保护与旅游发展的政策框架。

　　生态法治建设方面，系统推进《㵲阳河流域保护条例》《施秉喀斯特世界自然遗产保护条例》《月亮山梯田保护条例》等 5 部地方性法规的立法工作，强化自然资源保护法治保障。

旅游战略规划层面，同步编制实施覆盖不同时间维度的"十三五"旅游发展规划、2016~2025 十年规划及 2030 年远景目标纲要，配套制定全域旅游、产业升级、旅游扶贫三大战略蓝图，并细化形成精品线路专项规划。

体制机制改革领域，相继出台旅游资源统筹管理、大景区体制改革等 6 项创新制度，其中包含旅游资源管理机制革新方案、省级旅游政策落地配套细则等核心文件。

产业融合发展维度，重点发布民族医药创新发展指导意见、民族文化生态保护区建设五年计划等专项方案，同步实施乡村旅游标准化建设、高速旅游标识系统升级等实操性工程。通过"法规 + 规划 + 政策 + 方案"四位一体的制度设计，构建起支撑可持续发展的多层次政策体系。

2015~2019 年旅游收入分别为 387.19 亿元、553.68 亿元、777.75 亿元、937.23 亿元、1212.13 亿元，2019 年首次突破 1000 亿元，旅游总收入占黔东南州 GDP 比重提升至 80% 左右，对经济发展贡献逐步加强，旅游地位进一步凸显。

在此阶段，黔东南州构建起多维立体的文化旅游矩阵。

文化生态维度形成三大示范集群：以凯雷台为核心的苗族文化体验带、黎从榕侗族人文景观区、雷公山—云台山—㵲阳河生态旅游走廊，实现民族文化与自然景观的有机融合。

景区建设方面实现提质扩容，4A 级景区由"十二五"末的 5 处跃升至 2019 年的 14 处，3A 级景区规模扩展至 51 家，较基准年增长 363%。

生态旅游资源版图同步完善，新增㵲阳河国家级风景名胜区，使辖区国家级风景名胜区总数达 3 处。

文化遗产保护体系持续升级，不可移动文物登记数量四年间净增 106 处至 1080 处，构建起覆盖全域的文物防护网络。非遗保护成效尤为显著，形成"1+53+3"立体保护格局：侗族大歌荣列人类非遗代表作名录，53 项 72 处国家级非遗项目构成活态传承体系，3 处国家级生产性保护示范基地提供创新转化载体。更以

309个传统村落入选国家名录的突出成绩，蝉联全国传统村落保有量榜首，彰显民族文化保护的"黔东南模式"。

此阶段，交通事业发展进入关键攻坚阶段，全面深化路网优化与基建升级战略布局。通过强化交通先导作用，已构建起兼具舒适性与便捷性的全域旅游交通网络，安全高效的现代化立体交通格局初具规模。重点推进的"双环三纵四横多联络"高速路网骨架日趋完善，实现县域干线全贯通与村组道路毛细血管化，相继建成黎靖高速、穗施高速、荔榕高速等骨干线路。航空运输网络同步提质，在实现支线机场扩容增效基础上，重点推进通用航空县域网络全覆盖工程。水运体系实施港航联动开发策略，通过航电枢纽综合开发显著提升内河航运承载能力。

（五）旅游调整、高质量发展阶段

第五阶段：旅游调整、高质量发展阶段（2020年至今）。旅游是实现百姓富、产业强、生态美的最优切入点，黔东南州抢抓战略机遇期，以"四新"战略为统领深化"四化"协同，将文旅融合确立为高质量发展核心引擎。通过实施"四轮驱动"发展策略：即推进经营主体孵化、业态迭代、服务品质优化及低效资产激活四大攻坚工程，同步开展产业规模倍增工程与数字化旅游体系构建。依托民族文化基因库与生态资源禀赋双引擎驱动，加速创建国家级文化生态保护区，配套建设智慧旅游服务体系，全面升级"民族原生态·锦绣黔东南"IP影响力。着力构建具有山地特色的现代化文旅产业集群，实现发展能级跃升、产业增速提质，夯实富民强州产业基础，打造世界级民族文化体验目的地。

2020~2022年旅游收入分别为719.76亿元、739.49亿元、639.23亿元，旅游业进行调整、转型升级，进入高质量发展阶段。在此阶段交通运输条件大幅改善，实现"村村通油路、通客运"和"组组通硬化路"。截至2021年底，全州公路总里程30367公里。加快"旅游+""+旅游"融合项目，新增旅游商业街区、旅游商品街区、旅游商品基地，打造一批高能级旅游景区，培育一批乡村旅游精品，布局一批中高端民宿，不断丰富提升旅游市场业态，推动旅游业态升级。2020年

1 月 7 日，镇远古城旅游景区正式升级为国家 5A 级景区。构建"出州宽、州内联、覆盖广、资费低"的现代信息化体系，2020 年实现县县通 5G 网络，镇远古城、西江千户苗寨、丹寨万达小镇等重点景区已经实现 5G 信号全覆盖，开通 5G 基站 511 个，完成贵州首个万达 5G 小镇建设，标志着黔东南全面跨入 5G 时代。开展线上线下结合的客源城市全方位立体式旅游营销，整合统筹州级和县（市）旅游资源、州内旅游产品，利用"一部手机游黔东南"App 客户端、"一码游贵州"微信公众号、旅游官网等新媒体平台以及其他国内外新媒体平台抱团营销，组织州内旅行商赴马来西亚、中国香港等国家和地区开展主题宣传推广活动，赴杭州、南京、昆明、苏州等客源地城市开展旅游营销，构建以微博平台、微信平台、直播互动、短视频平台、线上官媒等为主体的宣传矩阵，强化网络营销。

二、黔东南州旅游资源现状

（一）A 级旅游景区资源

黔东南州作为贵州省乃至全国民族文化与生态资源富集的地区，拥有丰富的 A 级旅游景区资源。最新统计数据显示（数据截至 2024 年 7 月，如表 3-1、图 3-1 所示），黔东南州国有高等级景区总量达 53 处（含 3A 级及以上），仅次于遵义市（66 家），规模居全省第二位，在省级文旅资源库中占比达 14.17%；4A 级景区 18 家，全省占比 15.8%，排名第二，仅次于遵义（21 家）；3A 级景区 34 家，全省占比 15.1%，排名第三，仅次于遵义（44 家）、黔南州（36 家）。等级结构呈现"4A 引领、3A 支撑"的金字塔型，高等级景区（4A 及以上）占比 35.8%（19/53），高于全省平均 33.7%（124/374），资源质量优势突出。形成了自然遗产、文化地标与民族风情三大主题协同发展的文旅矩阵，凸显其旅游资源富集度。特别值得注意的是，镇远古城作为区域文旅标杆，不仅是全省稀

缺性 5A 级景区（全省现存 10 处），更以明清建筑群为载体，通过活化历史街巷
与非遗展演，成功塑造"活态古城"文旅 IP，年接待游客量持续领跑省内同类
型景区。黔东南州作为多元文化交融的旅游胜地，除了镇远古城，还拥有 18 家
4A 级旅游景区，丰富的景区资源构成完整的文旅体系。4A 级景区中，充分展现
出自然与人文并重的特色格局。以西江千户苗寨为典型代表，各景区差异化特
征显著。黎平翘街与锦屏隆里古城呈现明清建筑遗韵，丹寨万达小镇与凯里云
谷田园展示现代文旅融合创新，施秉杉木河与镇远高过河突显喀斯特地貌奇观，
而西江千户苗寨与岜沙苗寨则完整保留着原生态民族文化习俗。在次级旅游资
源布局方面，34 处 3A 级景区形成有效补充。这些景点覆盖历史遗址、生态农业、
非遗传承等多个领域，如岑巩马家寨的明清史迹、雷山茶园的生态产业链，以
及凯里文创园的民族工艺创新平台。这类景区通过特色化发展策略，既完善了
区域旅游产品结构，又为深度游游客提供了细分体验选择。黔东南州通过构建
多层级景区网络，形成以 4A 级景区为引领、三级景区协同发展的格局。这种金
字塔式资源分布不仅实现旅游资源的高效配置，更通过差异化定位满足多元化
客群需求，有效延长游客停留时间，推动全域旅游经济生态圈的形成。

　　在生态文化保育体系建设中，黔东南州构建起多维度保护网络。其核心支撑
为国家级文化生态保护实验区——黔东南民族文化生态保护区，该体系与雷公山
国家级自然保护区、世界自然遗产施秉云台山形成战略协同。区域内更分布着五
处国家级森林公园、三处国家级风景名胜区、三处国家级湿地系统及一处国家级
地质公园，共同构建起立体化的生态屏障。这种复合型保护机制不仅维系着区域
生物多样性，更为喀斯特地貌区的可持续发展提供范本。旅游产业布局层面，黔
东南州形成"核心景区 + 度假集群"双轮驱动模式。除镇远古城等标志性景区外，
四个省级旅游度假区构成特色化度假网络：肇兴侗文化度假区聚焦非遗活态传承，
西江苗岭度假区深耕夜间经济，丹寨云端度假区打造非遗研学品牌，凯里苗医药
度假区创新康养业态。这些度假集群通过"文化 + 生态 + 产业"融合模式，带动
区域经济提质增效。从资源禀赋维度观察，黔东南州依托特殊地理区位与多民族

文化积淀，确立其不可替代的区位优势。全州构建的"世界遗产—国家保护区—省级度假区—A 级景区"四级体系，形成全域旅游的空间骨架。这种金字塔型资源配置模式，既保障生态文化原真性，又通过现代旅游产品转化，培育出持续增长动能，成为贵州建设全域旅游示范省的重要支撑。

黔东南州的国有 A 级旅游景区中，以民族文化类和历史人文类最为显著。其中，西江千户苗寨以全球规模最大的苗族聚居村落著称，其苗族吊脚楼建筑群、银饰文化、长桌宴以及"十二道拦门酒"等特色，使其被誉为"苗岭星空"。肇兴侗寨则以全国最大的侗族鼓楼群——仁、义、礼、智、信五座鼓楼——以及作为侗族大歌发源地的身份而闻名。郎德苗寨，一个原生态的苗族村落，以传统芦笙舞和苗族古歌而闻名，曾是奥运火炬传递点。台江红阳苗寨，苗族姊妹节的发源地，以苗族刺绣和独木龙舟文化而知名。从江加榜梯田，作为全球重要农业文化遗产，以"稻田养鱼"农耕文化为核心，四季景观各异。丹寨万达小镇，作为非遗扶贫示范项目，聚集了蜡染、古法造纸、鸟笼等非遗工坊。镇远古城，黔东南州唯一 5A 级旅游景区，拥有明清古建筑群、青龙洞古建筑群和㵲阳河夜景，被誉为"东方威尼斯"。隆里古城，明代军事屯堡，是汉文化与少数民族文化融合的"活化石"。此外，黔东南州还拥有自然生态类 A 级旅游景区，如世界自然遗产地施秉云台山，是喀斯特峰丛地貌与原始森林的完美结合，被誉为"天然氧吧"；雷公山国家森林公园，是苗岭主峰，生物多样性的宝库，拥有秃杉等珍稀植物；剑河温泉，结合苗侗医药文化，打造"温泉＋康养"模式；黎平天生桥，世界最大天然石拱桥，跨度 118 米，融合了侗族传说与地质奇观；麻江蓝莓生态园，中国南方最大蓝莓种植基地，集农业观光与采摘体验于一体。黔东南州的国有 A 级景区资源以"自然生态为基、历史遗存为脉、民族文化为魂"，形成多元融合的旅游吸引力（表 3-1，图 3-1）。

表 3-1　贵州省各市州国有 A 级旅游景区数量统计表

单位：家

市州	A 级旅游景区	5A 景区	4A 景区	3A 景区	2A 景区	A 景区
遵义市	66	1	21	44	0	0
黔东南州	53	1	18	34	0	0
黔南州	48	1	8	36	3	0
六盘水市	45	0	11	15	12	7
毕节市	39	2	10	27	0	0
黔西南州	38	1	13	24	0	0
安顺市	36	2	10	22	2	0
贵阳市	28	1	15	11	1	0
铜仁市	21	1	8	12	0	0
合计	374	10	114	225	18	7

注：根据贵州省文化和旅游厅 2024 年 7 月贵州省国有 A 级旅游景区名录整理所得。

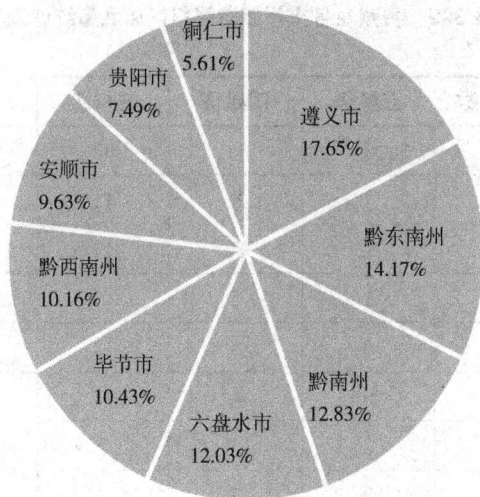

图 3-1　贵州省国有 A 级旅游景区分布图

（二）旅游星级饭店和民宿资源

根据贵州省文化和旅游厅发布的最新数据，从贵州省旅游星级饭店基本情况表（截至 2023 年 8 月）（表 3-2，图 3-2），可以看到黔东南州在旅游星级饭店的数量上位居全省首位。具体来说，黔东南州的旅游星级饭店占到了贵州省总量的 19.57%，这一比例相当可观。在黔东南州，不同等级星级饭店的总数达到了 45 家。黔东南州作为贵州省民族文化与生态旅游的核心区域，其旅游星级饭店在数量、品质和服务特色上持续提升，既涵盖标准化高端住宿设施，又融入地方民族文化元素，为游客提供多样化选择。超 70% 的星级饭店采用苗侗建筑元素（如吊脚楼屋檐、蜡染、刺绣装饰画等），90% 的四星级饭店接入"一码游贵州"平台，支持在线选房、无接触入住，为游客提供舒适体验，更成为地方旅游高质量发展的关键支撑。旅游星级饭店中，四星级饭店有 11 家，三星级饭店有 32 家，二星级饭店有 1 家，一星级饭店也有 1 家。这些数据表明，黔东南州在旅游星级饭店方面具有很大的提升空间，无论是数量还是质量都有进一步发展的潜力。

表 3-2　贵州省各市州旅游星级饭店数量统计表

单位：家

市州	星级饭店数	五星级	四星级	三星级	二星级	一星级
黔东南州	45	0	11	32	1	1
贵阳市	44	3	26	11	4	0
遵义市	31	2	12	12	5	0
黔南州	30	1	5	11	11	2
铜仁市	26	0	8	17	1	0
安顺市	15	0	4	11	0	0
黔西南州	14	2	3	7	2	0
毕节市	14	0	7	7	0	0
六盘水市	11	1	3	5	2	0
合计	230	9	79	113	26	3

注：根据贵州省文化和旅游厅 2023 年 8 月全省旅游星级饭店基本情况表整理所得。

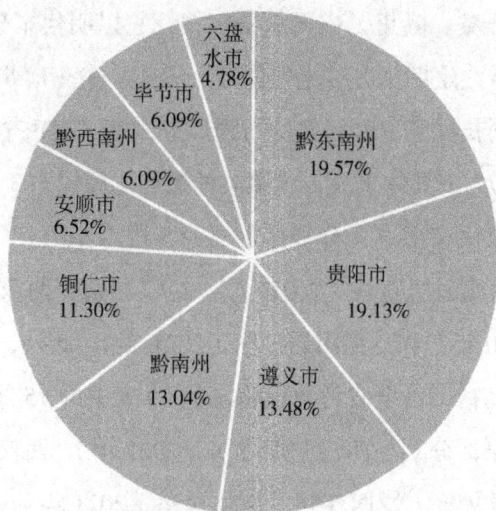

图 3-2　贵州省各市州旅游星级饭店数量分布图

　　黔东南州的民宿产业依托丰富的民族文化与生态资源快速发展，形成了以苗侗风情、田园生态、非遗体验为核心的特色住宿体系。截至 2023 年，全州注册民宿超 2000 家，其中精品民宿占比约 15%，主要集中在西江千户苗寨、肇兴侗寨、镇远古城等核心景区及周边村寨。黔东南州民宿主要分为民族文化主题民宿、生态景观民宿和历史人文民宿，民族文化主题民宿将黔东南州独特的苗侗民族文化和传统特色融入民宿设计和服务中，不仅给游客提供一个临时的栖息之地，更是一种深入了解和体验民族文化的方式，比如西江·循美半山民宿，它位于千户苗寨观景台旁，以苗族吊脚楼为原型改造，客房内陈列苗绣、银饰等手工艺品，提供"苗家阿妹"服饰租赁及夜间火塘故事会，还提供长桌宴与拦门酒、非遗手作课堂等特色服务。生态景观民宿将黔东南州独特的自然美景与舒适住宿体验的完美结合，为游客提供一个亲近自然、放松身心的理想去处，比如加榜梯田·云上小屋，它坐落于梯田核心区，全玻璃观景房可俯瞰"大地指纹"，提供稻田捕鱼、农耕体验。历史人文民宿融合了黔东南州历史韵味与人文情怀的独特民宿，让每一位入住的客人都能感受到浓郁的历史氛围和深厚的文化底蕴，比如镇远·循觅明清别院，它由明清商号改建，保留古砖墙与天井结构，提供汉服换装、古城夜游讲解服务。隆里·屯堡故事客栈，它以明代军事屯堡文化为主题，客房内陈列仿古兵器，定期举办"屯堡军傩"表演。黔东南州有六家民宿脱颖而出，成功入选为贵州长征路上好民宿的行列。这六家民宿占全省长征路上好民宿总数 36 家中的 16.67%。具体来说，施秉县的黑冲木屋民宿（2020 年）是其中之一。镇远县也有三家民宿入选，分别是永福荣客栈（2020 年）、循美·河畔酒店（2021 年）以及镇远枕河居客栈（2021 年）。榕江县则有两家民宿入选，它们是侗天山居民宿（2020 年）和月亮山居民宿（2021 年）。此外，黔东南州还有六家民宿入选贵州特色民宿，占全省特色民宿总数 39 家中的 15.38%。在这些特色民宿中，雷山县有三家，分别是西江龙塘山房（2021 年）、西江三春里仲全景美宿（2021 年）以及悦居文旅·悦西江精品度假民宿（2021 年）。镇远县也有三家民宿入选，它们是永福荣客栈（2020 年）、上书房客栈（2021 年）和大河关驿站（2021 年）。黔东南州还有五家民宿入选贵州省示范民宿，占全省示范民宿总数 50 家中的 10%。这五家民宿分别是丹寨石桥纸居、黎平水岸肇兴主题酒店、从江加榜云上梯田景观酒店、镇远两湖会馆以及镇远循美河畔酒店。在贵州最美花海民宿的评选中，雷山县的白岩牧云涧民宿也成功入选。在 2024 "多彩山居·醉美心宿"贵州十佳民宿的评选中，雷山县的七封信·序言轻奢 Villa 酒店、三春里仲全景美宿和榕江县的井上见丨加宜苗寨（The Well House）成功入选，占全省十佳民宿十分之三。黔东南州的丹寨县有五家民宿入选贵州银山级（四星级）民宿，它们分别是聚福临客栈、青云山居客栈、尤公客栈、朵蝶朵阿文化客栈以及十亩之间宾馆。至于金山级（五星级）民宿、五星级农家乐以及甲级乡村旅游村寨，黔东南州目前尚无入选的记录。

（三）旅行社资源

黔东南州的旅行社资源在推动区域旅游发展中扮演着重要角色，它是旅游产品开发与市场拓展的核心引擎，是文化传播与非遗活化的桥梁，是服务质量优化与游客体验保障，是区域协同与产业联动的纽带，它以民族文化、生态旅游为核心，形成了覆盖传统跟团游、民族文化深度游、定制深度游、生态探险游、研学旅行等多层次的服务体系，并正从传统的"旅游中介"向"文化传播者"与"社区赋能者"转型。根据贵州省文化和旅游厅发布的最新数据（表3-3），截至2024年7月，全州旅行社数量达到了81家，这一数字位列贵州省的各地区第三，显示出其在旅游业中的重要地位。特别值得注意的是，在全省的民族地区中，黔东南州的旅行社数量更是高居榜首，成为民族地区旅游业发展的领头羊。此外，黔东南州的旅行社数量占贵州省旅行社总量的6.24%，这一比例进一步凸显了其在全省旅游业中的重要地位和影响力。

表3-3 贵州省各市州旅行社数量统计表

单位：家

市州	旅行社数量
贵阳市	757
遵义市	145
黔东南州	81
安顺市	66
黔南州	59
铜仁市	51
六盘水市	46
黔西南州	44
毕节市	40
合计	1298

注：根据贵州省文化和旅游厅2024年7月贵州省旅行社名录整理所得。

（四）乡村旅游重点村、镇资源

黔东南州拥有众多全国乡村旅游重点村和重点镇（乡），这些地方以独特的自然风光、丰富的民族文化以及乡村风情吸引了众多游客。在这些重点村和镇（乡）

中，共有六个地方被列为全国乡村旅游的重点村，它们分别是台江县老屯乡的长滩村（第一批）、黎平县肇兴镇的肇兴村（第二批）、双江镇的黄岗村（第四批）、榕江县平阳乡的丹江村（第二批）、从江县丙妹镇的岜沙村（第二批）以及锦屏县敦寨镇的雷屯村（第三批）。这些地方不仅在贵州省的乡村旅游发展中占据重要地位，在全国范围内也享有盛誉。黔东南州在全国乡村旅游重点村和重点镇（乡）的数量上居全省第三位，占贵州省总量的10.17%（表3-4）。这一数据充分展示了黔东南州在乡村旅游方面的巨大潜力和独特魅力，也反映了当地政府在推动乡村旅游发展方面所做出的努力和取得的成果。

表3-4　贵州省乡村旅游重点村、重点镇（乡）个数统计表

单位：个

地区	重点村第一批	重点村第二批	重点村第三批	重点村第四批	重点镇（乡）第一批	重点镇（乡）第二批	合计
黔东南州	1	3	1	1	0	0	6
遵义市	3	4	1	1	0	1	10
铜仁市	1	3	0	1	1	0	6
六盘水市	2	3	1	0	0	1	8
安顺市	1	2	1	0	0	0	4
黔南州	1	2	1	1	1	0	6
贵阳市	1	3	1	0	0	1	6
黔西南州	1	3	0	1	1	0	6
毕节市	1	2	1	1	1	0	6
贵州省	12	26	7	7	4	3	59

注：根据贵州省文化和旅游厅2024年7月贵州省旅行社名录整理所得。

　　黔东南州在贵州省的乡村旅游发展方面占据了领先地位，拥有全省最多的乡村旅游重点村和重点镇（乡），共计81个（表3-5）。这一数量在全省范围内排名第一，占贵州省乡村旅游总量的14.81%。具体来看，黔东南州在五批次乡村旅游重点村中拥有72个，在三批次乡村旅游重点镇（乡）中则有9个。深入分

析各县市的情况可以发现，黔东南州的从江县、雷山县、丹寨县、剑河县、榕江县和台江县在省级乡村旅游重点村和镇的数量上表现尤为突出（表3-6）。具体而言，从江有9个省级乡村旅游重点村和镇，雷山县有8个，丹寨县有8个，剑河县有7个，榕江县有7个，台江县有7个。这些数据充分展示了黔东南州在乡村旅游发展方面的强劲势头和显著成就。

表3-5　贵州省省级乡村旅游重点村、镇个数统计表

单位：个

地区	重点村第五批	重点村第四批	重点村第三批	重点村第二批	重点村第一批	重点镇第三批	重点镇第二批	重点镇第一批	合计
黔东南州	17	16	16	14	9	4	3	2	81
遵义市	12	10	14	21	9	4	4	3	77
铜仁市	11	10	13	12	6	1	2	3	58
六盘水市	5	6	10	10	5	2	2	3	43
安顺市	8	8	9	10	5	3	3	1	47
黔南州	12	11	14	15	7	4	4	3	70
贵阳市	9	8	9	8	8	3	3	3	51
黔西南州	9	9	12	11	5	2	1	2	51
毕节市	12	10	14	15	7	4	4	3	69
贵州省	95	88	111	116	61	27	26	23	547

注：根据贵州省文化和旅游厅名单整理所得。

表3-6　黔东南州省级乡村旅游重点村、镇个数统计表

单位：个

地区	重点村第五批	重点村第四批	重点村第三批	重点村第二批	重点村第一批	重点镇第三批	重点镇第二批	重点镇第一批	合计
从江县	2	1	2	2	1	0	1	0	9
雷山县	2	2	2	1	0	1	0	0	8
丹寨县	2	1	1	1	1	1	1	0	8

续表

地区	重点村第五批	重点村第四批	重点村第三批	重点村第二批	重点村第一批	重点镇第三批	重点镇第二批	重点镇第一批	合计
剑河县	2	0	2	1	1	0	0	1	7
榕江县	1	1	1	1	2	0	1	0	7
台江县	0	2	1	1	1	1	0	0	6
施秉县	1	1	1	1	1	0	0	1	6
锦屏县	1	1	2	1	0	0	0	0	5
黎平县	0	1	0	0	2	1	0	0	4
凯里市	1	1	1	1	0	0	0	0	4
黄平县	2	1	0	1	0	0	0	0	4
镇远县	1	1	1	1	0	0	0	0	4
岑巩县	0	1	1	1	0	0	0	0	3
三穗县	0	0	1	1	0	0	0	0	2
麻江县	1	1	0	0	0	0	0	0	2
天柱县	1	1	0	0	0	0	0	0	2
黔东南州	17	16	16	14	9	4	3	2	81

注：根据贵州省文化和旅游厅名单整理所得。

（五）夜间文化和旅游消费集聚区资源

黔东南州拥有众多令人瞩目的文化和旅游景点，其中包括三个国家级夜间文化和旅游消费集聚区。首先，镇远古城作为国家级第一批夜间文化和旅游消费集聚区，以其悠久的历史和独特的建筑风格吸引了众多游客。其次，丹寨万达小镇也位列国家级第一批夜间文化和旅游消费集聚区，这里不仅有现代化的商业设施，还融合了当地独特的民族风情。最后，西江千户苗寨作为国家级第二批夜间文化和旅游消费集聚区，以其壮观的苗族吊脚楼群和丰富的苗族文化成为游客的热门目的地。

除了这些国家级的集聚区，黔东南州还有五个省级夜间文化和旅游消费集聚区（表3-7）。榕江县的"村超"美食夜市街区，作为省级第四批集聚区，以其丰富的美食和热闹的夜市氛围成为游客品尝当地特色美食的好去处。凯里市的下司古镇是省级第三批集聚区，这里不仅有保存完好的古建筑，还有各种传统手工艺品和民俗表演。雷山西江千户苗寨夜间文旅消费集聚区作为省级第二批集聚区，进一步丰富了西江千户苗寨的夜间文化体验，让游客在欣赏苗族建筑的同时，也能享受独特的夜间文化活动。丹寨万达小镇和镇远古城同样位列省级第一批集聚区，进一步巩固了它们在文化和旅游消费领域的地位。这些集聚区不仅为游客提供了丰富的夜间文化体验，也为当地经济发展注入了新的活力。

表3-7 贵州省国家级、省级夜间文化和旅游消费集聚区个数统计表

单位：个

地区	国家级第一批	国家级第二批	国家级第三批	省级第一批	省级第二批	省级第三批	省级第四批	国家级合计	省级合计
黔东南州	2	1	0	2	1	1	1	3	5
遵义市	1	1	1	1	1	1	2	3	5
铜仁市	0	1	0	1	1	1	0	1	3
六盘水市	0	0	0	1	0	1	0	0	2
安顺市	0	0	0	1	1	1	1	0	4
黔南州	0	0	0	1	1	1	0	1	3
贵阳市	1	0	1	1	2	1	2	2	6
黔西南州	0	0	1	1	1	0	1	1	3
毕节市	0	0	0	1	2	1	1	0	5
贵州省	4	4	3	10	10	8	8	11	36

注：根据文化和旅游部、贵州省文化和旅游厅公布名单整理所得。

（六）非物质文化遗产资源

黔东南州，作为中国非物质文化遗产（非遗）资源极为丰富的地区之一，其

非遗文化以苗族、侗族为主导，囊括了传统音乐、舞蹈、手工艺、节庆习俗等多种类别。截至 2024 年 2 月，黔东南州国家级非物质文化遗产名录项目达 56 项（涵盖 78 个保护单位），数量稳居全国地级行政区前三。其中侗族大歌作为人类非物质文化遗产代表作，拥有 3 个代表性传承地，彰显民族文化独特价值。在省级层面，黔东南州以 218 项 307 处非遗项目领跑全省，州级和县级非遗保护体系同样完善，分别收录 329 项 417 处和 1590 项文化遗产，形成完整的四级非遗保护网络。这一系列数据印证了黔东南州"中华非遗基因库"的盛誉。作为全球罕见的民族文化生态样本区，黔东南以其独特的多元文化景观闻名于世。这片土地上繁衍生息着苗族、侗族、水族等 33 个少数民族群体，形成了世界级的民族文化共生圈。尤为引人注目的是，各民族在历史长河中创造了独树一帜的生态文化体系：以银饰刺绣为文明符号记录族群记忆，通过多声部民歌实现代际文化传承，通过芦笙节、木鼓祭等仪式展现生命哲学。这种文化生态的完整性体现在三个方面：保存完好的自然生态系统、活态传承的民族文化传统、完整存续的历史文化空间，三者交相辉映构建出独具魅力的"黔东南文化矩阵"，最终铸就了人类学视野中弥足珍贵的多元文化共生典范。在黔东南的文化版图上，精妙绝伦的建筑奇观与活态传承的民俗艺术交相辉映。这里不仅保存着蜚声中外的风雨桥建筑群、气势恢宏的侗族鼓楼群落，还孕育出匠心独运的苗族服饰体系与独具时序特征的岁时节庆系统。其表演艺术尤为突出：刚健雄浑的木鼓舞姿展现力量美学，灵动飘逸的芦笙韵律演绎空间诗学，配合穿透力极强的苗族多声部演唱技艺与侗族复调音乐体系，共同构成完整的民族艺术表达范式。基于这种文化完整性，黔东南州于 2007 年入选世界乡土文化保护基金会评定的"全球生态文化保护圈"，成为亚洲地区（与西藏并列）仅有的两大生态文化保护区之一。联合国教科文组织将其列入"返璞归真，回归自然"全球优选名录，特别强调该地完整保存了文化生态原真性。学术界对此形成共识：人类学家誉其为"文明记忆的活态基因库"，旅游研究机构认证其具有"文化遗产五极价值"（即原真性、完整性、独特性、多样性与体验性），这些专业评价共同揭示了黔东南州旅游核心竞争力源自无可替代的文化原真性。

在非物质文化遗产保护体系建设方面，黔东南州构建了多层次的非遗保护框架。2020年全州认定首批94处非遗传习示范基地，同步完成第五批31名省级代表性传承人评审认定，并创建83家省级非遗工坊示范点。在2021年第六批国家级非遗名录评审中，该州有6个项目成功入选，实现了非遗名录体系持续扩容。在活态传承实践层面，通过"双百工程"实施侗族大歌传承村寨联赛、苗族古歌传唱擂台赛等品牌活动，配套建设"非遗技艺振兴乡村"大师工作室矩阵。在人才培养方面，实施"千人传承计划"，年均完成传承人群研修研习培训约千人次。文旅融合战略成效显著，重点打造的"侗族非遗深度体验游"入选文旅部非遗主题旅游线路典型案例。文化传播工程创新实施"非遗风情带"全媒体计划，借助"多彩非遗·大美黔东南"主题矩阵增强文化可见度。在产业转化方面，形成了"展演+电商"双轮驱动模式，典型案例包括宁航蜡染亮相2020年伦敦时装周"中国创意"专场，以及首届非遗购物节"云端非遗馆"直播，实现34万元销售额。系统性保护工程持续推进，完成侗族大歌等3个国家级项目数字化建档，同步编纂出版《黔东南文化遗产图鉴》等学术著作，构建起"活态传承—数字存档—学术研究"三位一体的保护体系。这一系列举措使黔东南州非遗保护工作形成政策支持、人才培养、产业转化、学术支撑的良性发展闭环。

为了保护好这些珍贵的文化遗产，黔东南州在发展旅游的同时，必须处理好发展与保护的关系，确保生态环境和民族文化这两个宝贵的资源得到妥善保护。截至现在，黔东南州以415处国家级传统村落的保有量持续领跑全国地级行政区。从民族构成维度分析，该保护名录呈现"两核多元"特征：苗族（占42.3%）与侗族（占38.1%）古村构成主体，辅以瑶族、水族等6个世居民族及汉族村落（合计占比19.6%），形成立体化的民族聚落谱系。地理分布上显现显著集聚效应：苗族村寨密集分布于雷公山生态区的雷山、台江、剑河三县交界带，侗族村落则沿都柳江流域形成黎平—榕江—从江文化走廊。这些活态传承的聚落系统不仅是苗侗文化基因的物理载体，更通过"村寨博物馆"模式实现民族文化资本向旅游经济价值的转化，构筑起"生态—文化—产业"三位一体的乡村振兴发展范式，是黔东南旅游发展的重要资源和宝贵财富。

三、黔东南州旅游资源特点

（一）资源全域分布，片区集中

黔东南州，位于中国西南边陲，不仅拥有丰富多彩的旅游资源，而且这些资源的品质相当高，组合起来更是优良无比。黔东南地区以其得天独厚的生态资源和独具魅力的人文景观而著称。这里不仅保存着完整的自然生态系统，更孕育出多元交融的文化传统。在青山碧水之间，既有世居民族传承数百年的生活智慧，又蕴含着丰富的历史文化积淀；从记录地质变迁的独特地貌，到见证林业发展的古商道遗存；从凝聚家族精神的宗祠建筑，到体现农耕文明的梯田景观，构成了独具特色的人文图景。尤其值得关注的是当地原住民世代相传的建筑技艺、服饰工艺、歌舞艺术及岁时节庆，这些活态传承的非物质文化遗产不仅具有学术研究价值，其艺术表现力与视觉冲击力在全国少数民族文化中更是独树一帜。

从地理格局来看，黔东南文旅资源呈现全域覆盖与组团集聚并存的分布特征。在雷山、丹寨等苗侗聚居区及剑河流域、都柳江沿岸，形成了多个民族文化核心展示带。其中，雷公山麓至清水江流域的苗岭文化区堪称典型——西江千户苗寨、郎德非遗村落、施洞银饰之乡等文化遗产活态传承示范区，构成黔东南苗族文化谱系最完整的区域样本。这些文化聚落至今仍保持着完整的苗疆文化基因库，从干栏式建筑群到岁时祭祀仪典，从百褶裙制作技艺到古歌传唱体系，形成了文旅融合发展的独特场域。而侗族风情在黎平、从江和榕江三县表现得尤为浓郁。这里有着肇兴侗寨、小黄侗寨、占里侗寨、三宝侗寨、增冲侗寨等著名景点，侗族的建筑、音乐、风俗习惯等都让游客流连忘返。镇远、黄平、施秉和岑巩等县则以自然山水、文化古城旅游资源最为突出，其中镇远古城、云台山、潕阳河等景点更是闻名遐迩，吸引着众多游客前来领略其独特的魅力。黔东南三县构筑起复合型文化生态的独特版图。清水江畔的天柱县，作为明清木业商贸的重要节点，孕育出以三门塘宗祠群为代表的家族文化体系，其北侗村寨的"月牙歌场"更彰显着独特的民俗传统。与之毗邻的锦屏县，在延续木材贸易遗产的同时，完整保存着隆里古城等军事移民遗存，形成商道文明与戍边文化交织的历史剖面。而地处交通要冲的三穗县，则通过侗族合款制度遗址与红军长征遗迹的时空对话，构建起民族自治传统与革命精神传承的双重记忆载体。三地文化要素的互补共生，为深度游访者搭建起从商帮往事追溯到手工艺传承的立体化人文体验场域。黔东南这片秘境既蕴藏着令人陶醉的山水画卷，更承载着多彩的民族文化瑰宝。游客穿行于山水之间时，既能饱览喀斯特地貌的鬼斧神工，又可深度参与原生态的民俗活动，切身感受苗侗文化的精神内核。从雷公山的云海梯田到镇远古城的千年渡口，从肇兴侗寨的鼓楼笙歌到西江千户的万家灯火，这里的旅游资源呈现出多元的形态——既有联合国教科文组织认证的地质奇观，也完整保存着国家级非物质文化遗产。每一处景观都是自然造化与人文积淀的完美融合，既具视觉震撼力又富学术探究性，实为现代旅行者寻求深度文化体验的理想目的地。

（二）自然风光绮丽，自然生态保存完好

黔东南州位于苗岭山区的腹地，这里保持着原始生态的完整性，自然景观美不胜收。雷公山、月亮山、云台山等群山连绵起伏，山峦叠翠，绿意盎然，构成了一幅幅壮丽的画卷。清水江、都柳江、潕阳河三条河流蜿蜒流淌，清澈见底，为这片土地增添了无限生机。黔东南州以其得天独厚的生态资源闻名遐迩。该区域植被体系保存完整，常绿针叶林与阔叶林交织形成的广袤林区，赢得了"杉木之乡"与"原始林原"的生态美誉。据最新统计数据显示，该地林地面积占全域总面积的 69.63%，相当于近七成土地被绿色植被覆盖，构成我国南方重要的生态屏障系统。

在气候特征方面，这片土地展现出典型的亚热带季风性湿润气候特质。气象观测记录表明，该区域年均温度维持在17℃左右，空气湿度常年稳定在77%左右。得益于特殊的地理环境，这里形成了独特的微气候系统：冬季受云贵准静止锋影响温暖少霜冻，夏季因山地地形作用凉爽无酷暑，全年空气质量优良率超过98%。这种四季分明、温湿条件均衡的自然禀赋，使之成为康养旅居的理想目的地。该地域生态保护体系内包含世界级自然遗产——施秉云台山核心保护区，更构建起完整的自然公园网络：包含五处国家森林公园体系成员单位、三处国家级湿地保育区、三处列入国家风景名胜名录的生态景区，以及具有重要科研价值的地质公园示范基地。

这种多层级生态保护格局孕育着独特而完整的生态系统，区域内已查明高等植物超2000种，脊椎动物达500余种，形成极具科考价值的生物基因库。据统计，这里拥有各种植物3623种，包括红豆杉、峨眉拟单性木兰、珙桐等6种国家一级保护野生植物，以及楠木、罗汉松、红豆树、天麻、中华猕猴桃等119种国家二级保护野生植物。此外，还有白颈长尾雉、豹、中华秋沙鸭等17种国家一级保护野生动物，猕猴、红嘴相思鸟、斑林狸、青鼬、凤头鹰、黑熊、黑冠鹃隼、仙八色鸫、红腹锦鸡、东方草鸮等115种国家二级保护野生动物。

黔东南州自然景观以其独特的地貌、丰富的生态和宜人的气候，为游客提供了丰富的旅游体验，无论是登山、徒步、漂流还是观赏自然风光，都能满足不同游客的需求。

黔东南州以其秀丽的自然景观而闻名，同时作为重要的中药材资源宝库，储量尤为可观。据普查数据显示，该地区中药资源总量达2831种，药用植物2656种之多，现已成为太子参、钩藤及草珊瑚等药材全国最大的人工种植基地。当地传承的苗医药、从江瑶浴及侗医药等传统医疗体系已被列入国家级非遗名录，充分彰显了其独特的医药文化底蕴。在道地药材培育方面，该地区展现出显著优势。施秉太子参、剑河钩藤等七种特色药材相继获得国家地理标志产品认证，这一成就不仅强化了区域品牌效应，更印证了黔东南州在中医药产业中的独特优势。以黎平茯苓、榕江葛根为代表的优质药材，配合黄平白及、施秉头花蓼等特色品种，共同构建起完整的药材产业体系，其中雷山乌杆天麻更成为享誉全国的特色品种。

（三）历史悠久，原生态民族风情浓郁

黔东南州独特的地理环境与多民族聚居的历史背景，孕育了丰富多彩的原生态民族风情，成为国内外游客探寻民族文化与历史底蕴的热门目的地。黔东南州，这片古老而神秘的土地，拥有着悠久的历史。早在秦朝时期，它就隶属于黔中郡。到了汉代，这片土地又成为了武陵郡的一部分。时光流转至明代，黔东南州被划分为镇远府、黎平府和新化府三个行政区域。民国初期，这里又被划分为黔东道和黔中道。直到 1956 年，黔东南苗族侗族自治州正式成立，开启了新的历史篇章。黔东南州不仅历史悠久，而且汉族、苗族、侗族等多民族在此交融，形成独特的"苗侗文化圈"，民族风情浓郁，文化积淀深厚。这里的民族歌舞和民族节庆享誉世界，吸引了无数游客的目光。黔东南州作为贵州文明的重要起源地，凭借独特的生态人文景观入选联合国评定的世界十大返璞归真旅行目的地。这片土地不仅是东亚地区重要的生态文化保护区，更以 92.5% 的少数民族占比构筑起多彩的民族文化版图。苗族（43.6%）与侗族（30.6%）两大世居民族在此形成特色鲜明的文化群落——以凯里、雷山、台江为轴心的苗文化生态圈，与黎平、榕江、从江为核心的侗文化生态圈交相辉映。在文化遗产保护方面，该地区现存 78 处国家级非遗项目（总数达 56 项），其中侗族大歌已列入联合国人类非遗名录。415 个传统村落如明珠般散落，更有 22 个特色村寨进入中国世遗预备名录。这里不仅是国家全域旅游示范标杆，更被文旅界誉为"原生态民族文化博物馆"和"人类疲惫心灵栖息的家园"。联合国世界旅游组织曾用"文化大餐，山水盛宴"盛赞此地。年均举办超万人规模民俗节庆 128 场次，构建起"四维一体"的文化标识——歌舞之州以千架芦笙奏响天籁，森林之州用 68.8% 的植被覆盖率构筑生态屏障，神奇之州蕴藏 30 多项濒危民族技艺，百节之乡延续着千年节庆传统，完整保留着

苗侗文明的基因密码。

（四）文化积淀异常深厚

黔东南州这片神奇的土地上，蕴藏着丰富的历史文化遗产。这里不仅有众多的名胜古迹，而且至今仍保留着春秋战国时期的发型、魏晋时期的遗风、宋朝时期的服饰、明清时期的建筑风格。这些独特的文化特征，共同构成了黔东南州多元而独特的文化风貌。黔东南州是苗族和侗族文化的重要发源地，这里的苗族文化、北侗文化、宗祠文化、地质文化、军屯文化、木商文化、农耕文化等各具特色，相互交融，形成了一个丰富多彩的文化大观园。在黔东南州，有镇远这一处被国家认定为历史文化名城的地方，它承载着深厚的历史底蕴和独特的文化魅力。此外，还有旧州镇和西江镇两处被国家认定为历史文化名镇的地方，它们各自展现了黔东南州独特的历史风貌和文化特色。黔东南州还有雷山县郎德镇上郎德村、锦屏县隆里乡隆里村、从江县往洞乡增冲村、丙妹镇岜沙村、黎平县肇兴乡肇兴寨村、茅贡乡地扪村、榕江县栽麻乡大利村等七处被认定为中国历史文化名村的地方，这些村庄以其独特的建筑风格、传统习俗和历史故事，吸引了无数游客和学者的目光。黎平县翘街街区被国家认定为历史文化名街，这里不仅有着丰富的历史遗迹，还有着独特的商业文化和民俗风情。黔东南州还有台江县被认定为 2021~2023 年度国家民间文化艺术之乡，这里民间艺术丰富多彩，展现了苗族和侗族人民的智慧和创造力。黔东南州不仅有着丰富的非物质文化遗产，还有众多珍贵的文物。从新石器时期的遗址（如榕江遗址），到战国前的青铜甬钟（如岑巩和镇远出土的甬钟），再到古生物化石群（如台江等地发现的化石群），以及青铜兵器和生产工具（如锦屏出土的文物），这些宝贵的文物见证了黔东南州悠久的历史和灿烂的文化。此外，黔东南州还有众多的石刻、摩崖、碑记等文物，这些都是研究黔东南州历史文化的宝贵资料。在文物保护方面，黔东南地区展现出非凡成就。全州不可移动文物守护体系覆盖 1021 处重要节点，其中国家级文保单位 20 处，犹如璀璨明珠。这些星罗棋布的文化坐标，不仅构筑起立体化保护网络，更使苗疆古建群、侗寨鼓楼等特色建筑得以完整存续，为中华文明基因库留存了鲜活的民族记忆。值得关注的是，其文保单位数量在西南少数民族聚居区中位列前茅，形成"国保引领—省保支撑—县保覆盖"的三级守护格局，让千年苗侗文明的血脉在现代社会延续。

（五）旅游产品丰富

黔东南州是一个充满魅力的旅游胜地，这里拥有丰富多彩的旅游产品，能够满足不同游客的需求。游客可以深入体验当地的民间风情，包括欣赏民间歌舞、参与传统习俗活动以及学习手工技艺等。此外，黔东南州的历史文化体验产品同样丰富，如军屯文化、土司文化和古城文化等，这些都能让游客深入了解当地的历史背景和文化传统。同时，商贸文化和宗祠文化等木商文化体验产品也独具特色，让游客能够感受到黔东南州商贸的繁荣和宗族文化的深厚底蕴。民族村寨观光类旅游产品如吊脚楼、鼓楼、风雨桥、美人靠和田园风光等，让游客在欣赏自然美景的同时，也能体验到浓郁的民族风情。民俗风情体验类旅游产品同样丰富多彩，包括侗族大歌、拦门酒、行歌坐月、斗牛和芦笙舞等，这些活动不仅能让游客近距离感受民族文化的魅力，还能亲身体验和参与其中。民族工艺产品如苗银、蜡染、芦笙、刺绣和民族服装等，让游客可以选购独特的手工艺品作为纪念。民族歌舞演艺产品如舞台演出、实景演出和小型场景演出等，为游客提供了欣赏民族艺术的机会。美食爱好者则可以品尝到酸汤鱼、牛瘪、酸笋、腌鱼等民族美食，体验黔东南州独特的美食文化。此外，民族节庆体验产品如姊妹节、鼓藏节、苗年、萨玛节、侗年和龙舟节等，让游客有机会参与当地盛大的节日活动，感受节日的热闹氛围。

自然景观方面，黔东南州拥有白云喀斯特、山水峡谷、原始森林和杜鹃花海等山地观光旅游产品，为游客提供了欣赏自然美景的机会。山地运动旅游产品如徒步、攀岩和山地自行车等，适合喜欢户外运动的游客。山地休闲旅游产品如山地农家、山间茶吧和森林浴场等，让游客在享受自然的同时，也能体验到宁静的乡村生活。

度假旅游产品方面,野奢酒店和山地露营等山地度假旅游产品为游客提供了奢华而亲近自然的住宿体验。山水观光旅游产品如云台山、清水江和潕阳河等,让游客在欣赏山水美景的同时,也能体验到黔东南州的自然风光。森林观光旅游产品如百里原始阔叶林和黎平森林公园等,让游客能够近距离接触大自然。

文化观光旅游产品方面,古城古建观光和民族风情观光等产品,让游客能够深入了解黔东南州的历史文化和民族特色。

乡村观光旅游产品如民族村寨、梯田景观和现代农业等,让游客在欣赏乡村美景的同时,也能体验到当地的农耕文化。生态休闲度假产品如山地、森林和滨水休闲等,为游客提供了亲近自然、放松身心的好去处。乡村休闲度假产品如城郊村落和民族村落等,让游客能够体验到黔东南州的乡村生活和风土人情。温泉休闲度假产品如仰阿莎温泉、浪洞温泉和岑巩温泉等,为游客提供了放松身心的好去处。商务休闲度假产品如商务休闲和商务会议等,为商务人士提供了便利的设施和服务。养生旅游产品方面,康体养生、生态养生、医药养生、运动养生、温泉养生和民族养生等产品,让游客在享受自然美景的同时,也能关注健康和养生。体育运动旅游产品如山地运动、水上运动、自行车骑行运动和民族体育运动等,为喜欢运动的游客提供了多种选择。节事赛事旅游产品如传统节庆、主题节庆和体育赛事等,让游客能够参与当地的各种活动,体验不同的文化氛围。最后,神秘风俗探秘等旅游产品,让游客有机会深入了解和探索黔东南州的神秘风俗和文化。

总之,黔东南州的旅游产品种类繁多,无论是自然景观、历史文化、民俗风情还是休闲度假,游客都能找到适合自己的旅游体验。

四、黔东南州旅游高质量发展现状

（一）不断完善旅游规划，夯实理论根基

　　黔东南州人民政府在发展之初充分调研黔东南州旅游资源实际情况，编制了总体性发展规划《黔东南苗族侗族自治州旅游业发展总体规划（1999—2015）》《黔东南州旅游业发展规划》《黔东南州铁路发展规划》《黔东南州土地利用总体规划》《黔东南休闲旅游规划》，修编了《凯里市旅游发展总体规划》等16个县（市）旅游业发展总体规划，撰写了《黔东南州重点项目概况》，完成了《贵州省黔东南苗族侗族自治州旅游资源库》建设，确立建设"生态与民族文化"旅游大州的目标定位，把旅游业作为新的支柱产业，形成了"加快旅游业发展，建设旅游大州"的战略决策，把旅游业培育成为新的经济增长点。之后针对民族文化、生态旅游发展编制了《黔东南苗族文化旅游区发展规划》《黔东南侗族文化旅游区发展规划》《大山河民族生态旅游区总体规划》编辑出版《黔东南民族文化资源要目》《黔东南州民族节庆旅游发展规划纲要》。为推进长征国家文化公园黔东南段建设，印发了《长征国家文化公园黔东南建设区工作方案》，起草了《长征国家文化公园（黎平段）核心展示园和集中展示带总体规划》和《长征国家文化公园黔东南州建设区建设保护规划》。为加强旅游景区的保护性开发，制定了保护性条例和发展规划《青龙洞古建筑群保护规划》《黔东南苗族侗族自治州施秉喀斯特世界自然遗产保护条例》《黔东南苗族侗族自治州㵲阳河风景名胜区管理条例》《环雷公山民族村寨保护与利用策划》《黔东南苗族侗族自治州民族文化村寨保护条例》《黔东南苗族侗族自治州锦屏文书保护条例》《纪堂侗寨保护与整治规划》《黔东南苗族侗族自治州㵲阳河流域保护条例》《黔东南苗族侗族自治州月亮山梯田保护条例》等。为充分发展民族文化旅游村（寨）、民族文化旅游乡（镇），在及进行资料收集、整理、编制的基础上，编制了《巴拉河流域乡村旅游发展总体规划》《剑河县展留重点旅游村寨发展与保护规划》《岑

巩县乡村旅游发展规划》《剑河县巫包重点旅游村寨发展与保护规划》《剑河县温泉重点旅游村寨发展与保护规划》《剑河县柳基重点旅游村寨发展与保护规划》。制定了《雷公山苗族文化原生态旅游经济圈旅游规划行动纲要》《镇远历史文化名城及潕阳河山水风光旅游经济圈产业规划行动纲要》《黎平侗族原生态文化及仰阿莎苗族原生态文化旅游经济圈旅游规划行动纲要》，出台了《黔东南州旅游商品开发和市场管理办法》《凯里龙井药浴谷旅游休闲度假区详细规划》。

为加快旅游产业化发展，促进锦绣黔东南旅游建设强州，推动黔东南旅游业高质量发展，2021年9月2日，中共黔东南州委印发《关于推动旅游业高质量发展加快旅游产业化建设锦绣黔东南旅游强州的实施意见》，从规划引领、资源整合重组、空间布局、旅游产业链条、旅游产品体系、旅游营销方式、旅游服务质量、体制机制改革、用地、政策、人才保障等11个方面提出实施意见。完成了系列旅游发展建设和具体实施的方案，如《黔东南州民宿高质量发展实施方案》《黔东南州加强文物保护利用改革实施方案》《关于促进中医药苗侗医药传承创新发展的实施方案》《黔东南州旅游厕所建设方案》《黔东南州旅游驿站建设方案》《黔东南旅游交通标识方案》《凯里—黄平—施秉—镇远二级公路沿线村落文化与景观公路建设方案》《黎从榕优先发展重点旅游区行动方案》等。黔东南立足"高起点规划、高标准建设"，依托丰富的特色旅游资源，科学、密集编制和印发各类行动方案、建设方案、总体规划、发展规划、管理办法、实施意见、行动纲要，不断优化顶层设计，为"十四五"旅游高质量发展提供根本遵循，充分发挥规划指导实践的引领力，不断完善旅游规划，夯实理论根基，开启旅游高质量发展新征程。

（二）旅游改革发展取得一定成效

为了进一步激发员工的积极性，并引入更为先进的管理机制，黔东南国际旅行社在2002年进行了股份制改造。这一改革举措通过景区（点）的经营权转让拍卖，使政府仅负责规划层面的工作，而具体的经营操作则交由投资者自主进行。

通过这种方式，政府与市场之间的关系得到了重新定位，为旅游业的发展注入了新的活力。黔东南州自 2007 年起开启全域旅游管理体系的系统性革新。首阶段创建四大专项管理机构（旅游发展改革领导小组、雷公山保护区管理处、潕阳河及仰阿莎湖景区管理机构），开启了体制革新的新篇章。至 2010 年，架构升级为旅游发展与风景名胜管理局，核定行政编制 55 名，下设政策研究、产业促进等 7 个专业化科室，同步完善跨部门联席会议机制，形成"决策—执行—监督"闭环体系。2011~2012 年实施关键性变革：完成州民族歌舞团向市场化运营主体的转型，组建苗侗文旅投融资平台，整合逾 30 亿元优质资产。机构重组方面，将旅游局升格为旅游发展委员会，合并文体广电部门实现"大文化"管理架构，并在镇远等重点县域设立垂直管理机构。2014 年构建"1+4+N"管理体系，形成包含执法支队、信息中心等在内的立体化治理网络。2015~2016 年深化综合改革，在旅游资源密集区推行"县旅发委＋综合执法"模式，建立由 15 个部门联动的旅游规划委员会，首创"多规融合"审批机制。2019 年完成机构整合 3.0 版本，将文旅体广四大板块纳入文体广电旅游局统筹，实现从单一行业管理向全域综合治理的跨越式发展。

黔东南州破除行政界限，实施体制机制革新，加强统筹管理。2024 年，州级旅游集团正式成立，将原本分散在各县的景区管理权集中至州级，统一管理西江苗寨、镇远古城、肇兴侗寨等主要景区，实现统一的票务、营销和服务标准。潕阳河景区（跨越镇远、施秉两县）经过整合，游客投诉率下降 60%，门票收入增长 35%。构建州内景区联动体系，西江千户苗寨、镇远古城、肇兴侗寨等主要景区实现跨区域合作，开通 13 条直达景区的旅游专线，便于游客实现"快速旅行、慢速游览"。建立跨区域合作机制，如中国乡村旅游 1 号公路，连接 16 个县市，整合苗族侗族文化、梯田山水资源，推出"苗侗走廊""非遗研学"等主题旅游线路，2024 年促进沿线旅游收入增长 25%。与贵阳、安顺、黔南州等地签署联合营销协议，推出"度假到丹寨·看水到荔波"等跨区域旅游线路，拓展客源市场；开展跨省合作，与湖南张家界、广西桂林共同构建"湘黔桂旅游圈"，实现客源互换、线路互联，跨省游客比例提升至 30%。

黔东南州在市场运营方面锐意创新，致力于打造具有强大吸引力的文化旅游 IP，以此激活并推动流量经济的发展。通过创新性地推出"村歌""村 T"等文化旅游活动，不仅丰富了游客的体验，也显著提升了黔东南文化的影响力。依托"村 BA""村超"等系列赛事活动，成功塑造了"民族原生态·锦绣黔东南"的品牌形象，吸引了众多游客的目光。2024 年，"村 BA"赛事带动台江县接待游客人数达到 363.9 万人次，旅游收入达到 42.21 亿元。依托苗年、侗年、鼓藏节等 390 余个民族节日，打造"节庆 + 旅游"模式。2024 年雷山苗年吸引数万游客，实现销售收入 49.5 万元。推出"苗年 + 长桌宴""侗年 + 村歌大赛"等特色产品，增强游客参与感；推出"魅力黔东南多彩非遗体验走廊"等主题线路，提升非遗资源的市场价值；开发"非遗 + 研学"旅游线路，如丹寨卡拉银匠村的鸟笼编织体验、雷山郎德苗寨的苗族文化探索课程，吸引全国研学游客。同时，利用黄平旧州通用机场的资源，开发了低空飞行、直升机观光等旅游项目，并开通了"凯里高铁南站—香炉山"等低空旅游线路，以满足游客对于多样化旅游体验的需求。2024 年，启动了"景景串飞"项目，使游客能够从空中领略黔东南的自然风光，进一步增强了该地区的旅游吸引力。

黔东南州在推进智慧化与精细化并重的同时，致力于服务优化与智慧化管理。完善了"一码游黔东南"系统，集成了预约、导览、支付等多项功能，显著提升了游客的便捷性。通过"一码游黔东南"，游客能够通过扫码完成从预约到导览再到支付的全流程服务，该系统的使用率已超过 90%，同时，投诉处理的时效性也缩短至 24 小时内。此外，黔东南州推出了"黔游食安"餐饮服务智慧管理平台，利用物联网、人工智能等先进技术，实现了景区餐饮服务的透明化管理。该平台能够实时监控景区餐饮后厨，并公开卫生评级，从而增强了游客的信任，食品安全投诉量因此下降了 80%。为了进一步提升热门景区的接待能力，黔东南州还招募了旅游志愿者，并增设了服务窗口，特别是在西江千户苗寨等重点景区。同时，肇兴侗寨实施了"1+4"社会治理工程（即村规民约与水改、电改、寨改、厨改相结合），有效提升了景区的消防安全与服务质量，火灾隐患降低了 90%，游客满意度提升至 95%。

黔东南州通过一系列体制机制的改革、资源的整合、客源的拓展以及服务的优化等多方面的努力，成功地将民族文化和生态资源转化为旅游经济的优势。借助"村 BA""村超"等系列赛事活动，黔东南的文旅品牌在网络上获得了超过 20 亿次的曝光，成为全国文旅融合的典范。在 2024 年的 1 月至 11 月期间，黔东南州接待的游客人数达到 8258.55 万人次，同比增长了 10.31%；旅游综合收入达到 932.27 亿元，同比增长了 11.71%；游客的人均消费为 1128.86 元，同比增长了 1.26%，这表明旅游消费的层级有所提升。

（三）持续深化"放管服"改革，营造良好营商环境

黔东南州近年来将优化营商环境确立为核心改革任务，通过系统性制度创新突破行政壁垒，全面梳理制约市场主体发展的关键性问题。在数字化改革方面，着力构建全省一体化政务服务平台体系，重点打造"云上贵州"黔东南专区及数据共享开放平台，同步升级智慧税务服务大厅集成功能。行政审批领域创新推出"三减一优"服务机制（精简填报、缩减材料、减少环节、提升效率），建立以信用承诺为基础的容缺受理制度，并率先实施窗口否决权限制改革。为提升服务质效，全州政务服务系统设立多维度问题处置窗口体系，包含诉求督办专窗、效能监督岗及跨域协调通道。通过业务流程再造，现已达成"零次跑动"服务覆盖率 95% 以上，形成"全科受理、全网通联、全域通办"的新型办事体系。重点领域实现"一证通办"事项清单覆盖率达 82%，跨省通办事项扩展至 178 项，并建立"线上＋线下"融合服务体系，特别针对特殊群体开发适老化服务专区。在商事制度改革方面，全面推行无纸化全程电子化登记流程，市场主体设立登记全程网办率达 98.6%，同步开发移动政务终端应用，实现高频事项"指尖可办"。目前已完成州、县、乡、村四级政务服务体系标准化建设，政务服务事项下沉至村居比例达 76%，构建起"事前承诺、事中监管、事后追溯"的全链条监管机制，着力培

育重商、安商、亲商、富商的市场生态。

深入推进"放管服"改革，实现旅行社业务经营许可、导游证核发等业务的整合，纳入"一网通办"平台，将办理时限从 20 个工作日缩短至 5 个工作日，并将所需材料减少 60%。实施民宿"承诺即入"备案管理制度，取消了消防、卫生等前置审批程序，转而采取事中、事后监管措施，2023 年新增备案民宿数量达到 450 家，同比增长 35%。同时，将 A 级景区评定、旅游项目核准等权限下放至县级文旅部门，以缩短决策流程。例如，雷山县自主评定的 3A 级景区达到 2 个，吸引了超过 2 亿元的社会资本投资。对全州旅游企业实施信用评级制度（A 级至 D 级），其中 A 级企业可享受"免检免查"待遇及优先推荐政策，而 D 级企业则被列入重点监管名单。2023 年，旅游企业投诉率同比下降 30%，游客满意度提升至 92%。

（四）创意营销宣传，扩大"民族原生态·锦绣黔东南"影响力

1. 多主题推广全面开花，"民族原生态·锦绣黔东南"品牌美誉度不断提升

黔东南州依托旅游产业发展大会战略平台，锚定民族文化传承与生态资源转化双核驱动，创新实施文旅融合"三个一"工程（主题化运营、亮点式锻造、精品化输出）。通过构建"文化赋能＋生态增值"的文旅创新模式，重点打造三大战略支点：一是搭建沉浸式文化体验场景，策划开幕盛典暨非遗活态展演、苗侗风情主题光影秀等特色活动；二是完善产业协同发展矩阵，组织全域旅游项目巡礼、百亿级文旅招商洽谈会及产业链协同发展峰会；三是培育多维赛事 IP 集群，推出传统龙舟争霸赛、民族斗艺锦标赛、原生态歌王擂台赛等民俗竞技品牌。在产业生态构建方面，系统设计"五位一体"促进机制：①产品开发端推出十条世界级非遗旅游廊道；②学术支撑端举办民族文旅可持续发展国际论坛；③营销推广端开展"云上黔东南"数字文旅博览会；④消费延伸端打造民族美食文化周暨特色商品交易会；⑤长效运营端建立文旅融合创新示范区。特别创新"会＋展＋赛＋演＋链"多维联动模式，通过重点项目实地考察、文旅 IP 孵化工作坊、民

族文化创意设计大赛等载体，实现资源转化效率提升 40% 以上。如表 3-8 所示，黔东南州自 2015 年启动旅游产业发展大会机制以来，通过创新性年度主题运作模式，持续驱动区域旅游经济转型升级。该州每年选定特定承办地，围绕既定主题策划实施系列配套活动，有效助推当地旅游基础设施升级与服务品质提升。游客在此不仅能深度体验独具特色的苗侗民俗文化，还可纵览喀斯特地貌造就的山水胜景，生动诠释了"民族原生态·锦绣黔东南"的品牌内涵。通过构建"一会一主题"的可持续运作体系，该州成功实现三大发展目标：一是系统展示非物质文化遗产与生态景观的共生关系；二是立体化塑造民族文化深度体验目的地形象；三是创新性培育文旅融合新业态。这种特色化发展路径不仅使"民族原生态"IP 的市场认知度提升 136%，更助力当地旅游业呈现爆发式增长态势，年接待游客量复合增长率达 28.7%，成功探索出民族地区旅游产业提质增效的特色发展模式。

表 3-8 历届黔东南州旅游产业发展大会统计表

举办届数	时间	地点	主题	活动
第一届	2015 年 6 月 18 日～20 日	镇远县	镇远县第七届古城文化旅游艺术节	参观古城、产业招商会、旅游商品展、吃长桌宴、"心居何处·自在镇远"摄影作品展、河中抢鸭子、文化旅游推介、赛龙舟、祭龙、露营等 12 项活动
第二届	2015 年 9 月 30 日～10 月 4 日	锦屏县	2015 首届中国·锦屏文书文化节文艺展演	盛装、龙狮游演活动，锦屏文书特藏馆开馆活动，锦屏文书特藏馆开馆仪式，锦屏文书学术研讨会，龙舟赛、斗鸡赛、斗鸟赛、民歌赛，原生态歌曲走进锦屏演出，民族文化村寨、农业园区观光
第三届	2016 年 4 月 28 日～28 日	黎平县	推进农文旅融合，打造旅游升级版	举办旅游项目观摩、侗族文化与旅游发展国际论坛、文化旅游推介暨项目招商会，精品旅游线路考察等活动
第四届	2016 年 9 月 28 日	黄平县	神秘且兰、古韵旧州、养生黄平	且兰音乐节、黄平民俗文化现场竞技展演、原生态苗族舞蹈诗、招商洽谈、原创山歌对唱、且兰文化高峰论坛、且兰风采摄影书画展等活动
第五届	2017 年 4 月 27 日～29 日	剑河县	相约温泉城·情醉仰阿莎	举办黔东南州文化旅游推介暨产业招商会、旅游项目观摩、开幕式、首届剑河温泉康养国际高峰论坛、船游清江湖、仰阿莎主题灯光秀、黔东南州旅游工作推进大会等活动

举办届数	时间	地点	主题	活动
第六届	2017 年 8 月 28 日~ 29 日	施秉县	中国聚宝盆·大美黔东南·水墨云台山	举行黔东南州文化旅游推介暨产业招商会、中国施秉喀斯特地质遗迹保护与山地旅游发展国际峰会、黔东南州旅游工作推进大会、第五届亚太世界地质公园大会等活动
第七届	2017 年 11 月 28 日~ 30 日	从江县	走进养心圣地·放歌神秘从江	举行旅游项目观摩、黔东南州第七届旅游产业发展大会、贵州从江第四届侗族大歌节百村歌唱大赛、旅游工作推进会、第二届"养心圣地·神秘从江"书画摄影展、文化旅游暨产业招商推介会、百家旅行社走进神秘从江、中国·东盟大学生影视艺术节、中国百名作家从江创作基地行等一系列活动
第八届	2018 年 4 月 27 日~ 5 月 1 日	台江县	大美黔东南相约姊妹节	举行开幕式及文化展演、旅游项目观摩、苗族盛装游演、第一届"台江杯"中国银饰创新设计大赛颁奖典礼、黔东南州旅游工作推进大会、2018 中国民族文化旅游暨中国传统村落·黔东南研讨会、黔东南州乡村振兴暨旅游扶贫招商推介会等活动
第九届	2018 年 11 月 15 ~ 16 日	榕江县	乡村旅游助脱贫·千匠百艺奔小康	举办小丹江最美自然教育基地(甲级旅游村寨)观摩、文化旅游产业项目洽谈会、"山河故里·味觉古州"——榕江县第六届旅游美食节、乌公"醉美村寨露营季""千匠百艺·手艺脱贫"——能工巧匠大比武等活动
第十届	2019 年 9 月 19 ~ 20 日	凯里市	创建全域旅游·助推脱贫攻坚	举办文化旅游产业扶贫观摩、旅游企业招商恳谈、黔东南州旅游产业扶贫工作推进会等活动
第十一届	2020 年 10 月 16 日~ 25 日	丹寨县	发展非遗游·共享新生活	举办文化和旅游工作推进会、文化旅游产业扶贫项目观摩、黔东南州民族文化展演、文化和旅游产业招商恳谈会
第十二届	2021 年 6 月 1 日~ 2 日	天柱县	古祠新韵·人文天柱	举行开幕式、文化和旅游产业招商推介会、黔东南州旅游产业化工作推进大会等活动
第十三届	2021 年 9 月 28 日~ 29 日	麻江县	魅力麻江·田园康旅	举行开幕式、文化和旅游产业招商推介会、黔东南州旅游产业化工作推进大会等活动

2. 依托节庆赛会强化宣传推广，塑造"民族原生态·锦绣黔东南"品牌形象

"大节三六九，小节天天有"，黔东南州拥有"文化大餐，山水盛宴"，一年中节庆集会 400 多个，是"百节之乡"。雷山苗年、黎平侗年、台江姊妹节、从江侗族大歌节、榕江萨玛节、施秉龙舟节、国际民歌合唱节、龙舟文化节、仰阿莎文化节等民族节庆文化活动文化内涵丰富，在国内外旅游市场上有着广泛的影响，这些节庆活动大力宣传推介黔东南州旅游资源、旅游产品和旅游线路，使其倍受海内外游客特别关注和欢迎，在消费者群体中提高了"民族原生态·锦绣黔东南"品牌的知名度。2020 年，黔东南州将 9 月定为"黔东南旅游宣传月"，

积极开展"中国丹寨非遗周"、旅游产业发展大会、文化旅游产业博览会、媒体线上营销，举办民族民间工艺品·文化产品博览会、银饰刺绣博览会，举办侗族大歌百村歌唱大赛、贵州省文明旅游志愿者形象大使大赛、旅游形象大使选拔赛、环雷公山超 100 公里国际马拉松赛、山地自行车公路赛、独木龙舟邀请赛，拍摄《民族原生态锦绣黔东南》形象宣传片，印制了《黔东南旅游线路推介》《黔东南精品旅游线路》《黔东南旅游》《黔东南建州纪实》《苗乡侗寨·和谐家园——神秘黔东南》《黔东南二日游线路》《锦绣黔东南》等宣传资料，黔东南州立足民族文化与生态资源禀赋，创新构建"九大主题游"产品体系，形成差异化文旅竞争力。通过系统规划民族文化体验、生态康养、遗产活化三大产品矩阵，重点打造包含苗寨非遗探秘、侗歌艺术鉴赏、清水江生态走廊等在内的主题线路集群。其中，"苗侗风情深度游"与"喀斯特地貌徒步游"入选省级黄金旅游线路，"非遗工坊研学游"更获评全国文化遗产活化利用示范项目。在精准营销策略驱动下，该州实施"三维品牌提升计划"：线上通过 VR 云游、短视频挑战赛形成话题裂变，实现 3.2 亿次网络曝光量；线下联合知名旅行社开发定制游产品，线路复购率达 47%；事件营销方面，依托"传统村落保护论坛""国际山地旅游节"等品牌活动，成功塑造"活态文化博物馆"目的地形象。多维传播使旅游品牌百度指数提升 215%，过夜游客占比从 31% 增至 58%，带动旅游综合收入年增长率稳定在 19% 以上。

扩大旅游宣传，参加北京国际旅游交会、南京旅游博览会、重庆旅交会、广东旅交会、加粤桂黔高铁经济带联席合作会议旅游推介系列活动，组织重点文旅企业先后参加德国（柏林）国际旅游交易会、伦敦旅游交易会、中国（北京）旅游博览会、中国（成都）国内旅游交易会、中国（义乌）国际旅游商品展等国内外旅游推介会、海峡两岸台湾旅游展，积极开展形式多样的旅游宣传促销活动，制定《黔东南旅游宣传促销方案》。

加强媒体宣传，利用电视、网络等媒体，包括在中央电视台投放旅游形象广告、与多家媒体合作进行报道、在列车上投放旅游宣传广告等。强化网络营销，利用网络平台如微博、微信、短视频等构建宣传矩阵，进行事件营销和直播互动，以此吸引网络用户关注。加强对外文化交流，黔东南州组织演员和企业参加国内外的文化艺术节和博览会，如法国国际民间艺术节、中国（深圳）国际文化产业博览交易会等，通过文化交流活动提升黔东南的国际知名度。同时进行旅游推介活动，利用重大活动平台，如省旅游"两会"、州旅发大会等，开展主题宣传推介活动，邀请媒体和旅行商到黔东南州采访考察。

黔东南州通过深度挖掘民族文化与生态资源，以"节庆赛会"为载体，创新营销模式，成功塑造"民族原生态·锦绣黔东南"品牌形象，实现文化传播与旅游经济的双赢。

（五）旅游发展水平不断提升

黔东南州旅游业历经"旅游起步—旅游资源开发—旅游提质升级—旅游加速发展—旅游调整—高质量发展"五大阶段，从旅游总收入规模、增长率波动、游客量变化、GDP占比趋势等角度来看，成功将资源优势转化为经济优势，推动区域经济发展。黔东南州旅游总体轨迹呈现从萌芽到支柱产业的变化，旅游规模呈跨越式增长（表3–9），旅游总收入从2000年的1.4亿元跃升至2024年的976.64亿元，24年间增长近700倍，年均复合增长率达25%，远超同期GDP增速；游客规模不断扩大，接待游客量从128万人次（2000年）增至8704.6万人次（2024

年），增长近 68 倍，显示旅游吸引力持续增强；经济地位不断凸显，旅游总收入占 GDP 比重从 1.85%（2000 年）升至 68.18%（2024 年），旅游业从辅助产业跃升为经济核心支柱，2019 年占比甚至突破 100%（文旅产业外向型特征显著）。

表 3-9 2000～2024 年黔东南州旅游发展水平表

项目年份	黔东南州旅游总收入（亿元）	同比增长（%）	接待海内外游客（万人次）	同比增长（%）	黔东南GDP（亿元）	黔东南州旅游总收入占黔东南州 GDP 比重（%）
2000 年	1.4	37.56	128.11	15.23	75.78	1.85
2001 年	2.24	11	134.33	4.86	85.91	2.61
2002 年	3.09	37.9	160.93	19.8	93.62	3.3
2003 年	2.99	-3.24	170.19	5.75	104.42	2.86
2004 年	16.8	42.37	241.88	42.12	115.75	14.51
2005 年	17.5	5.55	250.31	3.49	144.73	12.09
2006 年	47.89	173.66	615	145.7	172.24	27.8
2007 年	60.71	26.77	883.6	43.67	195.67	31.03
2008 年	83.58	37.67	1388.17	57.1	228	36.66
2009 年	100.8	19.42	1400	0.85	269.73	37.37
2010 年	109.72	9.6	1502.82	7.34	312.57	35.1
2011 年	187.29	76.9	2374.86	58.03	383.63	48.82
2012 年	198.5	30.1	2409.9	1.48	477.75	41.55
2013 年	254.48	28.2	3058.56	26.92	585.64	43.45
2014 年	314.79	23.7	3744.58	22.43	701.71	44.86
2015 年	387.19	23	4550.11	21.51	811.55	47.71
2016 年	553.68	43	6704.11	47.34	939.05	58.96
2017 年	777.75	40.5	9351.53	39.49	972.18	80
2018 年	937.23	20.5	10807.59	15.57	1036.62	90.41
2019 年	1212.13	29.3	12892.98	19.3	1123.04	107.93

项目年份	黔东南州旅游总收入（亿元）	同比增长（%）	接待海内外游客（万人次）	同比增长（%）	黔东南GDP（亿元）	黔东南州旅游总收入占黔东南州GDP比重（%）
2020年	719.76	-40.62	8526.61	-33.87	1191.52	60.41
2021年	739.49	2.74	7668.73	-10.06	1255.03	58.92
2022年	639.23	-13.6	6266.06	-18.29	1293.08	49.43
2023年	875.82	37.01	7879.45	25.75	1329.65	65.87
2024年	976.64	11.51	8704.6	10.47	1432.38	68.18

注：根据黔东南州 2001～2023 年年鉴以及网络数据整理所得。

分阶段来看，2000~2003 年，旅游起步阶段，基础薄弱，旅游发展总量低。旅游总收入从 1.4 亿元增长至 2.99 亿元（2003 年因非典下滑 3.24%），占 GDP 比重不足 3%，显示旅游业处于起步萌芽状态。旅游发展波动剧烈，2000 年增长率高达 37.56%，但 2003 年受非典冲击负增长，抗风险能力弱。游客规模小，2003 年游客量仅 170 万人次，客源以省内及周边地区为主，尚未形成全国性吸引力。此阶段黔东南州 GDP 从 75.78 亿元增至 104.42 亿元，经济总量小，产业结构以农业为主，旅游业对经济拉动作用有限，基础设施落后（如交通闭塞），旅游资源开发程度低，市场推广不足。

2004~2008 年，旅游资源开发阶段，政策驱动，旅游经济呈爆发式增长。旅游总收入从 16.8 亿元飙升至 83.58 亿元（年均增速超 50%），占 GDP 比重从 14.51% 升至 36.66%，旅游业成为经济支柱之一。游客量激增，游客从 241 万人次增至 1388 万人次（2006 年因交通改善大幅增长 145.7%），跨省客源显著增加。2006 年贵州提出"旅游强省"战略，贵广高铁规划启动（2008 年开工），交通与宣传双轮驱动，政策红利凸显。此阶段黔东南州自然景区（如云台山、杉木河）开发加速，民族文化资源（西江苗寨）初步商业化，GDP 年均增速超 15%（2004~2008 年），旅游收入增速远超 GDP 增速，旅游业成为增长引擎。

2009~2014 年，旅游提质升级阶段，旅游经济稳步提升，结构不断优化。

2012年"国发2号文件"支持贵州发展，黔东南获"国家全域旅游示范区"政策导向从"量"转向"质"。旅游规模持续扩张，旅游总收入从100.8亿元增至314.79亿元（年均增速20%），占GDP比重稳定在35%~45%，贡献率趋于平稳。旅游提质增效，游客量从1400万人次增至3744万人次，但增速放缓（年均15%），客单价提升（从72元/人次增至84元/人次）。此阶段呈现多元化发展，温泉度假（剑河）、乡村旅游（肇兴侗寨）兴起，产品结构从观光向休闲过渡，GDP年均增速12.5%，旅游业增速仍高于经济整体水平，但边际效应减弱。

2015~2019年，旅游加速发展阶段，文旅融合，加速发展。旅游量价齐升，旅游总收入从387亿元增至1212亿元（年均增速25%），占GDP比重突破100%（2019年达107.93%），旅游业成为绝对主导产业。旅游超级品牌效应凸显，西江千户苗寨、镇远古城等成为全国网红打卡地，游客量从4550万人次增至1.29亿人次（2019年）。文化赋能显著，苗年节、侗族大歌等非遗活动常态化，文旅融合项目（如《美丽西江》实景演出）提升附加值。此阶段基础设施不断完善，尤其是高铁网络（贵广、沪昆高铁通车），珠三角、长三角游客占比超50%，旅游业逆势增长，凸显其抗周期性。

2020年至今，旅游调整、高质量发展阶段。受疫情冲击，旅游行业呈现V型反弹，2020年收入骤降40.6%（719亿元），2023年恢复至875亿元（+37%），2024年接近千亿（976亿元），韧性显著。本地游与短途游凸显，省内游客占比从30%升至60%，周边游、自驾游成为主流。旅游业进行数字化升级，线上营销（短视频平台推广）、智慧景区建设加速，降低外部风险依赖。此阶段GDP增速波动（2020~2024年均增速约4%），旅游业复苏快于整体经济复苏，2024年占比回升至68.18%，这由政策支持，生态康养、研学旅行等新业态兴起所致。

黔东南州旅游早期依赖资源开发与基建投入，后期转向文化IP打造与服务质量升级，发展水平不断提升，阶段特征明显，从"政策驱动爆发"到"文旅深度融合"，再到"抗风险韧性提升"，旅游业始终与区域经济同频共振。

五、本章小结

　　本章阐述了黔东南州旅游业的发展历程，依次经历了起步、资源开发、提质升级、加速发展以及调整和高质量发展的阶段。通过对黔东南州旅游资源的系统梳理与总结，本章分析了该州的 A 级旅游景区资源、旅游星级饭店与民宿资源、旅行社资源、乡村旅游重点村镇资源、夜间文化和旅游消费集聚区资源以及非物质文化遗产资源。通过研究发现，黔东南州的旅游资源具有全域分布且片区集中的特点；自然风光旖旎，生态环境保持良好；历史底蕴深厚，原生态民族风情浓郁；文化积淀极为丰富；旅游产品种类繁多。黔东南州正不断完善旅游规划，夯实理论根基；旅游改革发展取得一定成效；持续深化"放管服"，营造良好营商环境；创意营销宣传，扩大"民族原生态·锦绣黔东南"影响力；旅游发展水平不断提升。

第四章 黔东南州旅游高质量发展的比较优势

一、自然旅游资源体系

旅游资源是游客消费的主要目的物,也是最直接吸引游客的条件和因素[1],旅游资源被定义为激发游客旅游并进行旅游活动的各种因素的总和[2],是旅游生产要素持续投入的前提和基础。而自然资源是旅游资源的重要组成部分,其经济价值、社会价值、生态价值十分显著[3],对旅游业的可持续发展有着重要意义。黔东南州位于贵州省东南部,地势西高东低,沟壑纵横,山峦延绵,森林覆盖率接近68%,属于中亚热带季风湿润气候。"绿水青山就是金山银山",黔东南州丰富的自然资源为旅游产业的发展提供了优越的资源条件。根据黔东南州拥有的自然旅游资源,可将其分为森林旅游资源、水域旅游资源,以及气候和天象旅游资源。

(一)森林旅游资源得天独厚

森林是生态发展的必要元素,森林资源的开发与利用是满足生态景观旅游需

---

[1] 张凌云. 市场评价:旅游资源新的价值观——兼论旅游资源研究的几个理论问题 [J]. 旅游学刊, 1999(2):47-52.

[2] 孙文昌. 现代旅游开发学 [M]. 青岛:青岛出版社, 1999.

[3] 张学权. 凉山州自然旅游资源类型及评析 [J]. 安徽农业科学,2010,38(19):10282-10284.

求的必要模式。森林不仅是绿化生态的组成部分和生态防线，也是生态旅游的重要支撑，是实现旅游经济效益转换的重要资源。森林旅游资源是指以森林资源及森林生态环境资源为主体、其他自然景观为依托、人文景观为陪衬，对旅游者产生吸引力的各种物质和因素的总和❶。森林旅游资源包括山地、沟谷、生物化石点、沟壑、洞穴、林地、草地、花卉地等❷，森林内部资源的多样性满足观赏、休闲娱乐、疗养保健、锻炼身体等多种旅游需求。随着社会经济的发展，人们越发重视身体健康，康体旅游成为当代旅游的重要趋势，而生态旅游作为康体旅游的重要环节，在很大程度上成为旅游者出行的首选。因此，利用森林资源打造生态旅游是旅游业高质量发展的关键。

黔东南森林旅游资源丰富，其代表性旅游资源主要包括以下几类：一是山脉资源。山脉类资源是森林旅游资源的核心要素，其旅游功能主要包括观赏功能、研学功能、康体功能等。例如位于黔东南州东南部的雷公山，海拔 2178.8 米，是黔东南州最高峰。从观赏角度出发，雷公山是国家级森林公园，四季风景绚丽多彩。春季有漫山遍野的嫩芽繁花，夏季有凉爽的气候和云海，秋季有五彩缤纷的树叶，冬季有壮观的雪景，季节景观的完整性为旅游发展的持续性提供了先天优势；从研学角度出发，雷公山有各类生物近 2000 种，列入国家保护的珍稀、濒危动植物 43 种，尤其是"活化石"植物——秃杉，是中国特有一类保护树种，且是全国面积最大，数量最多，保存最完整，原生性最强的一处，是中国亚热带唯一的天然秃杉研究基地。此外，雷公山拥有大量的生物化石，是凯里学院等高校师生进行实地调研的主阵地，成为贵州多个高校的调研基地，是研学旅游发展的重要源头；从康体角度出发，雷公山曾多次被当地政府选为马拉松比赛基地，天然"氧吧"加上迷人的沿途风景，成为马拉松的天然赛道，是黔东南康体旅游特色的重要部分。二是花卉资源。花卉资源是森林资源的重要组成部分，也是生态旅游的新兴旅游项目，一直以来都具有较高的美学价值，有"色、香、姿、韵"

❶ 欧阳勋志，廖为明，彭世揆. 论森林风景资源质量评价与管理［J］. 江西农业大学学报：自然科学版，2004，26（2）：169-173.
❷ 罗岚洪. 黔东南康养旅游产业发展研究［J］. 西部旅游，2022（21）:81-83.

四个方面的旅游审美意义❶，深受不同年龄段人群青睐。对花卉资源进行开发利用，将美学价值转换为旅游价值，从而实现经济价值是旅游开发的必然趋势。例如，丹寨县龙泉山的百里杜鹃，天然的杜鹃园林经过人工的管理和修护，已成为黔东南最大的天然花卉景区，弥补黔东南花卉旅游资源的稀缺，满足旅游者的观赏体验，是旅游业高质量发展的必然需求。综上，黔东南得天独厚的森林旅游资源为旅游发展提供了可开发利用的"原料"，为促进旅游业高质量发展铺上了垫脚石。

（二）水域旅游资源独具优势

水域旅游资源包括游憩河段、瀑布、湿地、温泉等❷，其主要有四方面的旅游功能，分别是审美功能、疗养功能、娱乐功能以及陶冶功能❸。喀斯特地域特征造就了黔东南多类型的水域资源，根据旅游功能可分为以下几类。

第一是审美功能。从古至今，山水的美学价值一直具有较高地位。唐代王涯的"万树江边杏，新开一夜风。满园深浅色，照在绿波中。"完美诠释了山水相互作用产生的美学视觉感受。视觉美感成为水域资源被开发为景区景点的一大动因，例如黔东南的潕阳河风景名胜区、榕江"苗山侗水"风景名胜区等国家级风景名胜区，满足旅游者"游山玩水"的旅游需求。

第二是疗养功能。水域资源的疗养功能主要体现为温泉资源。我国的温泉发展从伊始的单一健康疗养目的地过渡到以主题娱乐为中心的综合休闲地，游客类别也从小众的富裕团体发展为大众化的普通群体❹，温泉旅游的大众化逐步扩大受众群体范围，加之营销手段升级，旅游人次的增加成为必然趋势。黔东南温泉景点主要有剑河温泉小镇、黄平浪洞温泉等，是黔东南温泉旅游的重要基地，尤

---

❶ 周武忠.论花卉的旅游审美意义［J］.东南大学学报：哲学社会科学版，2002（5）：57-63.

❷ 罗岚洪.黔东南康养旅游产业发展研究［J］.西部旅游，2022（21）:81-83.

❸ 蒋丽娜，张树夫.风景区水域旅游资源开发的创新研究——以福建九鲤湖风景区为例［J］.特区经济，2007（10）:186-188.

❹ 陆林，韩娅.文献综述视角下的国内温泉旅游研究［J］.安徽师范大学学报：自然科学版，2014，37（1）:74-78.

其是剑河温泉小镇的打造，在政府引导和企业经营的发展机制下，已成为黔东南旅游的一张响亮名片，为旅游经济效益做出了重要贡献。

第三是娱乐功能。在全域旅游背景下，惊险、刺激的旅游项目已成为旅游者探险需求的重要活动，而水域资源中漂流项目的开发符合该市场需求特征。漂流是一项富有刺激性和挑战性的旅游活动，也是一项参与性强的生态旅游产品[1]。黔东南特殊的地理优势，为漂流项目开发提供了天然条件，而漂流项目的运营为当地带来一定的经济效益，成为大多数人夏季旅游的必选项目，弥补了季节性带来的旅游人次失衡，成为当地旅游的重要吸引物。黔东南最著名的两大漂流项目分别是镇远高过河漂流和施秉杉木河漂流，高过河水流较湍急，该漂流项目受众对象一般为热衷刺激性体验的年轻群体，而杉木河水流较平缓，更适合儿童和中年群体。不同类型的漂流项目符合游客的多元化需求，为促进黔东南旅游人次的增加提供了合适的资源。

第四是陶冶功能。丰富的水域资源优势是旅游项目特殊性和异质性的重要因素，旅游项目的吸引力不仅在于水域，还在于独特的岸边景色，这也是"泛舟游"等休闲康养型旅游项目开发的必要条件。例如，镇远古镇的乘船游览项目，潕阳河穿城而过，岸边的徽派建筑倒映江中，乘船品茗，何尝不是一种陶冶情操之乐？该项目为旅游者提供了休闲娱乐之需，成为陶冶情操的重要参考项目。

综上所述，黔东南自然旅游资源集合性程度高，旅游功能多样化，"山水融合"是黔东南最具特色的资源特征之一，为塑造自然旅游的品牌形象奠定了资源基础并提供了集成要素。

（三）气候和天象旅游资源独特

黔东南州以独特的民族文化、原生态自然景观和宜人气候著称。其气候属亚热带湿润季风气候，四季分明，冬无严寒，夏无酷暑，雨量充沛，云雾较多。

---

[1] 周可华，罗明春，陈晓磬．漂流旅游解说系统规划初探——以阳明山漂流为例［J］．桂林旅游高等专科学校学报，2007（1）:55-58.

这种气候条件与当地山地、森林、河流等自然环境相结合，形成了丰富的天象与气候旅游资源。黔东南州气候舒适宜人，年平均气温 14~19℃，年降雨量在 1000~1600 毫米，日照年均约 1200 小时，无霜期 220~260 天，四季都适合旅游。夏季平均气温 22~28℃，尤其雷公山、月亮山等高海拔山区（如雷公山主峰海拔 2178 米）夏季凉爽，山地森林覆盖率高，空气清新，是天然避暑胜地。冬季温暖湿润，平均气温 5~10℃，偶有雪景但持续时间短，适合冬季生态旅游。例如，镇远古城冬季云雾缭绕、肇兴侗寨有丰富的冬季民俗活动等。全年多云雾天气，云雾日多，尤其是清晨和雨后，形成"云海仙境"。黔东南日出日落、雾凇、星空观测、彩虹与霞光等天象旅游资源丰富独特。黔东南的山区地形复杂，地势起伏较大，为观赏日出和日落提供了绝佳的视角。在雷公山之巅，游客可以欣赏到壮观的日出和日落。当太阳从云海中缓缓升起或落下时，金色的阳光洒在山峦和云海之上，形成一幅绚丽多彩的画面。雷公山山顶云海翻腾，日出时霞光与云层交织，被誉为"黔东南第一胜景"。加榜梯田春秋季节晨雾弥漫，梯田、云雾与阳光形成"光影画卷"。加榜梯田线条优美，日落时分，夕阳余晖洒在梯田上，金光闪闪，与周围的山峦、村寨构成一幅美丽的画卷。雾凇是在寒冷的冬季，水汽凝结在树枝上形成的冰晶，使整个山林变成一片银装素裹的世界。黔东南为云贵高原向湘桂丘陵盆地过渡的地带，远离城市的光污染，夜空晴朗时，星空璀璨，是观测星空和欣赏银河的绝佳地点。在一些偏远的山区或高海拔地区，如雷公山森林公园，游客可以仰望繁星点点的夜空，感受宇宙的浩瀚与神秘。夏季雷雨频繁，雨后彩虹常现；清水江、㵲阳河等水域傍晚霞光倒映水面，景色迷人，比如㵲阳河峡谷、西江千户苗寨风雨桥等地可以欣赏彩虹与霞光。黔东南的气候与天象资源不仅为自然景观增色，更与民族文化深度融合，形成"天人合一"的独特旅游体验，是探索生态与人文的理想目的地。

二、人文旅游资源体系

从旅游发展实践看，文化资源不仅仅是一种发展经济的稀缺要素，更是一种不可替代的资本❶，文化作为主观变量对经济发展有着重要影响。人文旅游事业既是现代服务业的重要组成部分，又是带动相关产业和区域经济发展、转变经济发展方式的重要着力点❷，而人文旅游资源是发展旅游事业的基础要素，其资源数量和质量决定旅游开发成效。黔东南是一个集历史文化与少数民族文化于一体的苗岭圣地，拥有丰富多元的文化资源，文化旅游发展成效显著。此外，随着人们对体育健康的重视，发展体育旅游成为现今一种流行的旅游活动选择。黔东南体育资源丰富，政府的重视以及当地居民的热爱与配合，使体育赛事逐渐成为黔东南一张响亮的资源名片，为旅游业的发展提供新方向和突破点。

（一）历史文化底蕴深厚

历史文化是人文景观旅游资源的核心价值❸，历史文化资源是了解历史事迹的重要证据，是历史的见证，因此具有较高的文物价值。此外，由于资源的异质性和独特性，历史文化资源同时具有较高的美学价值，例如保存下来的建筑、工艺等，是旅游开发的重要资源。黔东南在秦朝时期已建郡，经历了多个朝代更迭，至今保存了较多古代文化资源。

随着我国国际地位的提高，中国传统文化逐渐赢得世界各国人的青睐，此外，在我国经济水平不断提升和文化自信不断加强的背景下，越来越多的国人热爱本土文化，对传统文化更是情有独钟，其中影视作品的效果也是吸引消费者更关注古代文化的重要原因。在多重因素作用下，古代文化资源的开发和利用是市场发

---

❶ 李军，吴海涛. 扩展机会：传统旅游村落相对贫困治理新思路 [J]. 中南民族大学学报，2022，42（2）:81-89，184.
❷ 韩利红. 河北人文旅游资源的特征及开发策略 [J]. 河北学刊，2013，33（3）:195-198.
❸ 张艺. 旅游区位论视角下的广州历史文化旅游资源开发策略探论 [J]. 广州大学学报：社会科学版，2016，15（7）:62-65.

展的必然趋势，是促进旅游经济效益提升的重要手段，也是增强旅游高质量发展动力的可行路径。黔东南的典型资源包括镇远古城、黄平旧州古镇、锦屏隆里古镇、黎平翘街、下司古镇等。这些古城古镇多位于清水江、潕阳河等江河两畔，在古代属于重要的军事领地、经商要地或水路交通枢纽。经过历朝历代的发展，已形成多种人文资源要素，各个古镇的徽派建筑、军事遗址、码头遗址、名人故居等，为苗疆增添了历史韵味。此外，从旅游价值出发，这些资源更是拥有经济价值、研学价值、美学价值等效用。

一是经济价值。古近代文化资源给旅游景区带来丰富的客源，从而助力经济效益的提升。例如整座县城都以历史文化遗迹为核心吸引物的镇远，据政府官方统计，2022 年镇远旅游人次达 673.1 万，旅游综合收入达 67.59 亿元，是文化资源转换为经济资本的典型代表。

二是研学价值。古近代文物的独特性和文化性成为研学爱好者的探索对象。例如黎平翘街的街道，该街道利用不同颜色的大理石铺制而成，这是古代区别官与民身份和地位等级的象征，也反映了古代等级森严的社会制度。中间浅色道路为官道，两旁深色道路为民道。由此可见，文物蕴含了多重制度文化、风俗文化、建筑文化等元素，研学旅游者则热衷于挖掘文化底蕴，因此古近代文化资源的开发利用为研学旅游提供了基础性资源，促进了旅游业的多元发展。

三是美学价值。古近代的建筑风格奇特，尤其是部分建筑风格融汇了西方样式，中西方风格的融合既体现了我国文化的包容性，也展示了建筑物的奇特性。例如，黄平飞云崖古建筑群，飞云崖建筑群落作为明清建筑艺术的活态标本，历经五个世纪的营造演进（始建于 1443 年），其营建历程深刻反映了中国传统建筑技艺的传承脉络。该建筑群在空间布局上呈现双重特性：既恪守宗教建筑的中轴对称规制，又创造性融入移步换景的园林美学体系。其主体空间按功能划分为礼佛区（东院）与禅修区（西院），尤以中西营造技艺交融的入口牌坊最具标志性——斗拱承重结构与巴洛克式浮雕装饰形成跨文明对话，这种文化混搭现象在长江以南地区现存古建中仅存三例。建筑史学界对其价值形成三点共识：其一，作为苗疆地区保存最完整的明清木构建筑群，其榫卯技艺入选省级非遗名录；其二，多元建筑语汇的共时性呈现，为比较建筑学研究提供珍贵范本；其三，美学价值转化方面，其"建筑可阅读"体验项目获评文旅部文化遗产活化典型案例。这种兼具时空穿透力与文化对话性的特质，使其成为黔东南文旅矩阵中独树一帜的超级 IP。

（二）民族文化风情独特

少数民族文化资源的异质性、价值性和原生性，成为当代旅游开发的重点对象，符合新时代旅游发展需求，是当代旅游市场发展的重要构成。具有多元民族性、特定地域性和浓郁乡土性的各民族聚居区向来是文化和旅游资源开发的重点，也是民族旅游可持续发展研究的焦点[1]。黔东南州境内居住着包括苗、侗、汉、布依、水、瑶等在内的 33 个民族，其中 80.2% 人口为少数民族，民族文化资源十分丰富，且具有突出优势。根据现有民族资源，可分为民族建筑、民族饮食、民族节日、民族歌舞和民族乐器五种[2]。

第一是民族建筑。少数民族建筑风格奇特，宏伟壮观的建筑成为西南民族地区村寨旅游的重点开发资源。例如黔东南的苗族吊脚楼、侗族风雨桥、鼓楼等，成为黔东南旅游的一大亮点。标志性的建筑具有不同的内涵和意义，民族建筑具有深厚的历史性、文化性和审美性，是旅游资源开发和保护的重点，尤其是文化保护单位的文物建筑以及非遗建筑工艺，更是文化得以传承和旅游得以可持续发展的象征。

第二是民族美食。"食"作为旅游六要素中的第一要素，对旅游发展极具影响力。特色美食资源是塑造旅游形象的重要因素，是旅游实现转型升级的不竭动力，也是加深游客感知的重要元素。例如，黔东南民族饮食中的苗族酸汤、

---

[1] 刘嘉颖. 从文旅引流到精神和睦——戏剧与仪式在民族文化旅游和共有精神家园建设中的价值整合 [J]. 西南民族大学学报（人文社会科学版），2023，44（6）:36-42.

[2] 万兆彬. 黔东南州民族文化资源与旅游资源整合开发研究 [J]. 中国农业资源与区划，2017，38（9）:231-236.

侗族腌鱼等，已成为该民族特色的象征，成为游客心中的旅游印象，甚至升级为地方印象，初步形成了品牌效应。

第三是民族节日。民族节日是民族特色旅游项目开发的核心资源和重要基础。例如黔东南的苗族牯藏节、侗族萨玛节、龙舟节、姊妹节等，民族节日具有鲜明的民族特质，是地方旅游特色的重要资源。

第四是民族歌舞。民族文化旅游演艺是文化产业和旅游产业融合发展的一种新兴文化产品，其独特的艺术魅力和强大的市场吸引力使之成为丰富景区活动内容、提升旅游体验质量、增加旅游经济效益的重要旅游项目[1]。民族歌舞资源则是民族旅游演艺的核心要素，为旅游发展提供了广阔的发展空间。例如黔东南各民族的反排木鼓舞、芦笙舞、锦鸡舞、侗族大歌、苗族飞歌、水族敬酒歌等，成为当地村寨旅游开发极其重要的源头活水。

第五是民族乐器。中国各民族丰富多彩的音乐是中华灿烂文化的组成部分，也是世界音乐的瑰宝，具有不可替代的历史文化价值[2]。例如黔东南的苗族芦笙、侗族琵琶、铜鼓、木鼓、唢呐等，不仅是各民族的象征，其独特的工艺更是被国家列入非物质文化保护遗产名录，是民族旅游的一大特色，也为研学旅游提供研究价值。

综上所述，民族文化资源不仅是旅游业的发展资本，也是居民实现经济收入的文化资本。一方面，居民利用文化资本优势，借助旅游发展平台和机遇获得更多就业机会，提高经济收入，实现旅游利益在地化，提升生活水平；另一方面，民族文化资源成为旅游业发展的基础，是促进旅游高质量发展的内生力量和资源优势，也是民族村寨旅游得以开发的重要因子。此外，丰富的民族旅游资源也成为吸引客源的重要因素，提升了黔东南旅游业核心竞争力，是旅游得以健康发展的重要源头和文化动力。为实现旅游可持续发展，延长生命周期，

[1]　单延芳.贵州民族文化旅游演艺产品游客满意度实证研究［J］.贵州民族研究，2015，36（10）:155−158.

[2]　杜欢.论少数民族乐器在文旅融合中的保护与传承［J］.贵州民族研究，2021，42（5）:122−125.

应保护好民族文化资源，让资源以活态方式继承与发扬，成为旅游发展的不竭动力。

（三）体旅融合初见成效

随着国家经济高质量发展的要求，旅游和体育产业集群联动发展成为未来西部经济发展的主流趋势[1]，体育赛事与旅游产业的发展息息相关，促进体旅融合已成为旅游发展的新业态。《全民健身计划（2021—2025 年）》明确提出，促进体旅融合，推动体育产业高质量发展，体旅融合迎来全新发展阶段[2]。例如，在乡村振兴背景下，黔东南火出圈的台盘"村 BA"以及榕江"村超"已成为体旅融合助力乡村振兴的重要机遇。在"政府＋企业＋居民"的协同机制作用下，形成"足球＋篮球"的体育旅游模式，成功吸引全国甚至世界各地人民热情关注。该地区紧握发展机遇，积极采取治安协调、设施建设、服务改善等措施，助力体育赛事成功举办，现今体旅融合初见成效。具体表现为：一是经济效益有效提升。体育赛事带来的人流量增加是促进当地经济发展的主要原因。体育赛事的成功举办有利于促进旅游人次的增长，提高地方知名度，推动旅游产业快速发展，成为推动旅游经济发展的助力资源，吸引旅游者前往消费的旅游资本。例如"村超"的火爆，为当地居民带来了很多就业机会和就业方向，摊位设点、民宿建设层出不穷，同时也成为吸引外资进行投资建设的重要推动力，是实现乡村振兴的难得机遇。二是提升地方影响力。例如，"村超""村 BA"赛事，在互联网媒体背景下，凭借其浓烈的氛围和特色鲜明的民族文化在网络迅速传开，成为黔东南乃至贵州旅游的"网红打卡地"，是实现黔东南旅游人次增长的重要节点，从而形成以游客流为纽带促进资金流、信息流、物流等资源流动[3]的发展体系，增进了地方旅游宣传，打响了地方知名度，促进了地方影响力提升。

① 王宝庆，李梦圆.西部地区旅游与体育产业集群联动发展[J].社会科学家,2023(5):44-49.

② 李柏林，张小林.我国体旅融合高质量发展研究［J］.体育文化导刊，2023（7）:55-64.

③ 李军，吴海涛.扩展机会：传统旅游村落相对贫困治理新思路[J].中南民族大学学报，2022，42（2）:81-89，184.

三、传统村落旅游体系

作为农耕文明最具代表性的历史遗存，传统村落承载着多元文化形态与历史记忆，其价值体系融合了物质遗存与活态文化传统，形成具备独特人文内涵与审美特质的复合型文化载体。文旅产业对这类村落的开发实践，不仅在推动区域经济增长方面显现效能，更在延续地方文化传承方面发挥重要作用。在此背景下，这类文化聚落已成为现代文旅产业的重要战略资源。数据显示，自2012年首批传统村落保护名录公布至2022年第六批名录发布期间，黔东南州累计有415处村落入选国家名录系统，这一规模优势使其在区域文旅资源储备方面形成显著竞争力，为可持续旅游开发奠定了扎实的物态基础。此外，传统村落旅游一直是黔东南旅游的特色优势，在这个多民族聚居地，古老的村落就是其重要的资源优势。具体体现在以下方面。

（一）村落资源丰富多样

黔东南州是中国传统村落最为集中的地区之一，拥有众多保存完好、民族文化浓郁的苗族、侗族村落。目前已有415个传统村落被列入"中国传统村落"保护名录，数量位居全国市（州）第一。这些村落分布在全州16个县（市），涵盖了苗族、侗族等多个少数民族聚居区，是民族文化的活态载体，也是独特的旅游资源，形成了独特的民族文化景观。

黔东南州的村落资源丰富多样，涵盖了民族文化（苗侗文化为主）型村落、传统农耕型村落、生态景观型村落、特色加工型村落、教育科普型村落、精品民宿型村落等多种类型。

苗侗文化型，如西江千户苗寨，这里是全球最大的苗族聚居村寨，以鳞次栉比的吊脚楼群闻名，被誉为"露天苗族博物馆"。

传统农耕型，如雷山县的郎德苗寨，这里保留了传统的农耕文化和生活方式，游客可以体验苗族的农耕习俗。生态景观型，如台江县的红阳村，这里群山环绕，自然风景和人文风光新奇独特，有瀑布群、龙女塘等景观。

特色加工型，如施秉县的望城村，这里以荷花观光园和精品水果示范园为特色，游客可以体验现代农业的乐趣。

教育科普型，如剑河县的屯州村，这里以古生物化石群为特色，是科普教育的好去处。

精品民宿型，如黎平县的大利侗寨，这里环境优美，原生态环境保存完好，游客可以入住当地民宿，感受侗族风情。

苗族村落的典型代表除了西江千户苗寨外，朗德苗寨、岜沙苗寨也比较突出，朗德苗寨（雷山县）是原生态苗寨，以"芦笙舞"和"十二道拦门酒"闻名，入选中国历史文化名村；岜沙苗寨（从江县）保留"持枪部落"习俗，崇拜树木，有"最后一个枪手部落"之称。

苗族村落的建筑特色主要是干栏式吊脚楼（依山而建，木质结构）、粮仓群、铜鼓坪（祭祀广场）。

侗族村落典型代表主要有黎平县的肇兴侗寨、堂安侗寨和从江县的占里侗寨。肇兴侗寨是中国最大的侗寨，以鼓楼群（仁、义、礼、智、信五座鼓楼）和风雨桥闻名；堂安侗寨是生态博物馆，梯田环绕，保留传统稻作文化与"侗族大歌"；占里侗寨以"生育文化"著称，数百年来人口自然增长率近乎零，被誉为"中国人口文化第一村"。侗族村落建筑特色主要是鼓楼（村寨核心）、风雨桥（廊桥）、禾晾架（晾晒稻谷）、石板路。其他民族村落有从江高华瑶寨，以药浴文化和瑶族锦鸡舞闻名的瑶族村落以及榕江怎雷水族村，是保留水书文字与水族端节习俗的水族村落。

（二）村落开发成果显著

传统村落的旅游开发是积极响应国家乡村振兴战略的重要途径，又是促进旅游业高质量发展的重要动能。黔东南传统村落旅游开发成效显著。

一是直接提升地区旅游经济收入。随着社会发展，其独特的文化底蕴与山水风光颇受国内外旅游者青睐，因而有着较高的旅游价值和经济价值[1]。旅游地的成功开发会带动当地旅游经济收入增加，传统村落也是如此。例如，西江千户苗寨曾是贵州省雷山县偏远地区的苗族村寨，一直被贴着"偏、远、穷"的地域标签，自 2008 年以来，在政府的大力支持以及全民参与的旅游开发模式下，跳出了长久以来"文化的富饶，经济的贫困"的怪圈，探索出文化旅游带动地方发展的实践智慧——西江模式[2]。时至今日，西江仍是黔东南旅游的一张响亮名片，有学者曾将其比喻为黔东南旅游的"月亮"，其他景区则是附在月亮周围的星星，说明其发展模式具有不可复制性和独特性。传统村落的旅游发展已成为黔东南各个县域重要的经济支柱。例如西江所属县域——雷山县，作为一个没有工业支撑的县城，旅游产业就是其主导产业。根据官方统计，2008 年雷山县旅游综合收入为 2.85 亿元，其中，西江为 1 亿元；到 2019 年，西江旅游综合收入为 74.5 亿元，占全县的 62.6%[3]。由此可见，传统村落的旅游发展对整个县域的旅游经济收入占据着举足轻重的地位。

二是有效促进村民就业。旅游业的发展一方面有利于村民自主择业，另一方面可吸纳剩余劳动力[4]，提供更多就业机会。例如西江千户苗寨村民在政府规划的商业店铺里做起了特产生意，部分村民将自家房屋改造成民宿等，旅游为当地村民带来更多择业机会。此外，基础设施的建设与维护需要大量劳动力，如道路建造、环卫工作等，为部分文化水平低、年龄偏大的居民提供了就业机会，从而吸纳了大量剩余劳动力。据不完全统计，西江内部带动就业 1000 余人[5]。

由此可见，旅游业的发展在一定程度上解决了就业供需矛盾，也缓解了居民旅游发展中排斥性的矛盾冲突等社会风险，为村寨的旅游持续健康发展奠定了群

[1] 李军，蒋焕洲．经济空间重构：传统村落旅游利益分配正义的西江样本［J］．中南民族大学学报，2020，40（4）:112-118.

[2][3] 李天翼，等．文化赋能乡村振兴：西江千户苗寨的实践观察［M］．北京：社会科学文献出版社，2022.

[4] 李忠斌，李军，文晓国．武陵山区特色村寨建设新思路：基于夹壁村的调研［J］．西南民族大学学报（人文社科版），2016，37（2）:24-30.

[5] 李军，吴海涛．扩展机会：传统旅游村落相对贫困治理新思路［J］．中南民族大学学报，2022，42（2）:81-89184.

众基础，并创造了和谐的社会环境基础。

（三）文化保育工作到位

文化是传统村落的灵魂，是村落得以延续并持续发展的精神动力，也是旅游村落实现经济利益的源头活水，可以说，村落一旦丢失了文化，就丢失了旅游吸引力，也就失去了旅游开发的价值，因为以少数民族群众生产活动为基础的差异性文化是形成旅游吸引力的关键所在 ❶，因此，做好文化保护工作是每一个旅游村落都应具备的先决条件。在政府引导下，黔东南旅游村落的核心特色文化仍保存完好。

首先，在民俗节庆方面。随着旅游业的蓬勃发展，各旅游村落的民俗节庆也被当作一种旅游资源来开发利用，从而体现出村落的异质性、独特性和垄断性特征，此外，民俗节庆的旅游资源开发也成为全域旅游背景下的必然趋势。例如岜沙苗寨的"镰刀剃头"仪式和西江苗寨的"高山流水"接待形式等，尽管旅游发展存在动态演变，但是已被开发的旅游村落的民族文化特色被保存下来，即使面临外来文化的冲击，也很难将其改变，原因在于这些民族特色与旅游发展进行"捆绑"，已形成"旅游兴则文化兴"的发展模式，这些富有民族特色且异质性强的民俗活动得到多数旅游者的青睐，形成旅游村落独有的旅游资源。反观之，未被开发的传统村落则没有经济资本进行运作，且政策扶持度不够，导致具备传承能力的年轻人口大量外流。人是文化的生产者和传承者，没有这一活态资源，文化将毫无意义，且生存周期将大大缩短，在外来文化冲击以及自身需求下，人们特别是年轻一代，更倾向于将"没有用处"的民俗活动取消，这会导致很多优秀且富有特色的民族文化走向失传。

其次，在民族服饰方面。少数民族服饰是民族识别的重要特征和表现，苗族服饰更被誉为"穿在身上的史书"。随着旅游业的快速发展，具有较高美学价值

❶ 李军，胡盈. 旅游共同体：传统村落旅游利益分配正义的新视角［J］. 云南民族大学学报（哲学社会科学版），2021，38（6）：100-109.

的少数民族服饰深受旅游者喜爱。为适应现代审美以及旅游者需求，多数民族服饰更新为改良版，但是其核心的元素仍然保留，改良版的服装既适应市场需求，带来了经济效益，又保留了服饰文化最核心的元素，使民族文化得以传播和保存。例如，位于黔东南州榕江县的三宝侗寨景区，多数的服装租赁商户均为本地侗族居民，她们会根据市场需求制作出精美且富有民族特色的衣裙。此外，部分店铺的银饰仍保留本地传统样式。服饰的改良与保留，是为了更好适应市场需求，只有走进市场，扩大影响力，才能利用市场导向传播和保护民族文化，让文化得以传承和发扬。

再次，在民族建筑方面。民族独特的建筑风格是其民族的典型代表，如苗族的吊脚楼、傣族的竹楼、侗族的鼓楼、客家的土楼等，是各民族有别于其他民族且突出异质性的象征之一，是民族传统文化的重要承载者，因此，保护旅游村落的建筑是旅游发展的必要选择。以西江苗寨为例，其核心吸引物就是依山而建的千户吊脚楼群，所以保护好吊脚楼是旅游得以持续健康发展的必由之路。为此，政府及企业先后采取了相应的保护措施。政府作为旅游引导者，出台了相关的保护政策并加以实施。作为苗族传统建筑的代表，西江苗寨吊脚楼于 2005 年被纳入首批国家级非物质文化遗产保护体系，标志着其文化价值得到了官方认定。为强化保护实效，当地自 2008 年相继颁布了《黔东南苗族侗族自治州民族文化村寨保护条例》等系列规范性文件，形成了涵盖建筑形制、村寨风貌、遗产评估等多维度的制度框架，其中《房屋建筑保护条约》与《文化保护评级奖励标准》共同构建了传统建筑维护的量化管理体系。在实践层面，旅游开发主体创新性地采用资本反哺机制推动文化保育工作。基于《民居建筑保护评分方案》，建立了以单体建筑为考核单元的三维评估体系，综合考量建筑历史沿革、形制特征、工艺水平等核心要素进行等级评定。该体系实施了差异化资金补助政策，将建筑保护成效与经济补偿相挂钩，通过市场化运作实现了文化保育与社区发展的良性互动。这种政企协作模式不仅保障了传统营造技艺的活态传承，更建立起了物质文化遗产保护的可持续运作机制。由此可见，黔东南的旅游村落对民族建筑的保护十分重视，也突出了建筑在旅游发展中的重要地位。

最后，在民族工艺方面。民族工艺的传承与保护离不开传承人的继承与发扬，传承人是文化最终得以延续的关键纽带，而黔东南部分旅游村寨培育出了较多杰出的工艺传承人。以黔东南雷山县西江镇麻料村的银匠传承人 L 为例。L 作为一名地道的苗族村民，他利用互联网平台，借助政府优惠政策与资金帮扶返乡创业❶，凭借祖传下来的银匠手艺，成为黔东南州银饰锻造技艺的代表传承人。传承人生存境遇直接关系到传承文化的生死存亡❷。L 利用政府扶持和自身手艺优势，成立了一个银饰锻造与售卖的家庭工作室，并招收 5 名学徒，此举不仅为当地青年提供了就业机会，也为传承非遗文化奠定了人才基础，工作室的经济收入也为手艺传承积累了物质资本。此外，该工作室被贵州民族大学等单位作为学习基地和示范点，为研学旅游提供了学习平台。

四、特色旅游产品体系

旅游产品是旅游产业发展的基础，也是旅游资源异质性的表现形式。黔东南最具特色的旅游产品特征是拥有资源禀赋的苗侗文化，开发利用苗侗文化的特殊性打造特色旅游产品是黔东南发展旅游的主要途径。具体而言，富有特色文化的旅游产品开发一方面是将文化资本转化为经济资本，有利于资源的有效利用；另一方面，也有利于文化的传承与保护，提高文化影响力。因此，黔东南的特色旅游产品对旅游业的发展起着至关重要的作用。

❶ 李军明，李军.传统村落旅游推动共同富裕的三次分配机制研究 [J].西南民族大学学报，2023（3）:200-207.
❷ 杨杰宏."东巴进城"：旅游情境中传承人境遇调查及思考 [J].民族艺术研究，2013，26（4）:129-135.

（一）自然生态——观光型旅游产品

黔东南拥有广袤的森林资源，森林覆盖率高，空气清新。例如雷公山自然保护区等地，游客可以漫步森林中，呼吸着富含负氧离子的空气，放松身心，聆听鸟儿的鸣叫，感受大自然的宁静与美好，这对城市居民有着极大的吸引力，是开展森林康养旅游的绝佳之地。黔东南州以优越的生态本底著称，境内分布着多个生态保护区域与景观资源富集区。

典型代表包括雷公山民族文化与生态旅游协同发展示范区。该区域通过整合苗族原生文化体系与山地生态系统，构建起特色文旅模式。旅行者不仅能沉浸于原始森林的生态奇观，还能参与徒步穿越、生态摄影等多样化的户外体验项目。值得一提的是，该州地热资源禀赋突出，形成了多处天然温泉景观带。以剑河温泉为代表的地热水体，经检测含有特殊矿物成分及微量元素组合，其理化指标达到医疗级温泉标准。相关研究表明，这类地热资源对改善人体微循环、缓解慢性病症具有显著效果，现已发展成为区域性康养旅游的重要载体。游客可以在这里享受温泉泡浴，舒缓疲劳，放松肌肉，促进血液循环，达到养生的目的。周边通常还配套有完善的休闲娱乐设施，让游客在养生的同时也能享受愉快的度假时光。

作为苗族传统聚落的典型代表，西江千户苗寨凭借其独特的生态景观与人文积淀闻名遐迩。该聚落历经两千年历史积淀，不仅是我国现存规模首屈一指的苗族原生聚居区，更是全球现存体量最为庞大、保存完整度最高的干栏式木构建筑集群。其依循山势梯度营造的立体建筑群落，巧妙实现了人居空间与喀斯特地貌的有机融合。当暮色降临，鳞次栉比的吊脚楼在景观照明映射下，宛若银河星斗镶嵌于苍翠山峦之间，形成独具民族特色的山地夜景范式。这种天人合一的营建智慧，使该建筑群既具备传统村寨活态样本的实证价值，又彰显出少数民族建筑技艺的美学典范意义。从建筑史学视角审视，其空间组织逻辑与生态适应机制，为研究山地民族聚落演进提供了珍贵的研究范本。

镇远古城作为具有2280余年建城史的文化地标，其空间格局完整保留了古代山地城池的营造智慧。古城内现存的建筑遗存呈现出三大特征：一是街巷肌理保存完整，青石板路蜿蜒串联传统聚落；二是建筑群落依山形水势构建，明清时期建造的城墙防御体系与潕阳河航运系统形成立体景观架构；三是自然与人文深度融合，"三雾锁江"水文奇观与古渡渔火共同构成诗意栖居图景。在文化遗产价值维度，该古城现存 160 余组历史遗存已形成完整保护序列。其中，青龙洞古建筑群作为全国重点文物保护单位，其悬空寺阁群完美融合佛道儒三教文化精髓，并兼具喀斯特地貌营建技艺的学术研究价值。配套保存的官邸宅院、商贸码头、军事防御体系等建筑群，系统展现了明清时期西南边疆多民族聚居城市的空间组织范式。

施秉云台山作为黔东南地区重要的生态文化地标，集四项国家级认证于一身——世界自然遗产地、国家 4A 级旅游景区、国家级风景名胜区及国家地质公园。该景区融合了原生生态系统、独特地质奇观、宗教历史遗迹三大特色资源，其核心价值体现在地质地貌与生物多样性的完美结合。在地质景观方面，景区内分布着 24 处特色景点，涵盖三大类：其一为喀斯特地貌景观，如形似文房四宝的笔架山、状若掌形的五指峰；其二为宗教文化遗存，包括供奉历史名臣的周公殿、徐公殿等古迹；其三为奇特自然造型，如印斗阁的印章地貌、老虎背的嶙峋山脊。这些地质构造历经亿万年演化，形成壮美的层峦叠嶂景观，尤以瞬息万变的云瀑雾海最具视觉震撼力。生态资源方面，云台山保存着完整的生物群落体系。经科考统计，山域内生长着 387 种维管植物，其中南方红豆杉、银杏等国家保护植物达 27 种；栖息着包括猕猴、穿山甲在内的 98 种陆生脊椎动物，特有种比例高达 31%。这种高密度的生物多样性分布，使其成为我国亚热带地区重要的生态基因库，被学术界誉为"植物宝盆，动物宝库"。

杉木河峡谷景区以独特的喀斯特水系景观体系为核心吸引力，其核心资源可概括为"一水三绝"：澄澈透亮的河道水体、造型奇特的山岩峰丛、保存完好的珍稀植被共同构成复合型生态画廊。作为地质水文协同演化的典型样本，该区域呈现出三大景观层次——上层为剑指苍穹的石灰岩孤峰群，中层为古藤缠绕的原始次生林带，下层为蜿蜒穿行的碧玉水系。在地貌构成方面，景区内分布着五大标志性地标：黄岑岩的丹霞绝壁、杉木峰的层叠石林构成地质奇观；蛇冲峡谷的幽深曲径、双石并立的柱状节理展现水流侵蚀力量；通天门的穿岩溶洞则见证着百万年的地质变迁。河岸生态保护良好，形成由南方红豆杉、桫椤等保护植物构成的立体植被群落，覆盖率超过 92%。

下潕阳河国家级风景名胜区作为国家评定的优质生态景区，其主体景观自县城向西绵延数十公里，完整呈现了潕阳河水系最具代表性的地质奇观与生态景观。沿河分布的自然画卷中，澄澈的潕水如天然明镜般映照着两岸层叠交错的喀斯特地貌——嶙峋的丹霞山体、险峻的断崖绝壁、深邃的河川峡谷与茂密的竹林植被在此和谐共生。这里集中展示了潕阳河流域最具科研价值与观赏性的岩溶地貌特征，形成了集山、水、林、崖为一体的立体生态景观体系。

黔东南州精心打造"三千三村"特色文旅矩阵，构建起独具魅力的民族文化体验长廊。该旅游线路以三大千年地标为核心——肇兴侗寨凭借其千户规模的独特侗族建筑群落，完整保留了活态传承的侗族大歌文化；西江苗寨通过千家吊脚楼构建的立体人文画卷，生动演绎苗族迁徙的史诗；镇远古城依托保存完好的明清古建群，承载着两千年水陆商埠的历史记忆。在三大特色村寨方面，榕江以全民参与的草根足球联赛"村超"激发乡村活力，台江通过村民篮球联赛"村 BA"展现运动激情，黔东南创新打造怀旧主题的"村火车"文旅项目，串联起田园风光与民俗风情。旅行者可深度探访苗侗聚落，在梯田云海间领略农耕文明印记，于古寨篝火旁品味非遗歌舞盛宴，通过五感沉浸式体验解锁多元文化密码：原生态的民族节庆、可持续的生态智慧、苗医侗药养生传统、稻作文明的活态传承。

民族村寨观光产品主要包括吊脚楼、鼓楼、美人靠、风雨桥、田园等，让游客体验苗族、侗族等民族的建筑风格和田园风光。山地观光旅游产品主要依托雷公山、月亮山、云台山等山地资源，提供白云喀斯特、山水峡谷、原始森林、杜鹃花海等自然景观的观光体验。山水观光旅游产品如云台山、清水江、潕阳河等，展现黔东南的山水之美。森林观光旅游产品如百里原始阔叶林、黎平森林公园等，让游客亲近自然，享受森林的宁静与美丽。文化观光旅游产品包括古城古建观光、民族风情观光等，让游客深入了解黔东南的历史文化和民族风情。乡村观光旅游产品主要包括民族村寨、梯田景观、现代农业等，让游客体验黔东南的乡村生活和农业发展。这些自然生态观光型旅游产品不仅展示了黔东南州的自然美景，还提供了丰富的文化体验，是游客亲近自然、了解当地文化的绝佳选择。

（二）异域风情——体验型旅游产品

随着少数民族元素被市场挖掘与开发利用，少数民族体验型旅游产品引起了游客的浓厚兴趣，此外，在全域旅游背景下，富含民族特色的体验型旅游项目具有很高的开发价值。黔东南拥有丰富的少数民族资源，是民族旅游开发的"聚宝盆"。其民族项目主要从民俗活动、民族服饰、民族工艺、非遗研学体验等方面进行深度开发，具有很强的体验性和参与性。

首先，在民俗活动方面。民俗活动是民族文化中最具活力的表现形式，黔东南部分景区拥有极具地域性和特色性的民俗活动旅游项目。例如，西江苗寨的"高山流水"和长桌宴等迎客方式是许多旅游者的必选项目，原因在于该旅游项目融合了苗族传统的酒、食物、服饰和音乐元素❶，满足了游客的多感官体验，具有新颖性和异域性。

其次，在民族服饰方面。独特的民族服饰样式是吸引旅游者的重要元素，它们不仅具有文化价值，更具有很高的艺术价值和美学价值，能够满足当代多元化的审美需求。正是这些较其他民族而言具有较大差异性的文化特质，才能实现从文化资源到文化资本的转换；也正因为如此，传统村落中的民族文化才具有较高的经济价值❷。例如，黔东南传统村落景区为适应市场需求，对少数民族服饰进行加工改良，以"租赁＋拍照"的形式进行文化营销，获取经济效益。黔东南景区较其他地区而言，虽然拥有大量改良版服装，但仍有本地的民族服饰供游客选择，

---

❶ 杨红梅，殷红梅，李瑞，等.体验视角下苗寨文化旅游产品原真性与地方性感知的关系研究［J］.包装工程，2022，43（12）:225-233.

❷ 李军，胡盈.旅游共同体:传统村落旅游利益分配正义的新视角［J］.云南民族大学学报（哲学社会科学版），2021，38（6）:100-109.

保留了服饰的原真性。笔者调研得知，大部分本地服装租赁的商户具有很强的文化认同感，他们更倾向于推荐本地的服装样式，会认真进行讲解并帮忙穿戴，体现了地方文化自信，这正是服饰文化得以延续的重要原因。

第三，在民族工艺方面。作为非物质文化遗产的苗族银饰工艺和蜡染是黔东南民族工艺中最具代表性的元素之一。近年来，该资源也逐渐被开发利用，部分景区已形成完整的经营体系。例如，西江苗寨的银饰体验店以及丹寨的蜡染体验馆。这些非遗体验店的经营既实现了资源转换，又增强文化体验感，超越了"打卡式"的观光游，从感官上实现深度游。旅游者亲身体验有利于形成口碑效应，加强文化的传播、传承和民族认同。

最后，在非遗研学体验方面。黔东南州拥有丰富的非遗资源，游客可以参与非遗研学活动，如在丹寨县卡拉银匠村学习鸟笼编织技艺，在雷山县郎德苗寨了解苗寨传统建筑、参观吊脚楼和风雨桥的精妙构造等。此外，还有"魅力黔东南多彩非遗体验走廊""苗疆非遗研学主题体验走廊"和"百里侗寨非遗主题体验走廊"等系列旅游线路。

（三）文旅融合——文化型旅游产品

文化是旅游的灵魂，是新时代旅游发展的新方向和重要动力。以文化为载体，挖掘其经济价值，合理高效利用文化将旅游产品提质增效，是各地区促进旅游高质量发展的重要方式。黔东南拥有丰富的民族文化资源，为文化旅游产品提供可利用的文化资本。

从民族文化旅游产品来看，在全域旅游与文旅融合的背景下，静态的文化产品开发已不能满足当代旅游者的多元化需求，动态的、三维立体的、感官体验式的旅游产品开发成为旅游高质量发展的必然趋势。黔东南州是苗族、侗族等少数民族的聚居地。游客可以深入苗寨、侗寨，欣赏苗族的芦笙舞、侗族的大歌等传统艺术表演，体验苗族的苗年、侗族的侗年等传统节日。此外，游客还可以参观苗族的银饰锻造、侗族的鼓楼建筑等，感受民族文化的独特魅力。黔东南民族多元，民间故事转换为舞台剧展演深受旅游者喜爱。大部分民间故事都以书籍的形式保留。旅游产品的开发既是将文化从书中"活过来"，发挥文化的最大效用，又是以更生动的形式传承与传播文化，是加快文旅融合发展步伐的突出形式。例如，侗族的珠郎娘美故事、仰阿莎故事等，都是舞台剧的重要题材。该旅游产品的开发弥补了黔东南舞台剧资源的空缺，为满足旅游者多元化需求提供了可开发资源。

五、本章小结

本章讨论了黔东南州旅游高质量发展的比较优势。从自然旅游资源体系来看，森林旅游资源得天独厚，水域旅游资源独具优势，气候和天象旅游资源独特；从人文旅游资源体系来看，历史文化底蕴深厚，民族文化风情独特，体旅融合初见成效；从传统村落旅游体系来看，村落资源丰富多样，村落开发成果显著，文化保育工作到位；从特色旅游产品体系来看，有自然生态——观光型旅游产品，异域风情——体验型旅游产品，文旅融合——文化型旅游产品。

第五章　黔东南州旅游高质量发展存在的问题

一、旅游布局不合理

旅游布局主要分为旅游资源布局和旅游空间布局。目前，全球旅游业已经步入区域旅游空间竞争阶段❶，旅游空间布局的合理性是促进旅游资源优化、实现旅游发展升级的重要特征。然而，旅游布局的合理性直接影响旅游资源与开发的协同作用，最终影响地域旅游开发成效和发展前景。黔东南旅游资源丰富，可开发景点类型多样，拥有较强的发展潜力和发展前景，但在旅游布局上仍存在局限性。

（一）旅游发展空间格局不均衡

资源的开发利用是实现旅游开发与旅游经济效益提升的重要切入点。黔东南少数民族资源禀赋丰富，多类型、多形态、多种类的特色资源优势决定了民族文化资源是其核心旅游资源。黔东南目前的旅游开发模式以民族村寨旅游为主、其他旅游资源为辅，因此民族旅游资源是该地区发展的关键优势。

然而，黔东南旅游资源呈现出"东多西少、南多北少"的资源空间格局。旅

---

❶ 梁琦,蔡建刚."一带一路"与我国区域旅游空间布局优化[J].吉首大学学报:社会科学版,2018, 39（3）:39-47.

游资源分布不均是发展机会不均的表现，会导致旅游发展失衡问题，致使"东强西弱、南强北弱"的总体格局难以得到有效缓解，影响旅游业的健康发展。具体表现为，黔东南民族村寨主要分布于以凯里市为中心的东部邻近县市，以及黎平县、榕江县、从江县的南部地区，而位于黔东南西部的锦屏县、天柱县以及北部的岑巩县等县域民族村寨资源分布不集中，且开发程度较低，景点开发成效不佳。究其原因，有以下几点。

一是区域旅游资源数量差异明显。目前，造成旅游发展不均衡的首要问题是旅游资源分布不均。旅游资源是支撑旅游发展的核心和基础，是旅游业兴旺的重要源泉，资源的质与量是影响旅游发展的一大动能。然而，从民族文化资源分布来看，黔东南东部和北部县市的村寨文化资源相对较少，可开发的村寨数量较少，多数文化资源遭到破坏。从文化的不可再生性和不可复制性角度出发，被破坏的资源无法进行开发和利用，从而成为旅游发展的强大阻力。以施洞镇坪寨村为例，该村落曾是清水江流域重要的经商码头，拥有丰富的商贾和建筑文化资源。颇为遗憾的是，时过境迁，乡村在不断的建设和发展中未对历史遗迹采取保护措施，绝大部分的古老建筑已拆迁重建，多处历史遗迹遭破坏，如大理石路坎被水泥覆盖等，曾经的原始面貌已不复存在，新兴的现代混凝土建筑已取代了原始建筑，致使村寨"面目全非"。从文化资源开发角度而言，现存的文物、遗迹等文化资源不足以支撑旅游开发，旅游开发价值相对较小。村寨建设过程中对文化资源有意识或无意识的破坏造成村寨旅游资源缺失，减少了村寨文化旅游发展的可行性。文化资源的破坏和遗失导致历史的无法延续和旅游的无法发展，因此文化资源的保护意识和保护程度对于促进旅游高质量发展至关重要。此外，旅游资源同样决定着旅游发展机会。旅游资源禀赋程度、地理位置优劣、空间区位分布是现阶段旅游发展不平衡不充分的表现，是旅游发展机会公平性的重要体现，更是地域经济发展均衡性的一项指标。因此，解决资源分布不均问题是提高地区旅游发展机会，形成地区发展优势的重要途径。

二是旅游开发程度小。旅游开发是实现旅游经济活动正常运作以及旅游高质量发展的前提。旅游开发程度小主要指区域文化资源没有被充分挖掘和利用，导致旅游开发程度低，文化挖掘深度不够，从而造成旅游发展失衡的局面。黔东南西部以及北部地区旅游开发程度小，具体表现为：其一，知名景点或可支撑性景区数量较少；其二，从经济结构看，大部分家庭经济结构仍以其他经济收入为主，旅游收入占比较少；其三，资源的不合理利用阻碍了旅游开发步伐。以岑巩县为例，岑巩的苗落村常住居民主要以苗族、土家族等少数民族为主，拥有丰富的民族文化资源，尤其是土家族的民风民俗和建筑风格，具有较高的美学价值和文化价值。相对其他民族村寨而言，具有较高的资源异质优势，可以成为旅游发展的资源资本。然而据目前旅游发展现状看，该资源未得到合理的开发和利用，知名度较低，旅游发展步伐缓慢。

三是政府重视程度低。政府的重视程度主要体现在景区管理和宣传力度上。黔东南多数地区旅游资源已相对成熟，若加以系统管理和有效宣传，将成为地方旅游发展的重要动力。然而，部分地区在景区开发过程中，缺乏经济张力和政府的有效管理，基本处于自发状态，旅游资源没有得到有效利用，不利于旅游业的可持续健康发展。此外，景区宣传也至关重要，宣传力度决定了旅游客源的数量，是提高地区影响力的有力手段。黔东南地区众多优质旅游资源尚未形成广泛影响力，主要受制于宣传推广体系的不足。以岑巩县马家寨为例，其保存完好的中原传统建筑群落，生动展现了特定历史时期的营造技艺和居住文化。但受制于品牌推广力度不足和开发策略的不足，景区知名度长期局限在区域范围。配套服务设施建设滞后与文旅融合深度不足等问题，直接影响了游客吸引力和市场竞争力。

综上所述，旅游发展成效与旅游资源分布密切相关，也与资源挖掘深度和有效利用密不可分。

（二）旅游区域协同效应不高

旅游区域的联动发展和协同效应是旅游区域提质增效的重要模式。黔东南旅游业目前面临的主要发展问题为景区联动效果不显著、景区发展分散性强。

一是连带效果不显著。从整体来看，截至2024年7月，黔东南共有5A级旅游景区1个、4A级旅游景区18个、3A级旅游景区34个，说明部分旅游景区发展成果显著。然而，从局部发展格局来看，发展起步早、成效明显的旅游景区并没有发挥联动作用，辐射性不强，导致黔东南整个旅游发展空间布局呈现"强者更优，弱者更劣"的发展状态，不利于经济整体进步，甚至带来恶性竞争或产生畸形的发展思想。从目前旅游发展来看，尚未形成"先富"景区带动"未富"景区的发展机制。在已有的旅游发展活动中，"未富"景区能分到的客源仅在"先富"景区客源"溢出"的前提下获得小部分收益。在旅游淡季，"未富"景区"颗粒无收"现象频出，这不利于黔东南旅游经济的协调发展，即景区辐射性不强。联动性弱是黔东南旅游景区发展亟待解决的重要问题。以西江千户苗寨及周边景区为例，西江千户苗寨景区在黔东南甚至整个贵州都具有非常高的影响力，是黔东南旅游的一张名片。然而，该景区的成功对其他周边景区带来的发展效益并不显著。就乌东苗寨、朗德上寨等边缘村寨的旅游发展现状看，旅游人次数量少，知名度不高，导致旅游经济收益差距较大，发展规模对比鲜明，发展机会较少。由此可见，"先富"景区辐射性效果不佳，带动式的旅游发展机制仍待完善，提高地区旅游经济整体发展的思路仍具有一定挑战。

二是景区发展分散性强。从旅游资源类型角度看，黔东南旅游资源异质性强，种类丰富，是集民族文化、古代文化于一体的资源集合体，具有很强的旅游发展资源优势。然而，从资源布局角度看，不同类型的资源是零散的、孤立的，即景区发展的分散性强，不但没有形成合力，反而沿着各自特色方向发挥离散作用。❶从景区发展现状看，黔东南各个景区发展呈独立状态，具体体现在发展方向独立。例如，黔东南5A级景区镇远以古代商文化为旅游主题，打造小镇旅游形象；西江千户苗寨以民族文化为旅游主题，打造生态民族文化旅游形象。突出地方特色形象固然是旅游发展的优势表现，然而地方其他资源也应合理利用起来，成为主

---

❶ 李忠斌，李军，文晓国.武陵山区特色村寨建设新思路：基于夹壁村的调研［J］.西南民族大学学报（人文社科版），2016（2）:24—30.

题资源的辅助资源，通过合理开发和利用增加旅游吸引物，增强资源利用率，促进资源多样化。此外，在经济发展背景下，合作是实现旅游业持续发展的重要手段。然而，目前两个知名景区合作性不强，仅局限于自身发展，未能通过合作的形式将周边景区的先进的技术、成熟的管理体系合理利用起来，实现资源共享。若维护好、发展好与周边景区，特别是周边发展成效较优景区的合作关系，将形成更大的发展合力，为景区的发展稳定性以及加快旅游高质量发展步伐提供更坚实的合作基础。

综上所述，黔东南旅游景区没有较好地联结邻近其他景区形成旅游协同效应，一方面不利于旅游品牌的建设，降低品牌竞争力，无法形成联动优势；另一方面不利于运营风险的分担，阻碍旅游业的可持续发展。

二、旅游高质量发展基础设施薄弱

旅游基础设施的完善程度决定了旅游高质量发展的服务能力，良好的基础设施建设是提高旅游质量的实现路径，也是促进旅游经济效益提升的关键。而目前，黔东南乡村旅游和城镇旅游的基础设施建设仍不完善，乡村旅游基础设施数量不足，城镇旅游设施质量不优等问题突出，极大阻碍其高质量发展体系及旅游经济体系的构建。

（一）旅游基础设施政策支持体系不完善

旅游基础设施政策支持体系的不完善是制约旅游基础设施发展的一个关键问题。尽管黔东南州州委、州政府已经推出了一系列旨在促进旅游业发展的政策措施，然而，这些政策在实际操作中往往缺乏明确的针对性和可行性，导致其实际效果并不显著。具体来说，这些政策在制定过程中未能充分考虑到旅游业的特殊需求和实际情况，使得政策在具体执行时难以落地。例如，一些政策可能过于笼统，没有明确指出支持的具体领域和方式，或者在实施过程中缺乏必要的监管和评估机制，导致政策效果大打折扣。此外，旅游基础设施建设方面的政策支持体系尚不完善，缺乏长期的规划和统筹安排，导致资源分配不均衡，进而影响了旅游基础设施的整体发展水平。

由于缺乏系统性的政策指导，各地在基础设施建设上各自为政，难以形成合力，进一步加剧了资源配置的不合理性。例如，一些地区可能过度投资于某一类型的旅游设施，而忽视了其他同样重要的基础设施建设，导致整体旅游环境的不均衡发展。

因此，为了推动旅游业的持续健康发展，必须加强政策的针对性和可操作性，确保政策能够真正落到实处，发挥其应有的作用。这需要政策制定者深入研究旅游业的实际需求，制定出更加具体和可行的政策措施。同时，还需要建立完善的监督和评估机制，确保政策的有效实施。此外，加强跨地区、跨部门的协调合作，形成统一的旅游基础设施建设规划，也是提高资源配置效率、促进旅游业整体发展的关键。只有这样，才能真正推动旅游业的持续健康发展，为地方经济带来更大的贡献。

（二）旅游基础设施投入不足

由于财政状况的困难，黔东南州在旅游基础设施方面的投资显得较为不足，导致该地区在旅游设施方面的物质投入相对较少，进而使得旅游基础设施的发展显得滞后。

具体来说，一些旅游景区在基础设施建设和管理方面面临着资金短缺的问题，这无疑限制了旅游基础设施的进一步发展。尽管黔东南州州委、州政府高度重视旅游业的发展，并在政策层面上提供了强有力的支持，然而，旅游基础设施建设所需的资金需求依然庞大。据相关统计数据显示，黔东南州旅游业每年需要投入数十亿元甚至上百亿元的资金用于基础设施建设。然而，由于种种原因，实际到位的资金往往无法达到预期的水平。资金的不足直接导致了旅游基础设施建设项目无法顺利推进，进而影响了旅游业整体发展水平的提升。旅游基础设施建设的投资不足，不仅使得旅游基础设施的发展滞后，而且无法满足旅游业快速发展的需求。同时，投资的不足也制约了旅游基础设施的更新换代，从而在一定程度上阻碍了旅游业的发展。其次，一些地方政府由于自身经济发展水平有限，对基础设施投入的资金较少，这进一步加剧了旅游基础设施发展的不平衡。这种不平衡不仅体现在不同地区之间，也体现在不同类型的旅游基础设施之间，例如交通设施、住宿设施、娱乐设施等。

因此，为了促进黔东南州民族旅游业的全面发展，必须采取有效措施，解决旅游基础设施投资不足的问题，优化投资结构，提高投资效益，从而推动旅游业的持续健康发展。旅游基础设施投资的不足，很大程度上受到政府投资意愿和市场环境等多种因素的影响。由于财政拨款的有限性，政府在旅游设施方面的物质投入相对较少，基本上是遵循"以旅游养旅游"的原则。具体来说，黔东南州旅游基础设施投资的市场环境存在一些局限性，主要体现在以下几个方面。

一是旅游基础设施投资的市场需求不足。尽管黔东南州拥有丰富的旅游资源，但由于旅游基础设施的不完善，导致游客在旅游过程中的体验不尽如人意，这在很大程度上降低了游客的旅游意愿。因此，游客对旅游基础设施的需求并不高，进而导致旅游基础设施投资的市场需求不足。

二是旅游基础设施投资的市场环境不稳定。黔东南州旅游基础设施投资的市场环境受到政策、经济等多方面因素的影响，市场环境的不稳定性增加了旅游基础设施投资的风险。特别是在财政困难的情况下，政府对旅游设施的物质投入更加有限，这进一步恶化了旅游基础设施投资的市场环境。

三是旅游基础设施投资的市场竞争不充分。黔东南州旅游基础设施投资的市场竞争不充分，主要表现在旅游基础设施投资的市场主体单一、市场竞争不激烈等方面。这导致旅游基础设施投资的市场环境不活跃，不利于旅游基础设施投资的健康发展。

黔东南州旅游基础设施投资不足的问题，不仅受到政府投资意愿的影响，还受到市场需求不足、市场环境不稳定以及市场竞争不充分等多重因素的制约。为了改善这一状况，需要政府、市场和社会各方面共同努力，采取有效措施，促进黔东南州旅游基础设施投资的健康发展。

（三）旅游基础设施规划尚不完善

在当前的旅游管理活动中，黔东南州在旅游规划与管理方面存在一些不足之处。具体来说，许多地区尚未充分重视旅游基础设施的建设，导致了诸如厕所、停车场等关键设施的不完善。这些基础设施的建设往往缺乏统一的规划，使得设施布局显得不合理。在追求短期经济利益的驱动下，部分地区出现了重复建设的现象，造成了资源的浪费。这种状况不仅给游客留下了旅游景区整体印象不佳的负面印象，还严重影响了游客的旅游体验。此外，黔东南州在旅游基础设施的规划和管理方面也暴露出一些问题。例如，规划过程中往往缺乏前瞻性，导致旅游基础设施的建设缺乏长远的考虑和整体性。在管理方面，缺乏规范性，使得旅游基础设施的建设和运营缺乏有效的协调和整合。这些问题的存在，不仅影响了旅游资源的合理开发和利用，还进一步加剧了旅游基础设施建设的不协调性，从而对整个旅游产业的可持续发展构成了潜在的威胁。旅游基础设施规划是旅游产业发展的重要组成部分，其规划的合理性和科学性直接关系到旅游产业的可持续发展。

然而，当前黔东南州旅游基础设施规划存在一些问题，其中最为突出的是缺乏系统性、科学性和前瞻性。

一是旅游基础设施规划缺乏系统性，这主要表现在缺乏对旅游资源的整体考虑和规划。旅游基础设施规划应该是一个系统工程，需要对旅游资源进行全面调查和评估，对旅游资源进行分类和分级，并在此基础上进行科学合理的规划。然而，目前黔东南州很多旅游基础设施规划缺乏对旅游资源的整体考虑，只是单纯地考虑了某一项旅游基础设施的建设，没有将其与其他旅游资源进行有机结合，导致旅游资源的浪费和重复建设。这种缺乏系统性的规划方式，不仅影响了旅游产业的整体发展，也降低了旅游资源的利用效率。

二是旅游基础设施规划缺乏科学性，这主要表现在缺乏对旅游基础设施建设的科学评估和论证。旅游基础设施规划应该基于科学的研究和评估，需要对旅游基础设施建设的可行性和效益进行科学分析和评估，以确保旅游基础设施建设的合理性和可行性。然而，目前很多旅游基础设施规划缺乏科学性和论证，只是凭借主观臆断和经验进行规划，导致旅游基础设施建设的不合理性和不可行性。这种缺乏科学性的规划方式，不仅浪费了有限的资源，也影响了旅游基础设施的长期稳定运行。

三是旅游基础设施规划缺乏前瞻性，这主要表现在缺乏对旅游基础设施建设的长期规划和预测。旅游基础设施规划应该具有前瞻性，需要考虑到旅游产业未来的发展趋势和变化，对旅游基础设施建设的长期规划和预测进行科学分析和评估，以确保旅游基础设施建设的可持续性和适应性。然而，目前黔东南州很多旅游基础设施规划缺乏前瞻性，只是基于当前的需求和现实进行规划，没有考虑到旅游产业未来的发展趋势和变化，导致旅游基础设施建设的不合理性和不可持续性。这种缺乏前瞻性的规划方式，不仅限制了旅游产业的未来发展，也降低了旅游基础设施的适应能力。

旅游基础设施规划缺乏系统性、科学性和前瞻性，需要加强旅游基础设施规划的合理性和科学性，提高前瞻性和可持续性，从而促进旅游产业的可持续发展。只有通过全面、科学、前瞻性的规划，才能确保旅游基础设施建设的合理性和有效性，推动旅游产业的健康发展。

（四）旅游基础设施建设科技创新有待加强

黔东南州的旅游基础设施建设相对滞后，技术水平较低，这主要表现在交通通道的现代化程度不足、生态环境有一定程度的破坏，以及旅游通道与通往各个景区的道路之间的连接存在诸多问题。随着科技的不断进步，旅游基础设施建设的技术要求越来越高，例如智慧旅游、绿色旅游等新兴技术在旅游基础设施中的应用，对旅游基础设施的发展提出了新的挑战和要求。

然而，由于技术水平、资金投入、人才储备等方面的限制，旅游基础设施的技术水平参差不齐，发展不平衡。黔东南州旅游基础设施的技术水平总体上较低，特别是在环保、节能等方面。这导致了旅游基础设施的使用效率低下，不利于旅游业的可持续发展。

黔东南州旅游基础设施技术水平低的问题主要受到技术水平、市场需求等因素的影响。技术水平是影响旅游基础设施技术水平的关键因素之一。旅游基础设施的技术水平直接影响游客的旅游体验和满意度。例如，在旅游景区，良好的基础设施能够提供便利的交通、舒适的住宿和餐饮、安全的游览环境等，这些都是游客旅游体验的重要组成部分。然而，如果基础设施的技术水平低，可能会导致游客体验不佳，影响游客的旅游满意度，从而影响旅游业的整体发展。市场需求也是影响旅游基础设施技术水平的重要因素。旅游基础设施的技术水平需要根据市场需求进行调整和升级。例如，随着旅游业的不断发展，游客对于旅游基础设施的需求也在不断变化。因此，旅游基础设施需要不断更新和改进，以满足市场需求。

此外，政府政策也是影响旅游基础设施技术水平的重要因素。政府可以通过制定和实施相关政策，推动旅游基础设施的技术水平提高。例如，政府可以加大对旅游基础设施的投入，以提高其技术水平。同时，政府还可以通过优惠政策吸引企业投资旅游基础设施，促进其技术水平的提高。

旅游基础设施技术水平低是一个多因素的问题，需要综合考虑技术水平、市场需求和政府政策等因素。只有当这些因素得到有效解决，旅游基础设施的技术水平才能得到提高，从而为游客提供更好的旅游体验，推动旅游地的旅游发展，实现旅游业的可持续发展。

（五）乡村旅游基础设施亟待完善

黔东南拥有丰富的民族村寨资源，乡村旅游的开发是黔东南旅游发展的必然选择。而乡村旅游基础设施是乡村旅游得以发展的前提，其设施大致可分为硬件设施、辅助设施和服务设施。❶黔东南乡村旅游受经济、地形条件等因素制约，导致基础设施建设成效不显著，阻碍旅游发展的宽度和深度。

一是硬件设施不完善。硬件设施是满足旅游发展基本需求的前提，可以说，没有硬件设施，就无法实现旅游开发。旅游六要素中，吃与住是满足人类基本需求的必要条件，因此餐饮与住宿必不可少，而"行"是旅游出行的必备条件，所以拥有良好的交通设施是旅游发展的必要前提。反观现实，黔东南多数村寨餐饮设施与住宿设施尚未得到完善，没有形成完整的旅游接待体系，餐饮种类少，部分餐饮卫生条件不达标，住宿条件不高，民宿建设水平低等问题突出，影响整体旅游感知形象，降低重游率，阻碍旅游业的正常运行与发展。例如雷山县麻料村的旅游开发尚未形成完整的旅游接待体系，尽管多数房子在政策鼓励与资本介入下改造成民宿，但绝大部分房屋"徒有其表"，其内饰装修粗放，加之游客数量少，内饰更新周期长，整体接待条件不高，未满足旅游发展需求。此外，由于该村仍处于旅游发展初期阶段，人流量少，入不敷出的经济状况导致人口大量外流，无商家经营的民宿占多数，"空村"现象严重，缺乏发展主体支撑经营，如此恶性循环的经营状况严重影响旅游业的发展。此外，就交通设施而言，发达的交通网络系统以及完善的旅游基础设施能够满足人们日益增长的乡村旅游需要，更好地支撑乡村旅游发展，推动乡村振兴建设❷。交通设施是提高地方可进入性的先决条件，而黔东南多数村寨存在风景优美与地形复杂的发展矛盾，导致旅游交通环境不优，环山公路占多数，道路狭窄，崎岖不平，驾驶困难，影响旅游者感知形象，降低体验感。以雷山县南猛村为例，该村在国家乡村振兴政策下大力发展"文化＋产业＋旅游"的茶文旅融合的旅游发展模式，在"政府帮扶＋企业投资"发展机制下陆续兴办了多家精品民宿，为旅游业的发展提供住宿需求。然而，受地形影响，村寨公路崎岖难行，道路狭窄陡峭，会车困难，成为阻碍旅游发展的重

❶　董丹丹.乡村旅游基础设施建设研究［J］.农业经济，2020（4）:43-45.

❷　钟永德，魏娟，廖小平，等.基于G2-SFCA的乡村旅游服务供需可达性评价［J］.中南林业科技大学学报，2022，42（11）:182-195.

要因素，降低了旅游可进入性。

二是辅助设施有待提高。旅游辅助设施主要包括停车场设施和娱乐设施。就停车场设施而言，黔东南乡村旅游的开发受地形影响，多数村落坐落于山间，乡村土地利用率低，平地少，山地多，施工困难。此外，受地方财政短缺和资金制约，停车场修建成本高，难以在平地建设停车场。旅游者停车需求与建设困难成为黔东南乡村旅游发展的一对矛盾，说明旅游基础设施配备仍不够完善。就娱乐设施而言，乡村旅游的核心是康体养身和休闲娱乐，黔东南得天独厚的生态基础是发展该旅游类型的重要优势。然而，天然基础虽扎实，娱乐设施基础却是短板。黔东南乡村旅游发展受地方经济水平影响，资金短缺导致休闲娱乐相关设施配备不足，无法满足旅游者的娱乐需求。旅游者除了观看乡村美景，享受自然风光外，无其他娱乐项目，单一的观赏资源和开发模式会使游客停留于"走马观花"的旅游形式，且单一的项目对旅游者的吸引力远远不够，很难满足旅游者的娱乐需求，从而降低游客的重游率。

三是服务设施水平低。服务设施包括服务设备设施和人员接待设施。

首先，服务设备设施包括网络通讯设施、旅游咨询中心等。良好的网络环境是当代旅游者出行的先决条件。手机支付、网络直播等旅游活动都需要良好的网络环境支撑。黔东南乡村旅游开发主要表现为民族村寨，而部分民族村寨在发展初期没有实现网络覆盖，无法拥有良好的网络环境，过于"原生态"的村寨与当代旅游发展存在供求失衡，成为影响客源的一大因素，阻碍旅游业的发展。

其次，乡村旅游缺乏必要的游客咨询中心，这会导致旅游信息堵塞，无法为旅游者提供解答服务。现阶段，很多村寨的信息仍需旅游者自行寻找咨询对象，充满随机性和随意性，未形成完整的咨询服务体系，降低了游客体验感，不利于乡村旅游的健康发展。

再次，人员接待设施主要包括服务意识和接待水平。对于部分处于旅游起步阶段的村寨而言，多数旅游接待由当地居民自发组织和经营，而多数居民没有接受过专业服务培训和教育，缺乏经营理念和服务意识，导致旅游接待服务水平整体处于"粗犷"模式，且提供的服务均属于家庭式服务，没有形成系统的服务接待体系。

最后，在旅游价值未产生经济效益或经济效益较低时期，村寨人口大量外流，部分村落甚至无法提供接待服务，难以满足旅游者需求，严重影响了村寨旅游发展成效。

综上所述，黔东南乡村旅游基础设施建设有待完善与夯实，功能协调有待统筹。

（六）城市旅游设施水平亟待提高

城市基础设施是城市旅游得以迅速发展的基础 ❶，是城市得以发展的重要支撑。城市旅游基础设施存在的问题与乡村旅游有所不同，主要体现在质量的升级与城市规划管理上。

一是餐饮与住宿设施档次有待提高。随着人们生活水平的不断提高，对旅游设施质量的要求也在增加。旅游的娱乐性和休闲性是旅游基础设施高质量发展的重要因素，因此升级旅游基础设施质量是旅游业高质量发展的必然趋势。而黔东南城市的基础设施建设水平整体偏低，高水平的设施建设占比少，且大部分住宿设施面向低消费水平群体。以榕江县为例，"村超"的火爆为榕江县甚至整个贵州带来了不可多得的发展机遇，是实现旅游快速发展的垫脚石。榕江县的旅游经济收入曾在整个黔东南占比偏小，旅游资源资质性不强，加之发展资金不足，导致整个县的旅游发展成效不佳。而榕江县抓住体育优势，以"村超"体育赛事为导向，加之体育精神感染力赋能，成功带动榕江县城旅游的发展，旅游人次快速增长，成为乡村振兴的重要推动力。但随之而来的是基础设施承载力问题。随着不同人群的涌入，对旅游基础设施的要求也层出不穷，而县城内可提供的高端酒店、饭店等高端接待设施数量较少。随着体育赛事对高消费水平旅游者的吸引力逐渐提高，低端接待设施则无法满足旅游者需求，供求关系失衡现象明显。这是

---

❶　李红波,李悦铮,陈晓. 城市基础设施与城市旅游协调发展定量研究——以大连市为例［J］. 旅游论坛, 2009, 2（6）:850–854.

影响城市旅游可持续发展的重要诱因。

二是城市交通秩序不完善。众所周知，贵州是全国唯一没有平原的省份，因此城市建设多受地形影响，路面不平整、公路弯道多、城市公路狭窄等现象严重影响旅游发展，尤其在车流增大的旅游人次压力下，城市交通秩序尤为重要。黔东南城市多建于河流两岸的堤坝上或山地上，可利用土地面积较少，城市道路建设条件有限，交通拥堵已成为城市旅游的一大挑战。就镇远古镇的城市交通而言，镇远古镇依山而建，受地形影响，城市建设面积小，可利用土地面积较为有限，其道路狭窄，从而造成城内交通通达度低、城市拥堵现象频出。尤其在旅游旺季，城内交通堵塞现象更为严重，城市交通通达度会直接影响城市的可进入性。对于城内景区而言，可进入性是引流的必备前提条件，而拥堵的道路则严重影响景区发展，从而降低旅游者体验感，成为城市旅游发展的一大障碍，影响地方旅游健康发展。

三、旅游高质量发展文化创新不足

文化创新是文化价值升华的体现，创新性文化在旅游发展中的高度融合发挥着颇大效用，在全域旅游背景下，要求提高文化创新能力，为旅游产业化、高质量发展提供更有价值效用的文化资源基础。具有多元民族性、特定地域性和浓郁乡土性的各个民族聚居地，向来是文化和旅游资源开发的重点，也是民族旅游可持续发展研究的焦点。黔东南州文化资源丰富，蕴含了大量的少数民族文化、古代文化、宗教文化等，而在旅游发展过程中仍面临文旅融合效果不佳、文化产业动力不足等问题。

（一）文旅融合效果不佳

在文化和旅游深度融合的时代背景下，文旅融合的旅游开发模式已成为旅游发展趋势，是实现旅游高质量发展的重要途径，文化旅游活动从表层的符号文化消费转向了深层的文化精神探索，文化旅游品牌更加聚焦构建深度的文化审美感知和互动交流体验❶。当前，以文化深度开发为主题和以文化创新为发展机制的新型旅游模式不断涌现，成为民族旅游地的创新发展新方向。颇为遗憾的是，黔东南这块民族文化富饶的土地，在文旅融合旅游工作上成效并不显著，发展成果欠佳，不利于旅游质量的进一步提升。

一是民族文化资源市场利用率低。黔东南少数民族文化资源禀赋，从文化的可移植性和产业拓展性角度出发，丰富多彩的民族文化资源具有推动旅游产业品质化、特色化发展的人文优势，也具有新时代发展需求的市场、体验和经济价值。❷目前，从黔东南文化资源利用率的角度看，文化资源市场化程度低，部分异质性强的民族资源仍处于初步开发或待开发状态，没有实现文化与旅游的高度融合，导致优秀的文化得不到高效利用而逐渐走向消亡。例如，在"村超"现场上呈现出的汇集了异彩纷呈的民族文化元素的美食、工艺品以及神秘的文化仪式等，是"村超"得以成功举办的关键。这些文化资源都具有非常高的美学价值和文化价值，具有较强的异质性特征。然而，从旅游市场角度出发，部分民族文化资源没有实现市场化，即没有实现资源产业化，这就形成了"文化富有，经济贫瘠"的发展矛盾。例如，"村超"现场展现的"龙飞凤舞"气势磅礴、栩栩如生，充分展现了手工艺文化的魅力和匠人的高超手艺，具有高度的文化独特性和资源异质性，赢得全国人民的广泛关注，传承与发扬的呼声越来越高，反映了人们对文化资源延续性的渴望。然而遗憾的是这种高价值的文化手艺无法实现商业化，也无传承人，导致文化输出缺乏系统性发展，一方面导致优秀文化得不到传承，从而走向消亡的悲惨命运，另一方面优秀的文化无法实现市场经济价值转换，不利于地区旅游经济效益的提升。

二是缺乏文旅融合意识。文旅融合的旅游发展模式对于文化富足的民族地区

❶❷　刘嘉颖 . 从文旅引流到精神共睦——戏剧与仪式在民族文化旅游和共有精神家园建设中的价值整合 ［J］. 西南民族大学学报（人文社会科学版），2023，44（6）:36-42.

无疑是最正确的选择，因此增强文旅融合意识是落实发展模式的观念前提。然而黔东南旅游主体的发展意识不强，其主要表现在以下几个方面：首先，政府相关部门开发管理意识浅薄。在旅游快速发展的时代背景下，民族地区旅游开发属于市场行为，积极挖掘可利用的民族文化资源发展旅游业是民族地区政府需高度重视的问题。然而，许多优秀的文化资源并没有得到充分利用，即没有真正成为旅游商品，这是政府有关部门管理疏忽和资源协调度不够的原因之一。例如施洞的独木龙舟赛，该活动是黔东南甚至整个贵州少有的龙舟文化项目，具有较强的文化异质性。然而，目前仍处于村民自发组织状态，缺乏政府管理，至今未形成系统的旅游发展体系，旅游发展阶段仍处于初期阶段。其次，文化持有者缺乏文化资源旅游化意识。由于部分文化持有者受教育水平限制，对文旅融合认识不够全面，缺乏文旅融合意识，导致高价值的文化资源得不到充分利用，无法发挥市场效用，成为阻碍文旅融合的主观因素。例如"村超"现场展现的"龙飞凤舞"手工艺品的编织者，其是一位地道的农民，对于手艺市场化意识浅薄，该手艺于他而言仅停留在兴趣阶段，未上升到谋生手段，更不会意识到该手艺带来的反响和影响力。因此，促进文化资源与旅游发展高度融合，必须解决意识形态问题，提高文化自觉是旅游发展成功的必由之路。

（二）文化产业发展动力不足

文化产业是文化资源实现经济转换的重要体现。以特色文化赋能的旅游产业是旅游提升经济效能的重要方式，现代经济的增长离不开文化产业的支撑。产业兴则经济兴，所以促进文化产业高质量发展是旅游实现高质量发展的必要途径，也是实现经济水平提升的必要手段。然而，黔东南文化产业发展存在动力不足的问题。

一是资金供给不足。良好的经济基础是促进产业振兴的必要资本，产业开发与质量提升所需的大量成本要求旅游产业发展拥有坚实的资金后盾。例如基础设施的建设、服务项目的建设、文化挖掘成本等前期投入耗资大的建设过程，需要强大的资金应援。可以说，没有经济基础做支撑，就无法满足产业开发成本，这是阻碍文化产业兴旺的重要因素。资金空缺不弥补，会造成产业建设停滞，资源浪费，旅游业发展缓慢。而黔东南经济水平整体偏低，政府资金储备量少，人们物质生活水平整体偏低，导致产业发展资金供给不足，文化产业规模小，开发层次低，未形成完整的文化产业体系。文化资源富足与产业发展落后的矛盾是黔东南长期以来面临的旅游发展问题。产业与经济的关联度决定其发展矛盾的存在，打破这种局面是实现旅游振兴的关键。

二是缺乏品牌建设。黔东南有着深厚的民族文化底蕴，从理论上对文化进行组合可形成为强大的旅游品牌。反观现实，文化品牌建设成效不佳，文化产业发展缺乏系统性和体系性规划，品牌建设仍处于初步建设阶段。例如，黔东南"村超"和"村BA"体育赛事的成功举办说明黔东南的体育文化资源禀赋，但缺乏体育品牌意识嵌入。未形成旅游品牌的"热度项目"，最终会随着热度的降低而回到原点，经济效益持续周期缩短，不利于旅游业的长期稳定发展。

（三）原生态民族文化创新力度不够

原生态的民族文化是当今旅游资源开发的重要源头，也是黔东南民族地区实现资源异质性的重要体现。有效的开发和利用是实现文化旅游发展的重点。然而，黔东南部分民族文化过于"原生态"，在开发和利用时未及时进行文化创新，与当代社会发展在思想和行为上存在"脱节"，无法适应当代市场需求，出现"文化富有，经济贫困"的局面。例如，从江县岜沙苗寨的文化旅游资源开发。岜沙苗寨是一个少数民族古村落，被称为"最后一个枪手部落"，民族文化底蕴深后，文化保存较为完好。然而，近些年旅游发展成效不明显。调查发现，当地接待设施数量在大幅度减少，季节性或"候鸟型"接待设施占多数，旅游发展结构不稳定，村民的经济活动大多仍以小农经济或外出务工为主，从事旅游业地本地居民占少数。从接待游客数量和旅游主体来看，除当地举行重大节日活动外，日接待游客数量较少，旅游季节性十分明显，且旅游类型多以研学旅游和生态旅游为主。

究其原因，除接待设施不完善外，主要在于当地过于"原生态"化，文化资源并未得到市场转化，未能满足大部分旅游者的需求。例如，岜沙苗寨的房屋建筑风格独特，属于传统的吊脚楼，但是多数建筑仍用于自家居住，未能开发成为观赏性旅游资源。此外，传统的吊脚楼建筑比较潮湿阴暗，未经改造，不具备住宿设施条件。相比之下，西江千户苗寨吊脚楼被改造成为具备美学价值、利用价值和研学价值的建筑旅游资源，成为西江旅游的一大亮点，是当地旅游开发的一大优势。但纵观全局，黔东南大部分民族村寨，尤其是旅游发展初期的民族村寨，其文化资源利用率低的原因在于未能通过文化创新实现文化优势，仍处于文化与市场分离的状态，文化资源利用率低。

四、旅游高质量发展科技创新不强

在经济增长和经济发展的过程中，科技进步作为其内生变量，越发占据重要地位并发挥决定性作用。同样，作为国民经济的重要组成部门，旅游业在发展壮大过程中离不开科技的参与和支撑[1]。科技已成为推动旅游发展的重要力量，不仅改变了旅游消费模式，而且为提升文化旅游质量提供新动能，促进旅游新业态的迅速呈现[2]。科技含量的高低决定了旅游发展质量的优劣。因此，在黔东南旅游高质量发展过程中，需搭乘科学技术的"快车"，加快发展步伐。就黔东南发展现状看，仍存在以下问题。

（一）资源开发与保护技术不成熟

旅游资源是旅游发展的基础，是旅游实现可持续发展的源头活水，促进旅游

---

[1] 陈昕. 试论旅游产业竞争力的科技方法创新——以云南为例 [J]. 云南大学学报：（社会科学版），2013，12（4）:101-105，112.

[2] 李凤亮，杨辉. 文化科技融合背景下新型旅游业态的新发展 [J]. 同济大学学报：（社会科学版），2021，32（1）:16-23.

资源的有效保护是保证旅游业可持续发展的前提。众所周知，资源的稀缺性、脆弱性、珍贵性和不可再生性等特征要求在旅游开发过程中，必须以先进的技术作为支撑，且在资源得以持续保护的前提下发展旅游。然而，黔东南资源条件优越的同时伴随着资源保护的低水平性，即在资源开发与保护工作中并未得到完善，保护的技术不够先进，仍处于初级阶段。

具体表现在自然资源和人文资源的保护与开发技术上。

一是自然资源可持续利用与保护技术不成熟。自然旅游资源又包括水体旅游资源和生物旅游资源。首先，水体旅游资源作为旅游吸引物的一部分，同时也是多数水体旅游项目的核心支撑。没有水体资源，就无法进行水体项目开发。例如泛舟项目、漂流项目、垂钓项目等。此外，良好的水质也是生活用水的保障，先进的科学技术是实现水体旅游资源保护和利用的重要依托。然而，黔东南的污水处理技术并不完善，污水排放不达标，部分水流域浮生生物污染严重，餐饮、住宿等行业生活污水直接排放河流，导致河流水质下降，污染严重，严重影响生态环境建设和旅游形象塑造。其次，生物旅游资源保护技术不够先进。黔东南拥有丰富的生物资源，就雷公山自然保护区而言，多类型的国家珍稀动植物资源要求生物资源保护技术水平实现先进性和质量性。然而，黔东南在该方面技术上仍不达标。低水平的技术会导致在生物资源濒临灭绝时无法采取补救措施，不利于生物的可持续繁衍。一方面破坏了生物多样性，从而破坏生态平衡系统，最终威胁人类发展；另一方面则阻碍了研学旅游、生物旅游的可持续发展。因此，在生态系统正常运作下，予以保护技术加持，是生物性主题景区开发和得以持续发展的重要条件。

二是人文资源保护技术水平待提高。多数人文资源具有不可再生性，尤其是历史人文资源，是历史的象征，对国家发展和民族复兴有着重要意义。如果开发技术与保护技术不够成熟，会导致资源遭到破坏，资源破坏的不可逆性直接表明资源财产损失的严重性。

黔东南的人文资源目前存在技术层面的保护问题：

首先,资源保护技术不成熟。黔东南拥有丰富的历史遗迹和民族古村落,例如镇远古城历史建筑、黎平会议会址、民族古村落传统保护房屋、民族标志性建筑等,这些建筑具有较高的文化价值、历史价值和美学价值。这些古老文物建筑一旦遭受破坏,就失去了原本的历史意义和价值,而粗糙的修复技术只会加深对文物的破坏,使其彻底失去原本的面貌和历史意义。黔东南多数文物作为旅游吸引物常被作为观赏资源,甚至进行触摸体验,这种旅游行为可增进旅游者的感知度,具有直观性。但是长期的"裸露"容易造成资源损坏,加上建筑本身经历的自然侵蚀和天灾人祸,使破坏程度加深。例如,黔东南著名景区西江苗寨和肇兴侗寨的建筑失火事件,一方面是防火措施不够完善,另一方面是防御技术仍待提高,针对木材建筑的房屋应予更加先进的技术进行保护。因此,利用高水平的保护技术对建筑进行防御与修缮,才能更好的延长建筑的生命周期和储存寿命,为资源的可持续利用提供技术基础。

其次,资源开发技术有待提高。资源的脆弱性需要先进的开发技术给予保障支撑,如纳米技术、防氧化技术等。由于部分出土文物被开发后逐渐发生氧化和风化反应,即使放入博物馆做展览保存,但仍有部分文物被氧化腐蚀,尤其是铁器、木器等文物。资源的不当开发会影响旅游的开发以及可持续发展,是满足旅游者需求的重要障碍,不利于旅游发展的资源利用。

(二)科旅融合成效不佳

旅游产业智能化转型已成为当代社会经济发展的战略方向。在数字化浪潮重塑产业格局的背景下,依托人工智能、大数据等技术创新推动旅游业态升级,已成为构建行业核心竞争力的关键。当前,黔东南州实践表明,其智慧旅游体系建设仍存在显著提升空间,具体表现为以下三个维度:

首先,在基础设施建设层面,景区智能感知系统覆盖率不足,数据采集与分析能力有待加强。

其次,在产品开发方面,虚拟现实、增强现实等沉浸式技术的应用尚处初级阶段，互动体验项目同质化现象突出。最后，在运营管理领域，智能化决策支持系统尚未完善，动态监测与应急响应机制存在优化空间。这些技术应用短板不仅制约着游客体验的升级迭代，更影响着区域旅游产业的高质量发展进程。

一是区域旅游项目存在科技赋能不足的困境。在体验经济与智慧旅游深度融合的产业背景下，科技元素的有机植入已成为现代旅游业提质增效的关键路径。然而，黔东南地区旅游项目的技术应用水平尚存提升空间，这主要体现在两个维度：其一，产业升级驱动力薄弱。在数字时代下，科技与旅游的协同创新已成为市场发展的必然趋势。当前区域项目开发仍停留在传统模式，难以形成差异化的核心竞争力。体验经济催生的游客需求已从单一观光转向沉浸式互动，缺乏智能导览、虚拟现实等科技支撑的项目既无法满足新型消费需求，也易在行业迭代中丧失发展优势。值得关注的是，科技型旅游项目作为产业升级的重要抓手，不仅能够提升游客体验质量，更是构建区域旅游品牌的关键要素。要实现产业转型升级，亟需建立以科技创新为引擎的项目开发机制，通过智慧化管理体系推动全产业链升级。其二，安全防护体系亟待完善。先进监测技术的应用对旅游风险管理具有显著的提升作用，而目前区域体验型项目的安全保障系统存在明显短板。以具有当地特色的漂流项目为例，复杂的水文环境与有限的安全保障形成强烈反差。急流水域与岩石密布的地理特征，仅依赖常规救生装备及人员配置难以构建全方位防护网络。这种技术缺位不仅增加了安全事故隐患，更会削弱游客体验信心，导致项目口碑受损，最终影响可持续发展能力。事实上，通过引入智能穿戴设备、实时水位监测系统等科技手段，可大幅提升风险预警的精准度与应急响应效率，这对高危险性体验项目的长效运营具有决定性作用。

二是管理技术应用能力亟待优化。现代旅游景区运营效能与智能化管理系统密不可分，数字化管理平台的运用可显著提升管理效能。当前，黔东南旅游区在技术管理体系构建方面存在明显短板，突出表现在城市发展规划中科技支撑不足。传统规划方式与现代旅游城市发展需求存在脱节，尤其在商业功能区和交通网络规划方面呈现技术滞后性的特点，这种滞后将直接影响城市空间布局的科学性。

当代都市规划不仅要考量建筑布局，旅游目的地更需运用大数据分析技术，对人流动态、景观分布等要素进行精准测算。智能监测系统的引入可使规划效率提升50%以上，有效扩展城市接待容量。反之，技术手段的缺失将制约城市综合管理效能，最终使旅游业发展进入瓶颈。以镇远古镇为例，技术手段的缺失直接导致两大发展困境：其一是商业业态布局失序，零售网点呈现碎片化分布特征，同类商业设施未能形成集聚效应，导致消费引导功能弱化。其二是交通监测系统智能化程度不足，造成旺季交通拥堵指数持续攀升，路网通达性指标低于同类景区30%，严重制约游客的达性。这种技术管理层面的双重短板，已成为制约区域旅游经济提质增效的关键因素。

三是人力资源数字化管理体系亟待完善。现代旅游景区运营不仅需要硬件设施升级，更需构建智能化人力协调机制。当前景区人力资源管理系统存在双重技术短板：既缺乏员工绩效的数字化评估体系，又缺乏游客行为的智能分析模块。具体表现在三方面管理效能缺失——员工调度精准度不足、服务标准执行度不高、游客动线引导科学性欠缺。从管理主体维度分析，智能化管理工具的应用应实现双重覆盖：其一是面向内部员工，通过智能排班系统与服务质量监测平台，实现从考勤管理到服务考核的全流程数字化。其二是针对游客群体，运用LBS定位技术与大数据分析，构建实时客流预警及智能导览体系。以镇远古镇为例，传统人工调度模式使导游资源配置误差率达25%，旺季游客滞留热点区域超负荷运转时长日均超4小时，这种粗放型管理已造成年度游客满意度下降12个百分点。

四是监管机制建设存在短板。科学规范的监督体系是优化景区治理效能的关键支撑，其运行效率直接影响市场秩序维护和游客权益保障。当前黔东南旅游景区的监管体系仍存在改进空间，以镇远古城为例，旅游消费市场存在价格虚高现象，据游客反馈，当地特色餐饮如酸汤鱼的定价明显超出合理区间，性价比失衡问题长期未获得有效整改。社交平台上关于"宰客""消费陷阱"等负面评价持续发酵，严重损害了旅游目的地的品牌美誉度。究其根源，在于监管部门尚未构建起动态化、全链条的监管网络，且缺乏高效的问题反馈和响应机制，导致市场异常情况难以及时捕捉和处置，影响了管理效能的提升。

科技赋能旅游产业升级已成为行业共识。当前，旅游产业正经历着由技术革命驱动的深刻变革，基于大数据分析和人工智能应用的智慧旅游生态系统建设，正在重塑游客体验方式和景区管理模式。以沉浸式 AR 导览、智能票务系统为代表的科技应用，不仅显著提升了服务响应效率，更催生出夜间经济、云旅游等新兴业态。反观黔东南地区，尽管坐拥丰富的民族文化资源，但在虚拟现实场景开发、文旅消费大数据平台搭建等关键领域仍显滞后。统计数据显示，该地区智慧景区覆盖率较全国平均水平低 22 个百分点，数字化服务缺口导致年均游客复游率下降约 15%。因此，亟需构建"技术创新—业态创新—管理创新"的三维驱动机制，通过搭建旅游科技融合示范基地、培育数字旅游专业人才等举措，加速完成从传统观光型旅游向科技赋能型旅游的转型升级。

（三）旅游科技创新能力不足、体制机制不健全

旅游业是一个涉及多个学科和领域的综合性产业，它不仅需要旅游学的知识，还需要科技、文化、教育等多个领域的深厚知识储备和专业技能。

目前在黔东南州，旅游科技创新的能力还远远不能满足旅游业快速发展的需求。一方面，旅游科技创新人才的培养机制尚不完善，导致高端旅游科技人才和具有创新精神的企业家数量不足。另一方面，旅游科技创新所需的资金投入也显得不足，缺乏来自政府和社会各界的充分支持和投入。

科技成果转化率低。旅游科技创新需要不断探索和应用新技术和新方法，以推动旅游业的数字化转型、智能化升级以及绿色可持续发展。然而，目前科技成果转化率较低，许多旅游科技创新成果难以转化为实际的生产力。一方面，旅游科技创新成果的转化需要时间和资金的大量投入，而许多企业难以承担这些高昂的成本。另一方面，旅游科技创新成果的转化还需要政策的支持和市场的认可，但目前政策和市场机制还不够完善，难以提供足够的支持。

最后，旅游科技创新的体制机制尚不健全，这严重制约了旅游科技创新的发

展。旅游科技创新需要建立完善的体制机制。然而，目前旅游科技创新的体制机制还存在诸多不足，缺乏科学合理的管理和监督机制。一方面，旅游科技创新需要政策的支持和引导，但目前政策还不够完善，难以有效推动旅游科技创新的发展。另一方面，旅游科技创新需要市场机制的支持和激励，但目前市场机制还不够完善，难以推动旅游科技创新成果的转化和应用。

因此，为了促进旅游业的持续健康发展，必须加强旅游科技创新人才的培养，增加资金投入，完善政策和市场机制，建立健全的旅游科技创新体制机制。

五、旅游高质量发展人才匮乏

专业型旅游从业队伍是驱动旅游高质量发展的核心要素，人力资源优化配置已成为维系行业可持续发展的根本保障。当前旅游产业正经历业态革新，伴随全域旅游示范体系构建、产业融合深化、品质化发展目标等新趋势的兴起，市场呈现出三大显著特征：旅游产品体系日趋完善、消费需求日益多元化、服务标准持续升级。在此背景下，行业人才供给在规模结构与专业能力维度均面临适配性挑战。以黔东南地区为例，其旅游人才队伍建设存在明显短板，具体表现在以下几个方面。

（一）旅游人才培养不适应发展需求

在旅游产业高质量发展进程中，人才培育体系正面临三重结构性挑战亟待突破。

第一，人才供需存在显著的结构性矛盾。全球化视野与行业前瞻性兼备的复合型精英储备严重不足，具有战略思维和跨文化运营能力的行业领军者尤为稀缺。这一人才梯队的断层直接制约着黔东南州旅游产业创新动能释放与国际竞争力提升。

第二，教育质量呈现区域性断层。受地域经济发展差异影响，黔东南州旅游教育资源呈现出非均衡的分布特征，直接导致人才培养质量存在梯度落差。部分教育机构受限于实训平台匮乏和师资结构老化，其毕业生在数字化运营、体验设计等新兴领域的职业素养与产业需求存在代际差异。

第三，产教协同机制尚未形成闭环。目前黔东南州校企合作多停留在浅层实习对接上，缺乏贯穿人才培育全周期的深度协作。课程体系迭代速度滞后于产业变革，仍存在理论教学占比过高、虚拟仿真技术应用不足等问题，导致毕业生平均需要6~8个月的岗位适应期，显著高于全国同业水平。值得关注的是，这三个维度的问题已形成连锁反应——教育供给端的结构性缺陷，通过人才输送渠道传导至产业端，制约着旅游新业态孵化和服务能级提升。建立动态调整的产教融合机制，构建分层分类的人才培育矩阵，已成为当前困局的关键突破口。

（二）人才结构不合理

"十三五"期间出台了《"十三五"旅游人才发展规划纲要》，说明旅游人才是旅游发展建设的重要组成部分，在旅游活动中占据重要地位，"十四五"继续发挥人才在旅游中的积极作用。而黔东南旅游发展存在人才结构不合理的问题，导致发展后劲不足，缺乏人才支撑。

就人才结构的知识结构和年龄结构而言，首先在知识结构层面，从全国范围来看，我国旅游人才资源稀缺，不能满足旅游发展建设需求。据数据统计，2017年，全国旅游相关专业（方向）博士研究生招生336人，硕士研究生招生2832人，全国旅游管理类本科专业招生5.9万人，全国旅游管理类高职专业招生11.3万人。说明旅游人才知识结构不合理，旅游人才资源与旅游发展供求失衡。其原因主要有高校学科建设不完善、就业机会的供求矛盾以及思想观念等方面。而就黔东南旅游人才供需来看，旅游人才稀缺性问题更为严重。例如，黔东南旅行社管理人员学历结构，多数以大专学历为主，中专及以下学历占一部分，本科及以上学历占少数。此外，从业人员多数以本地居民为主，文化程度整体偏低。由此可见，黔东南旅游行业发展存在专业性不足的现象，不利于旅游发展建设的合理规划与有效管理，旅游服务水平整体偏低，降低了地区旅游的可持续发展能力。

其次，在年龄结构层面。随着我国老龄化现象的逐渐加深，青年人才占比呈下降趋势，劳动力资源越发稀缺。尤其在黔东南乡村，发展机会有限，小农经济无法满足生活需求，青壮年劳动力流失严重，村寨失去了发展的主力军，乡村旅游的开发和保护面临严峻挑战。加之受资金、环境、发展平台、深造机会等因素制约，高层次人才"引不进，留不住"，导致黔东南旅游发展效率整体偏低，发展质量整体处于相对低水平状态。人才的匮乏是导致旅游无法提质增效的重要诱因，也是阻碍旅游高质量发展的主要障碍。

由此可见，旅游高质量的发展趋势对目前黔东南人才结构不合理带来新挑战，积极改善旅游人才结构，努力培养和引进人才，重视人才队伍建设，是黔东南实现旅游升级的有效路径。

（三）文化水平整体偏低

黔东南旅游多以民族村寨为主体，而民族村寨旅游的开发和建设需要高层次、复合型人才进行统筹规划。对于乡村旅游中的产品质量、服务水平、生态保护等方面，都需要新型旅游人才的加入，带来新思想、新观念、新模式和新体验❶。反观现实，黔东南村寨人员文化水平整体偏低，尤其是旅游发展初期的民族村寨，受资源、市场、发展机遇等因素影响，招商引资困难，多数旅游从业者就是本地居民。而本地居民整体受教育程度不高，究其原因有如下几点。

一是思想观念的影响。黔东南多数民族村寨居民思想观念守旧，村民缺乏从宏观的角度分析乡村旅游发展方向的能力，在管理规划方面未能达到一定高度，接受新事物新思想的能力低，缺乏居安思危意识，忽视对自身管理能力的提高❷，不注重长远发展。此外，部分村民封建思想根深蒂固，旧思想的沿袭是影响后代思想发展的源头。若不能从思想上改变发展的主观能动性，则会成为阻碍乡村社

---

❶❷ 王红艳.乡村旅游发展中的人才问题研究［J］.商业文化，2021（23）:20-21.

会整体发展的关键因素。

二是经济条件的限制。在旅游发展前期，未实现旅游资源开发和产业建设，民族村寨家庭经济结构仍以小农经济为主，收入水平整体偏低。而教育费用限制了乡村教育的进一步发展，尽管有国家九年义务教育等政策支持，但更高层次的教育机会仍受限于家庭经济水平，即在生活水平质量未得到提升的前提下，教育以一种"奢侈品"的形式存在于村寨中，加之乡村教育环境条件制约，接受教育的主动性大大降低。因此，除九年义务教育外，青年人外出务工已成为普遍现象。在九年义务教育未普及之前的一辈人中，文盲人口覆盖面积广，整个村寨文盲率占比较高。因此，经济条件也是制约村寨文化水平低的重要原因。

三是生活环境的制约。艰难的生活条件成为黔东南民族村寨教育落后的关键因素。就基础设施建设而言，黔东南民族村寨多建于半山腰或山顶上，尤其是传统苗族村落，受历史等因素影响，村寨远离经济中心和教育中心。受交通闭塞等设施条件制约，长途跋涉的求学方式成为一大障碍，加之道路崎岖险峻，接受教育的思想观念逐渐淡薄，从而导致大部分人选择放弃受教育机会。

综上所述，村民的受教育程度受各种因素影响，而这些因素成为制约旅游人才培养的重要因素。此外，青年人口入流城市现象严重，留村的旅游从业人员大部分文化素质水平低，且未受到专业培训，对于旅游发展的概念模糊，缺乏开发管理理念，严重阻碍乡村旅游发展。

（四）民族人才存在传承危机

民族文化资源是民族村寨旅游发展的核心资源，是旅游开发的重点，保护和传承民族文化是民族村寨旅游得以发展的重要手段。然而，由于民族文化的传承机制以及激励机制不足，以及对"外面"世界生活的向往，青少年对学习原生民族歌舞，传承原生文化缺乏内在动力❶。

---

❶　兰宗宝，兰申菊.关于广西乡村旅游人才建设的战略思考［J］.广西农业科学，2009（8）：263-265.

一是文化传承意识逐渐被削弱。随着社会经济的发展，越来越多的年轻人受生活压力等因素制约，更愿意选择到发展机遇好，赚钱快的大城市生活，大量带有民族文化符号的人涌入城市，导致乡村逐渐空心化 ❶。加之村民对于本民族文化的传承意识不够明确，对传承意义不够了解，以至于抛弃了原本属于自身民族的东西，导致民族文化不能得以传承与发扬，这会导致民族发展的可持续性降低，不利于民族文化的延续。社会意识影响社会形态，一旦意识被削弱，社会存在也随之消失，没有文化的民族村寨就失去了旅游开发价值。

二是文化重视程度降低。随着农村生活水平的提高，人们越来越注重生活质量的提升，却忽略了文化要素的重要性，对民族文化带来了一定的冲击。首先在建筑方面。"小洋楼"逐渐取代了传统的吊脚楼木房，越来越多的新房建筑都选用砖房修盖，这对传统建筑文化的传承带来了一定的挑战。虽然不能剥夺社会发展带给每个人的权益，但是民族文化的保护是民族得以长久发展的根本，是实现民族村寨旅游开发的重要文化资源。其次在语言文化方面。共同的语言是促使一个民族形成的重要因素，也是构成民族的特征之一。从民族学角度出发，民族语言是民族学家早期进行民族识别的重要凭证和依据，是民族的象征，具有强烈的民族特性。所以民族语言的传承是民族得以延续的重要途径。然而，随着西南少数地区民族观念逐渐浅薄，越来越多的少数民族后代不会说本民族语言。因外出务工、外出上学、移民搬迁等因素离开了本民族的语言环境，导致大部分人越来越不注重民族语言的学习，最后丧失学习本民族语言的机会，语言文化流失严重。最后在民俗活动方面。少数民族民俗活动不仅是本民族的象征，也是民族村寨旅游项目开发的重要元素，是实现全域旅游的重要部分。因此，民俗活动的保护和传承是促进旅游新业态发展的重要方式。在旅游发展初期，人们总以为传承文化与市场经济存在矛盾关系，民族文化持有者越来越轻视风俗习惯的传承，民族文化传承的观念逐渐淡化。随着现代化的社会发展，家庭经济结构逐渐改变，对于

---

❶ 李忠斌，李军，文晓国.武陵山区特色村寨建设新思路：基于夹壁村的调研 [J].西南民族大学学报：人文社会科学版，2016（2）:24-30.

农村而言，改变小农经济的主要方式就是外出务工，因此"村村空"现象在黔东南民族村寨中占比逐渐提高。加之了解习俗规矩和完整仪式的村寨老人纷纷故去，习俗文化的精髓和完整性得不到保存，导致民俗活动失去了原本的韵味。

六、旅游高质量发展营商环境不优

旅游业的经济指标是衡量旅游发展健康和优质高效发展的重要标尺。良好的营商环境是旅游业得以高效、高质量发展的前提，是实现旅游经济正常运行和促进发展的有效手段。就目前黔东南旅游经营条件来看，旅游营商环境不优，主要受限于地理位置、经济基础、主体间利益协调等方面。

（一）地理位置限制发展建设

黔东南的民族村寨旅游资源丰富，但由于地理位置限制，导致经济活动开展困难，基础设施建设难度大，建设成本高，不利于招商引资，阻碍旅游业的发展。其主要问题主要有以下体现。

一是地形条件不优。众所周知，贵州是全国唯一没有平原的省份，喀斯特地貌导致耕地面积与建筑面积资源有限。黔东南位于贵州省东南部，不仅平地面积少，且森林覆盖面积广，森林资源的脆弱性要求资源不予轻易破坏。在双重因素限制下，黔东南旅游建设过程中受到制约。此外，黔东南特色旅游资源——民族村寨多建于地形崎岖的山地上，无法为基础设施建设提供更优越的地形条件，比起平地建设，其建设成本更高，导致大部分旅游村寨开发的基础设施建设不够完善，例如停车场、公共卫生间等。在山地地形条件下，也带来招商引资困难等问题，进而导致建设大型旅游项目缺乏资金后劲等一系列发展问题，使得旅游发展成效不明显。基础设施协同作用较小，是阻碍旅游地区实现旅游高质量发展的重要客观因素。因此，如何调整管理机制和建设方案，克服旅游地区因地形等困难导致的设施建设不全问题，是黔东南目前在旅游发展中面临的挑战。

二是村寨资源不集中。远离经济中心的民族村寨受外来文化冲击较小，民族文化资源保存完好。文化越是完整，其价值越大。正是这些较其他民族而言具有较大差异性的文化特质，才能实现从文化资源到文化资本的转换。也正因为如此，传统村落中的民族文化才具有较高的经济价值[1]。该地区民族文化异质性较强，原生性更佳，地域性的文化是最有效的看点，是最能打动游客、勾起回忆的卖点[2]。因此具有较高的旅游开发价值。然而，黔东南旅游村寨受地理、人文、历史等因素影响，各村寨距离较远，无法形成旅游发展共同体，联动作用不强，资源整合度不高。分散性的资源布局导致资源极少实现共享，各景区企业间的合作机遇减少。此外，跨区域的投资建设和管理成本较高，即便是大型企业也很难在分散的民族村寨中实现持续健康发展。由此可见，黔东南分散的民族村寨资源不利于开展经济活动，即营商环境不优。

（二）经济基础影响上层建筑

旅游产业的可持续发展依赖地区经济发展水平的有效提高，无论长期还是短期趋势，该因素都会对旅游发展产生重大影响。黔东南部分民族地区经济基础薄弱，严重影响上层建筑的建设。具体而言，薄弱的经济基础说明黔东南旅游发展资金供应不足，无法形成系统的资金建设体系，旅游业在发展与建设过程中缺乏充足的发展资本，导致设施质量不达标，发展水平整体偏低，旅游高质量发展步伐缓慢。以雷山县南猛村的旅游发展现状为例，该村寨旅游发展处于初始阶段，受各因素限制，设施设备不够完善，且缺乏文化资本投入，目前仍未形成核心旅游吸引物，客源极其有限，导致旅游业发展停滞不前。究其原因，在于村寨经济基础不牢固。即使村寨种植茶叶，但仍未形成产业规模，经济效益不明显，无法

---

[1]　李军,胡盈.旅游共同体:传统村落旅游利益分配正义的新视角[J].云南民族大学学报（哲学社会科学版）,2021,38（6）:100-109.
[2]　王先昌,彭雅莉,孔德强.基于非遗视觉符号的湛江旅游文创产品设计研究[J].包装工程,2022,43,（12）:332-338,358.

形成旅游发展的资金后盾，家庭经济结构仍以小农经济和务工为主，人均收入水平整体偏低，村寨收入无法支撑村寨旅游发展建设，仍需依靠政府扶持和企业融资。此外，在旅游发展初期，客源有限，村寨旅游经济效益不显著，导致村民对旅游发展意识偏低，人口外流现象严重，"旅游不赚钱"的思想观念仍未得到改善，村民对旅游的重视程度偏低。"空巢农村"是导致旅游发展停滞不前的主要原因。由此可见，黔东南旅游发展的经济基础不够牢固的主要原因在于产业结构单一和人力资源稀缺。因此，依托地缘优势，积极调整产业结构，促进产业多元化，是改善经济收入的重要路径。此外，人力资源是发展的基础，加强人力资源建设是实现资本积累的有效手段。

综上所述，夯实经济基础是实现旅游产能升级和高质量发展的物质前提，是黔东南乡村旅游上层建筑建设的首要任务。只有夯实经济基础，才有发展的资本条件。

（三）旅游发展主体间的利益协调冲突

政府、企业和居民是旅游发展的三大主体，三者之间存在着多重合作与共存关系，无法分割与独立。只有在三者协同作用下，才能营造良好的营商环境，为旅游发生实质性变化夯实运营基础，真正实现旅游产能升级和高质量发展。目前，黔东南部分景区旅游发展主体合作不够深入，功能协同作用有待统筹和夯实，甚至出现各主体间多方面的利益冲突，严重影响旅游营商环境。如何协调各主体之间的利益关系，和谐助力旅游发展是黔东南旅游提质增效面临的一项挑战。

七、本章小结

本章探讨了黔东南州旅游高质量发展中存在的问题。从旅游布局来看，存在旅游发展空间格局不均衡、旅游区域协同效应不高的问题；从旅游基础设施来看，存在旅游基础设施政策支持体系不完善、投入不足、规划不完善、科技创新有待加强、乡村和城市旅游基础设施水平亟待提高等问题；从文化来看，存在旅游高质量发展要求下文旅融合效果不佳、文化产业动力不足、原生态民族文化创新力度不够等问题；从科技创新来看，存在资源开发与保护技术不成熟、科旅融合成效不佳、旅游科技创新能力不足、体制机制不健全等问题；从旅游人才来看，存在旅游人才培养不适应发展需求、人才结构不合理、文化水平整体偏低、民族人才存在传承危机等问题；从营商环境来看，存在地理位置限制发展建设、经济基础影响上层建筑、旅游发展主体间的利益协调冲突等问题。

第六章 黔东南州旅游高质量发展的优化路径

一、锚定黔东南州旅游高质量发展之匙

旅游业已成为黔东南的支柱性产业，是黔东南未来发展的重点领域，也是黔东南实现经济水平跨越的必要途径和必然趋势。旅游业的发展对黔东南经济影响以及未来发展方向至关重要。为促进旅游可持续发展，加快高质量发展步伐，需要解决区域旅游发展不均衡、旅游区域协同效应不高等问题，进一步优化区域旅游空间布局，实现旅游业"质"的增长和"效"的提升。

（一）促进地区旅游发展平衡

区域旅游发展不均衡的主要原因是部分地区可利用资源少以及发展重视度不够。解决该问题的途径主要有如下几条。

一是转变发展观念，深度挖掘其他文化资源并合理利用文化资源。一个地区综合发展包括文化要素、经济要素、生态要素的协调发展[1]。因此，解决旅游发展道路的问题主要路径有：一方面，针对部分文化资源短缺的区域，采取生态资源挖掘发展途径，转变发展观念，另辟蹊径，积极利用生态资源或产业资源，打造

---

[1] 李忠斌，李军，文晓国.武陵山区特色村寨建设新思路：基于夹壁村的调研［J］.西南民族大学学报（人文社科版），2016，37（2）:24-30.

生态旅游或农旅融合的新思维发展模式，以生态和农业为旅游主题，精准利用现有资源进行旅游开发，从而塑造旅游主题形象。例如，生态环境质量优、环境优美、生态资源禀赋的村寨可打造露营基地，以"世外桃源"为开发主题，精准打造休闲娱乐的旅游基地。在社会压力及节假日"网红"城市拥挤的背景下，具备完善的基础设施、生态性强、休闲娱乐的乡村旅游地是现今旅游市场需求量较大、被选择性较高的旅游对象。此外，可增设农耕、捕鱼、秋收、冬藏等一系列农业体验型旅游项目，既可打破旅游季节性的自然环境限制，又能成为休闲旅游、研学旅游的基地，为乡村旅游发展提供特色优势和项目基础。另一方面，加强文化资源的保护和利用。首先，资源保护是发展的前提，加强资源保护力度是实现旅游发展的重要基础。因此，要制定合理的资源保护机制，完善保护体系，提高文化资源保护程度。其次，合理利用独特的文化资源和农村劳动力，在促进旅游经济效益提升的同时提供更多就业机会，实现居民收入水平的跨越式提升。例如，整合未被开发和利用的民族文化资源，突出文化特色，以文化为主导，利用村民开展文化活动，以资源异质性作为吸引客源的主要依据，打造特色村寨旅游。此外，在影响力得到提升时，即旅游发展中后期，普通（不具备民族文化元素的）村民可通过置办农家乐、民宿、开店铺等方式参与旅游发展，实现经济效益提升，促进村寨旅游整体发展。

二是加强政府引导，拓宽宣传渠道。旅游业的发展和资源的开发离不开政府的科学引导以及广泛的宣传渠道。旅游在发展阶段，尤其在初期阶段，政府的合理引导、资金投入、政策优惠等方面的重视程度，是影响地区旅游成功发展的关键因素。例如，今天的西江千户苗寨在基础设施、品牌形象等各方面建设上得以完善和稳定，离不开政府的支持和重视。为打造黔东南旅游品牌，政府举全州之力，将原生性强且基础设施薄弱的民族村寨打造成为今天的 4A 级景区，旅游经济收入成为雷山县财政收入的重要组成部分。由此可见，政府已成为旅游发展中的重要推手和重要力量。然而，针对其他待发展或发展初期的地区，政府应因地制宜，采取恰当的手段促进这些地区均衡发展。具体做法为：一方面，政府应加强景区发展管理，制定相关管理条例，出台相关发展政策，通过政策助力资本输入，为区域旅游发展提供坚实的政策基础，为招商引资提供良好的旅游运营环境。此外，针对旅游发展存在的问题，应及时做出应对措施，形成良好的管理运营体系，促进区域旅游的健康发展。在管理方面，借助科学的技术和管理方法，对相关部门和人员进行有效管理，提高管理效能，助力旅游发展。另一方面，政府应拓宽旅游宣传渠道，在旅游形象塑造上下功夫，实现旅游品牌建设，加强宣传与推广力度。宣传渠道分为线上渠道和线下渠道。首先，可以通过创建营销号等途径拓宽线上营销渠道，营销号的创建不仅可以对景区形象进行有效宣传，还可以在互联网平台上实现旅游商品交易，成为地区旅游产业的销售渠道。在数字经济背景下，网络营销渠道是提高旅游形象宣传效率的重要途径。因此，政府应维护好、发展好网络营销市场的正常运行，制定网络监管机制，营造良好的营销环境，为旅游地形象宣传夯实环境基础。此外，线下营销渠道也尤为重要。线下市场庞大，受众群体广泛，线下渠道的拓宽是促进旅游形象宣传的又一方式。例如，通过公交、地铁、商场等人流量密集的地方以广播、宣传海报等方式进行宣传。值得注意的是，宣传方式不仅要独特，而且宣传内容也应新颖而富有地方特色。地方特色就是旅游吸引物，是旅游业发展的关键。总之，区域旅游资源的开发和管理至关重要，是实现地区旅游平稳发展的重要措施。

（二）提升区域旅游联结效率

从空间临近效应视角出发，旅游发展在空间布局上要考虑到周围村寨的发展，将旅游发展的文化、经济利益向周边村寨扩散❶。区域旅游空间布局的优化需要充分把握地区旅游业的发展动向，遵循空间布局优化原则，抓住现阶段黔东南区域旅游空间格局的现状和现存问题，在全面掌握县市旅游资源的基础上，配合地区

❶ 李军，罗永常，李忠斌."固本扩边"理论视角下民族特色小镇空间圈形扩展研究［J］.广西民族研究，2017（6）126-133.

旅游不同的发展层次予以突破❶。

一是发挥景区的最大连带作用。首先，政府应制定相关的发展协调机制，从政策帮扶上促进景区连带发展，发挥政府的积极引导作用。在旅游发展严重失衡的背景下，政府应积极实施调节职能，及时采取调节方案，通过空间拓展、空间联结、空间干预等措施进行失衡调节，并搭建更多节点平台联结核心与边缘区域，以此带动落后区域发展❷。针对"未富"景区的发展现状，政府应积极找出发展中所遇困境，采取相应措施，深度挖掘开发潜能，提升景区发展空间，做好基础设施建设、政策优惠福利、资源开发等基础性工作，提升"未富"景区的招商引资条件，为企业提供良好的发展环境。针对"先富"景区，应采取鼓励政策，在保证自身健康发展的前提下"帮扶"其他景区。此外，也可进行景区间的技术交流和人才交换，实现资源共享，共同进步，相互学习。其次，企业应做好人才管理和升级工作，"先富"景区与"未富"景区应优化人才资源配置，加强人才交流，取长补短，共同学习与进步。尤其是"后富"景区企业更应积极学习和交流，突出特色，形成自身发展优势，成为吸引客源的坚实力量。最后，地方居民应提高旅游发展意识，为家乡旅游发展建言献策。此外，提升自身技能，增强自身发展优势，为旅游发展打下技能基础，并做好资源保护和设施维护工作，为旅游持久发展提供后勤保障。总之，居民的协同作用和自身发展为旅游发展提供群众基础，共同推进景区向前发展。

二是旅游景区联动发展。旅游功能细分体现了旅游互补性和差异性，景区间的差异性和互补性足以证明旅游联动发展的优势。因此，促进区域旅游景区联动发展是实现旅游空间布局优化的重要方式。首先，各景区区域政府间应加强合作和交流，建立完善的合作交流体系，在不破坏市场规律前提下，积极引导景区合作，促成"资源共享和风险共担"的发展格局，增强区域旅游功能的齐全性。例如，

❶ 梁琦,蔡建刚."一带一路"与我国区域旅游空间布局优化[J].吉首大学学报:社会科学版,2018,39（3）:39-47.

❷ 李军,蒋焕洲.经济空间重构:传统村落旅游利益分配正义的西江样本［J］.中南民族大学学报（人文社会科学版),2020,40（4）:112-118.

西江苗寨与肇兴侗寨的景区合作，一方面有利于形成强有力的发展圈，壮大景区内生发展力量，另一方面有利于满足旅游者多样化的旅游需求，提升区域影响力。其次，企业间应加强合作，实现资源共享，加快企业联动发展步伐。例如，不同景区间的餐饮、住宿等企业可进行合作，实现客源共享，提升旅游竞争力，坚持共赢原则，相互联系，相互依存，积极发挥联动效应，促进景区共同发展。

总之，景区的共生发展机制是旅游高质量发展的重要选择。否则，各景区独自发展，最终都处于孤立无援状态，承担风险能力弱的景区将会逐渐走向下坡路。

（三）强化旅游大通道建设

强化黔东南州旅游大通道建设是推动当地旅游业高质量发展、促进乡村振兴和民族文化保护的重要举措。黔东南州旅游大通道不仅能成为客流、物流的动脉，更能转化为经济增值链、文化展示带和生态保护屏，助力全域旅游高质量发展。黔东南州旅游大通道建设要以"交通＋旅游"深度融合为导向，整合黔东南州 16 个县市的自然景观（如雷公山、潕阳河）和民族文化（苗侗村寨、非遗技艺），构建"快进慢游"立体交通网络。

在航空方面，一是要加强机场建设。构建"1+2+N"航空网络体系。以凯里黄平机场为核心枢纽，黎平机场为次枢纽，规划新建 6 个通用机场（凯里、从江等）和 3 个直升机起降点（西江苗寨、雷公山等），形成覆盖全州、辐射湘黔桂的立体化旅游航空网络。对现有的凯里黄平机场、黎平机场进行硬件升级和智慧化改造，将凯里黄平机场的跑道延长至 3200 米，新建 2 万平方米 T2 航站楼，增设 6 个 C 类机位，配套建设飞机维修基地。改造黎平机场平行滑行道，扩建货运区至 5000 平方米，加装 Ⅱ 类盲降系统，提升复杂天气保障能力。对现有机场部署 AI 行李分拣系统、全自助值机终端，建设"天眼卫星 +5G"导航增强系统，降低山区地形对航班的影响。二是要加强航线规划。加快省内快线加密建设，开通凯里黄平—贵阳（每日 2 班）、凯里黄平—铜仁（每日 2 班）、黎平—荔波（每日 2 班）的环省航线穿梭航班，开发"云上公交"小程序，实现"机票＋景区直通车"一键预订（30分钟无缝接驳）。拓展国内航线班干线，进行核心市场攻坚行动，开通凯里黄平—北京（每日1班，早发8点，晚归10点）、黎平—上海（每日1班，早发8点，晚归10点）的旅游航线。联合携程、飞猪等OTA推出"周末非遗专机"（周五晚出发/周日晚返回），开发"天文观测包机"凯里黄平—平塘（中国天眼）商务机定制航线。三是要加强低空飞行设施建设。布局构建"3+5+N"基础设施网络体系，形成"高空快线＋低空漫游"的立体旅游交通网络，使游客既能"飞阅山河"又能"深浸文化"。"3"即建设凯里黄平通用机场综合服务基地、雷公山生态飞行营地山地起降基地；潕阳河水上飞机码头水域起降基地三大基地；"5"即5个景区停机场，分别是西江苗寨、肇兴侗寨、镇远古城、施秉云台山、加榜梯田停车场；"N"即N个临时起降点，分别在剑河温泉、岜沙苗寨等20个特色村寨设置应急起降坪。

在铁路方面，大力推进以快速铁路为重点的铁路建设，结合现有铁路干线，构建以凯里为核心、辐射全国经济圈、串联民族文化走廊的"轨道上的黔东南"，重点构建"四横三纵三连线"的主骨架，形成"高铁穿山越岭、城际通县达景、货运物畅其流"的立体化铁路网络。四横：沪昆高铁复线（玉屏—凯里—贵阳），——对接长三角经济圈，黔东南旅游快铁（镇远—雷山—榕江）——串联世界自然遗产地，清水江货运铁路（天柱—锦屏—剑河）——矿产木材运输通道，苗侗文化走廊线（黎平—从江—荔波）——跨境对接贵广高铁。三纵：张吉怀南延线（铜仁—岑巩—凯里）——融入成渝双城圈，都柳江生态铁路（三都—榕江—黎平）——对接西部陆海新通道，雷公山旅游专线（台江—雷山—丹寨）——山地观光铁路。三连线：凯里—黄平联络线（凯里南—旧州）——机场高铁联运，潕阳河风景线（施秉—镇远）——峡谷观光专列，天柱—锦屏联络线（天柱—锦屏）——打通省际断头路。通过构建现代化铁路网络，黔东南州将实现"2小时覆盖全省、5小时通达全国主要城市"的目标，形成"快进慢游"的旅游交通新格局。

在水运方面，黔东南州凭借得天独厚的水文条件和区位特征，形成了开发水上观光产业的优越基础。基于"双通道贯通江海"的战略布局（北接长江流域、南联珠江水系），要着力推进航运配套设施的现代化建设，为水上旅游经济发展提供动能。要实施骨干河道疏浚工程，全面提升航运承载水平，构建安全可靠的水上交通网络。开发特色游船航线，有机串联沿江文旅资源。建立智慧航运调度系统，通过数字化手段强化安全保障机制。特别是连接长江和珠江的航道，加强疏浚和拓宽，确保大型旅游船只的通航条件。在主要旅游景点和交通节点建设现代化的港口和码头，配备完善的游客服务设施，如候船室、停车场、餐饮服务等，提升游客的出行体验。引进环保型、舒适型旅游船舶，提升游客的乘坐体验。同时，加强对现有船舶的维护和管理，确保航行安全。结合黔东南州的自然风光和民族文化，设计多样化的水运旅游线路。例如，可以开发从凯里到镇远的水上旅游线路，串联起沿途的古镇、苗寨、侗寨等景点，形成独具特色的水上旅游产品。开发夜间水上游览项目，利用灯光、音乐等元素，打造独具魅力的夜间水运旅游体验。加强与长江、珠江流域其他地区的合作，推动跨区域的水运旅游线路开发，形成区域联动效应。将水运旅游与公路、铁路等陆路交通相结合，形成多式联运的旅游交通网络，提升游客的出行便利性。

在高速公路建设方面，黔东南州可以依托沪昆、贵广等国家高速公路，进一步完善省域高速公路网络，形成"一环、三横、四纵、多联线"的骨干高速公路体系。这一体系的建设将极大提升黔东南州的交通通达性，促进区域经济发展和旅游业的繁荣。一环：构建环绕黔东南州核心区域的高速公路环线，连接州内主要城市和交通枢纽，形成州内快速交通网络。环线可以连接凯里、镇远、黎平、榕江等主要城市，形成闭合环路，方便州内各区域之间的快速通行。三横：东西向的三条高速公路横线，连接黔东南州与周边省份，促进区域经济一体化。北横线：以沪昆高速公路为基础，连接贵阳、凯里、铜仁等地，向东延伸至湖南、江西等省份。中横线：以贵广高速公路为基础，连接贵阳、都匀、榕江等地，向东延伸至广西、广东等省份。南横线：规划一条新的南横线，连接黎平、从江等地，向东延伸至广西，形成第三条东西向通道。四纵：南北向的四条高速公路纵线，连接黔东南州与长江、珠江两大水系，促进南北向的交通和经济联系。西纵线：连接贵阳、凯里、雷山等地，向南延伸至广西。中纵线：连接遵义、镇远、榕江等地，向南延伸至广西。东纵线：连接铜仁、黎平、从江等地，向南延伸至广西。新增纵线：规划一条新的纵线，连接黔东南州北部与南部，形成第四条南北向通道。通过"一环、三横、四纵、多联线"的骨干高速公路体系建设，黔东南州将极大地提升区域交通的便利性和通达性，促进经济和旅游业的快速发展。

在公路建设方面，黔东南州可重点实施路网优化升级工程。基于现有高速公路网络骨架，通过增设辅助线路、完善支线连接系统以及实施干线公路提质工程，系统解决交通接驳环节的梗阻问题。具体而言，可着力构建复合型交通枢纽节点，实现不同运输方式的无缝衔接，重点培育以凯里市为轴心的立体化路网格局。该体系将以核心区域为基点，通过强化辐射通道建设，促进各旅游片区协同发展，最终形成全域覆盖、高效联通的特色旅游交通网络。新增复线和联络线旨在提升高速公路和主要通道的通行能力，缓解交通压力，增强区域交通的灵活性和通达性。在现有高速公路（如沪昆、贵广）的基础上，规划建设复线，分流交通流量，提升通行效率。规划建设多条联络线，连接高速公路与国省干道、旅游景区、交通枢纽等，形成密集的公路网络。优先建设连接主要旅游景区、交通枢纽和经济中心的联络线，确保交通的便捷性和通达性。通过对国省干道的提升改造，提升道路的通行能力和服务水平，解决"最后一公里"的交通问题。对经过黔东南州的主要国道（如 G320、G321）进行升级改造，提升道路等级和通行能力。对连接各县市、旅游景区的主要省道进行改造，提升道路的通行条件和服务水平。加强道路的养护和管理，确保道路的畅通和安全，提升游客和居民的出行体验。聚焦综合运输体系集成化发展，推进公路、铁路、水路、航空多模态交通网络融合创新。可重点规划凯里市枢纽能级提升工程，通过构建"四网融合"的立体化交通体系，实现陆路运输、轨道交通、内河航运与航空运输的高效接驳。具体实施中，宜采用枢纽集群发展模式，依托智能化调度平台与一体化票务系统，形成 30 分钟交通圈内的快速换乘机制，显著增强区域交通网络的协同运作能力。在主要县市和旅游景区建设区域交通枢纽，方便游客和居民的出行。围绕凯里，建设一条核心环线，连接凯里周边的旅游景区和交通枢纽，形成快速旅游通道。规划建设多条片区联动线路，连接凯里与各县市、旅游景区，形成片区联动的旅游公路网络。规划建设延伸线路，连接黔东南州与周边省份的旅游景区，形成跨区域的旅游公路网络。加强旅游公路的规划和管理，提升游客的出行体验。

（四）以十大工程撬动旅游发展

通过"十大工程"系统性推进黔东南州全域旅游升级，既能提升区域经济活力，又能保护文化遗产与生态环境。

一是交通互联互通工程。建设立体化交通网络，加密高铁站点布局（如推进凯里至都匀城际铁路），开通旅游专列；改造升级 3A 级以上景区通景公路，构建"快进慢游"路网；建设通用航空基地，试点直升机观光项目（如雷公山、月亮山空中走廊）。开展智慧交通服务，开发"一码通黔东南"交通平台，整合景区接驳车、共享汽车、定制巴士等。

二是民族文化活化工程。进行非遗活态传承，设立"非遗工坊集群"，推出沉浸式体验课程。在丹寨、雷山、黎平等地打造"一县一艺"非遗工坊带。例如，建设丹寨"蜡染艺术村"，游客可体验从板蓝根种植、染料提取到蜡画绘制的全流程，开发"蜡染盲盒"体验包。建设雷山"银饰锻造工坊"，联合非遗传承人开设银饰 DIY 课程，推出"苗银婚嫁十二件套"定制服务。建立非遗产品设计中心，邀请现代设计师与传统手艺人合作，推出符合都市审美的文创产品（如苗绣元素手提包、侗布笔记本电脑壳）。打造"民族文化实景史诗剧"，以雷山西江、肇兴侗寨为舞台，结合声光电技术展演《苗族古歌》《侗族大歌》。进行传统村落保护性开发，制定"一村一策"保护计划，修复岜沙苗寨、隆里古城等建筑群，限制商业化密度。

三是生态旅游示范区工程。建设国家公园体系，申报"苗岭国家公园"，串联雷公山、月亮山、清水江流域，开发森林徒步、观鸟科考线路。建设生态监测系统，划定游客承载量红线。推广电动观光车、零废弃民宿（如从江加榜梯田片区），推出"碳积分"奖励计划，试点低碳旅游。

四是创新旅游产品工程。打造主题IP，设计"黔东南十二时辰"主题线路，清晨梯田摄影、午后非遗手作、夜间长桌宴与篝火晚会。开发"苗侗神话"系列文创盲盒，融合银饰、刺绣等元素。突破细分市场，与高校合作设立"民族生态学田野基地"，发展研学旅游。利用中药材资源（如天麻、灵芝）开发温泉疗愈项目，发展康养旅游。

五是品牌营销升级工程。建立全球化传播策略，联合美国探索频道（Discovery）拍摄《神秘黔东南》纪录片，在海外社交媒体投放短视频。举办"国际山地旅游峰会"，邀请联合国教科文组织专家参与。开展精准营销活动，推出"四季主题节庆"，春季油菜花马拉松、夏季漂流争霸赛、秋季稻鱼丰收节、冬季苗年嘉年华。

六是数字文旅融合工程。利用元宇宙搭建"云游黔东南"虚拟世界，用户可穿戴VR设备参与线上鼓楼对歌、虚拟服饰换装。发行NFT数字藏品，如限量版苗族蝴蝶妈妈图腾。应用大数据，通过游客行为分析优化线路设计，预警高峰期拥堵。

七是服务质量提升工程。进行标准化管理，制定《黔东南州民宿分级标准》，推行"星级农家乐"认证。开展"微笑服务"培训，建立多语种导游人才库。建立应急保障体系，在景区部署5G医疗急救站，实现无人机物资投送全覆盖。

八是产业融合带动工程。发展旅游+农业，开发"稻田艺术节"，游客参与插秧、捉鱼，带动有机米、稻花鱼销售。发展旅游+工业，开放酸汤、蓝莓酒工厂参观，设计透明生产线与DIY酿造体验。

九是区域协同发展工程。进行跨省联动，与广西桂林、湖南湘西共建"滇黔桂民族风情走廊"，推行联票互惠。进行省内协作，与荔波、梵净山形成"黄金三角"，共推"山地遗产之旅"。

十是可持续发展保障工程。建立社区利益共享机制，推广"村民入股"模式，将旅游收益按比例反哺村寨修缮与教育。建立动态监测机制，引入卫星遥感技术评估生态影响，每年发布《黔东南州旅游开发绿皮书》。短期（1~2年），黔东南州重点突破交通基建与品牌营销，打造3~5个标杆景区；中期（3~5年），黔东南州完善产业链，培育康养、研学等新业态；长期（5年以上），黔东南州形成国际知名旅游目的地，实现生态保护与经济增长双赢。

通过十大工程的精准发力，黔东南州可逐步从"资源富地"升级为"体验高地"，成为游客探寻民族文化与自然奇观的必选之地。

二、筑牢黔东南州旅游高质量发展之基

旅游基础设施是指为满足旅游业发展需求，提供旅游服务、支持旅游活动进行的各种设施。旅游基础设施是旅游业发展的重要支撑，是旅游业得以健康持续发展的必然基础，建设和完善旅游基础设施是促进旅游高质量发展的首要前提，是旅游发展的优先领域，旅游基础设施的发展和优化对旅游资源的开发、旅游者的旅游体验以及旅游地的品牌建立和推广具有直接影响。因此，加快完善旅游基础设施建设迫在眉睫，符合旅游市场发展规律和市场需求方向。针对黔东南旅游基础设施建设存在的问题提出以下解决措施。

（一）完善旅游基础设施的政策支持体系

旅游基础设施是旅游业发展的基础和保障，关系到旅游业的整体水平和竞争力，对于旅游业的繁荣和发展至关重要。然而，旅游基础设施的发展面临着诸多困难和挑战，需要政府和社会各界的支持和投入。因此，政府应加强政策支持，制定有利于旅游基础设施发展的政策，为旅游基础设施发展提供政策保障，推动旅游业产业化和高质量发展。

一是要明确黔东南州政策目标和重点，完善旅游基础设施的政策支持体系。政策目标应包括旅游基础设施的投资、建设、运营和维护等方面，提升旅游基础设施的规划、建设、运营和管理水平，推动旅游基础设施的可持续发展。政策重点应包括加大对旅游基础设施投资的支持力度，鼓励社会资本参与旅游基础设施建设，促进旅游基础设施与其他产业的融合发展。

二是要制定相应的政策法规。政府应当出台相应的政策法规，明确旅游基础设施建设的基本原则、标准和程序，确保旅游基础设施建设的规范化和标准化。政策制定应充分听取行业专家和企业的意见，确保政策科学、合理、有效。同时，政府还应当出台相应的政策法规，对旅游基础设施建设进行资金支持和政策扶持，为旅游基础设施建设提供强有力的政策保障。政府应出台专项扶持措施，加速布局新一代信息基础设施。相关部门可推出针对5G通信网络、互联网数据中心等数字化基建项目的专项规划，以此增强区域智慧服务支撑能力，为传统旅游业智能化升级提供技术保障，进而提升城镇居民生活品质。在此基础上，建议构建全域旅游数据中枢系统，通过区块链和云计算技术实现跨部门信息资源整合，有效提升行业数据交互效能。此举措能系统优化旅游产业信息传导机制，着力破解长期存在的行业数据流通梗阻问题，通过建立标准化数据接口和开放API平台，最终构建起覆盖全产业链的智慧服务生态体系。

三是在政策推广与人才培育层面需强化落实力度。政府部门应通过多渠道宣导机制，将旅游基建专项政策纳入常态化解读体系，借助数字政务平台开展线上政策宣讲会，并建立区域联动培训网络。针对行业从业者，重点构建分层次、模块化的能力提升工程，特别是强化基层执行人员的政策解析能力和项目实操水平，以此形成政策传导的完整闭环。通过知识更新工程与技能认证体系的双轨并行，切实保障基建规划从文本到实践的精准转化，最终实现政策红利向市场效能的实质性转变。同时，政府还应当加强与旅游从业人员的沟通和交流，及时了解旅游基础设施建设中存在的问题和困难，为政策制定提供参考。政策实施应注重实际效果，定期对政策进行评估和调整，确保政策能够适应旅游业的发展需求。

四是要加强对旅游基础设施建设的监管。建立健全旅游基础设施建设的监管机制，加强对旅游基础设施建设和运营的监管，确保旅游基础设施建设的质量和安全。要加强对旅行社的监督管理，并采取规范化的引导措施。通过这些努力，可以有效提高旅游服务的质量，确保游客获得更加满意和愉快的旅行体验。同时，通过提升旅行社的服务水平，进一步改善和提升旅游目的地的整体形象，吸引更多游客前来观光旅游。这将同步实现产业提质与区域增值双重目标：既为旅游行业注入可持续发展动能，又通过产业链延伸效应激活地方经济内生动力，更以文化 IP 开发为载体构建新型传播矩阵。这种多维赋能模式在优化旅游产业生态系统的同时，有效打通"资源—资本—资产"的价值转化路径，形成经济活力与文化辐射力协同提升的发展范式。

（二）拓展投融资渠道，形成多元化的融资、投资机制

一是要加大旅游基础设施投资力度。政府在旅游基础设施建设中扮演着重要角色，政府应加大对旅游业基础设施建设的投入，引导和推动旅游基础设施的建设，特别是在黔东南州相对贫困地区，要加大投资力度，促进旅游基础设施的发展，提高旅游基础设施的建设水平，满足游客的需求。黔东南州旅游业虽呈现快速增长态势，但受制于行业管理与设施建设层面的系统性规划缺失，衍生出多重发展瓶颈。其一，旅游服务系统长期处于高负荷运行状态，暴露出接待能力与市场需求的结构性失衡。其二，公共旅游基础设施建设存在资金投入力度不足的问题，制约了服务质量的提质升级。其三，景区配套功能体系尚未形成完整闭环，从交通接驳到智慧化服务等环节均存在完善空间。这些问题本质反映出区域旅游产业在高速扩张过程中，未能实现资源配套与发展节奏的协同演进。因此，要加大旅游基础设施投资力度，优化旅游基础设施投资结构，提高旅游基础设施投资效益、运行效率和建设水平。要加大旅游基础设施投资力度，特别是交通、住宿等关键、核心领域，为游客提供更加便捷、舒适的旅行体验。在交通基础设施投资方面，可以加大投入资金，进行火车站、高铁站、高速公路、道路、桥梁等基础设施的改造、升级和扩建。与此同时，推动黔东南州公共交通系统的完善，如增设各重点景区之间的旅游专线巴士，加强各县

市公交网络的互联互通，为游客提供多样化的出行选择。在住宿基础设施投资方面，可以加大住宿基础设施建设的投资力度，鼓励和支持酒店、民宿等住宿设施的改造、建设和升级，提升住宿品质和服务水平。特别是对于省内旅游热点的景区，如西江苗寨、镇远古城，可以增加酒店数量，推动住宿设施的多样化，满足不同游客的需求。

二是要优化旅游基础设施建设投资结构。旅游基础设施作为支撑旅游产业发展的基础条件，在旅游业快速发展的过程中，显得尤为重要。优化旅游基础设施建设的投资结构，不仅可以提高投资效益，也可以促进旅游业的高质量和可持续发展。首先是要优化旅游基础设施建设的投资布局，要根据黔东南州旅游资源的分布情况和旅游需求的变化，合理布局旅游基础设施建设的投资，提高旅游资源的利用效率。与此同时，要进行科学的规划和布局，避免过度投资或重复建设。其次是要注重旅游基础设施的投资效益。在旅游基础设施投资的过程中，应该注重投资效益，避免过度投资或重复建设，加强对旅游基础设施建设投资效益的评估和监测，及时发现投资效益不足的问题，为优化旅游基础设施建设投资结构提供依据。最后是要加强对旅游基础设施建设的管理和监督。在旅游基础设施投资的过程中，应该加强对投资项目的管理和监督，确保投资项目的质量和效益。与此同时，要建立健全的旅游基础设施建设投资监测机制，及时了解投资情况，为优化旅游基础设施建设投资结构提供依据。

三是要拓展融资渠道，形成多元化的融资、投资机制。多元化的融资、投资机制是提高旅游基础设施投资水平的重要途径，是旅游产业发展的关键。旅游基础设施是旅游业发展的重要基础，包括旅游交通、住宿、餐饮、娱乐、购物和安全等方面。旅游基础设施的建设需要大量的资金投入，在加大政府财政投入的同时，政府可以通过财政补贴、税收优惠等政策，引导社会资本投入旅游业，积极吸纳民间投资，拓展融资渠道，鼓励企业、民间资本参与旅游基础设施建设，有效缓解旅游基础设施建设的资金压力。可以考虑发行旅游债券、旅游基金等，吸引更多的社会资本参与旅游基础设施建设，形成政府与民间共同投资的局面，形成多元化的融资、投资机制。

（三）完善旅游基础设施的规划

旅游基础设施的建设需要有明确的规划和设计，旅游基础设施建设规划的完善是提高旅游基础设施发展水平的重要途径。完善旅游基础设施规划，可以明确旅游基础设施的发展方向和重点，促进旅游基础设施的合理布局和高效运行，提高旅游基础设施的建设效益。

一是加强旅游基础设施规划的研究。要根据黔东南州现有旅游基础设施的现状、需求和旅游业的发展水平确定旅游基础设施的发展方向和优化策略。明确旅游基础设施建设的发展目标和发展任务，确保旅游基础设施规划与旅游目的地的发展战略相协调，提高旅游基础设施建设规划的前瞻性和科学性。对旅游基础设施建设规划进行前瞻性研究和科学评估，确保旅游基础设施建设规划的前瞻性和科学性。要深入分析黔东南州重点旅游地区旅游基础设施的需求、供给、布局、建设等问题，为旅游基础设施规划提供科学、合理的依据。旅游基础设施规划要考虑交通网络的构建，包括道路、铁路、航空和水运等，确保游客能够便捷地到达目的地。要考虑住宿设施的规划，从经济型酒店、轻奢型酒店、商务型酒店、精品酒店到高端酒店，以满足不同游客的需求。要充分考虑旅游景点的开发与保护需要平衡，既要吸引游客，又要保护自然和文化遗产。要充分考虑公共服务设施，如游客中心、医疗点、信息咨询等，并将其纳入规划之中，以提升游客的整体满意度。通过这些综合性的规划研究，可以为黔东南州旅游产业的高质量、可持续发展奠定坚实的基础。

二是要优化旅游基础设施规划体系。要构建包括黔东南州旅游基础设施总体规划、专项规划、详细规划在内的多维度、多层次、完善的旅游基础设施规划体系。旅游基础设施规划需要考虑旅游市场的需求，旅游资源的保护和可持续性，与旅游企业的投资和运营相协调，以及与旅游政策相协调。要充分发挥政府的主导作用，将旅游业纳入国民经济和社会发展计划及重点项目建设计划，实行产业扶持政策。要根据旅游业的实际情况和需求，对旅游基础设施建设的重点领域和项目进行合理规划和布局。要特别关注黔东南州乡村旅游基础设施的建设，如乡村道路、通讯、水电等基础设施的改建。要大力发展和完善交通、住宿、餐饮等基础设施，以促进旅游产业的发展。

三是要强化旅游基础设施建设规划的实施和监督。规划的实施和监督是旅游基础设施建设规划得以有效实施的关键。需要建立完善的实施和监督机制，确保旅游基础设施建设规划的实施效果。可以抽调政府相关部门、旅游业界代表以及公众代表组成专门的监督机构，建立多方参与的协作机制，负责对旅游基础设施建设的各个环节进行跟踪和评估，保证监督的全面性和公正性。建立健全旅游基础设施的监测和预警机制，加强对旅游基础设施的实时监控和风险评估，及时发现和处理问题。加强对旅游基础设施建设的监管，确保旅游基础设施建设的质量和安全。监督机构应定期发布旅游基础设施建设的进度报告，公开透明地向公众展示项目进展和存在的问题。加强旅游基础设施的运营和管理，建立健全的管理制度和标准体系。旅游基础设施建设和管理涉及多个部门和领域，需要制定相应的管理制度和标准体系，明确各部门和企业的职责和权限，规范旅游基础设施的运营和管理行为。与此同时，还需要加强对旅游基础设施的维护、保养以及更新和改造，确保其正常运行和服务质量，提高其使用效率。与此同时，鼓励公众参与监督，通过建立投诉和建议平台，收集游客和当地居民的反馈信息，及时调整和优化建设方案，确保旅游基础设施规划的顺利实施。建立一套科学的评价体系，对旅游基础设施的可持续性、安全性、便利性以及对环境的影响进行评估，确保旅游基础设施的建设与维护符合长远的发展规划目标和环境保护要求。

（四）加强旅游基础设施建设的科技创新

随着科技的不断进步，旅游基础设施建设正迎来前所未有的变革。智能化、信息化的手段被广泛应用于旅游服务的各个领域，从智能导览系统到无人化管理，科技的融入让旅游体验更加便捷和个性化。旅游业要保持有利地位并持续发展，必须不断适应时代，紧跟时代步伐，注重创新和科技进步。

一是强化科技创新，促进旅游基础设施建设智能化转型。引入物联网、大数据、人工智能等先进技术，提升旅游基础设施的智能化水平。利用大数据和人工智能技术，对旅游者的搜索行为和兴趣偏好进行深度分析，实现旅游信息的个性化推送。通过智能推荐系统，为旅游者提供符合其个人喜好的景点、活动、餐饮和住宿等建议。建设智能旅游服务平台，提供个性化旅游路线规划、实时交通信息、景区预约购票等便捷服务。推广智能导览系统，利用 AR/VR 技术为游客带来沉浸式体验，增强旅游互动性和趣味性。虚拟现实（VR）技术的应用，让游客在出发前就能身临其境地体验目的地的风光，提前规划行程。增强现实（AR）技术则可以在旅游过程中为游客提供实时的互动信息，比如通过手机或智能眼镜看到的历史遗迹解说、文化背景介绍等。加强旅游安全监管，利用智能监控和预警系统，提高旅游安全保障能力。

二是强化科技创新，促进旅游基础设施建设绿色化转型。通过绿色化转型，旅游基础设施将变得更加高效、安全和环保，为游客提供更加优质的旅游体验，同时推动旅游业的可持续发展。推广绿色建筑材料和节能技术应用于旅游基础设施建设，显著降低旅游基础设施的能耗和碳排放，为游客提供更加舒适和环保的旅游体验，为保护环境做出贡献，有助于实现可持续发展的目标。鼓励使用清洁能源，如太阳能、风能等，为旅游设施提供绿色能源支持。推广使用电动汽车和自行车作为交通工具，减少对化石燃料的依赖。在旅游景点设置充电桩和自行车租赁站，方便游客选择环保出行方式。加强旅游垃圾分类和回收处理，推广环保旅游理念，减少旅游活动对环境的负面影响。保护和修复自然景观和生态环境，促进旅游与生态环境的和谐共生。

三是加强旅游信息服务体系科技创新，提升旅游者的信息获取能力。深化旅游信息服务体系的构建，增强旅游者的信息获取与掌握能力，以提供更加流畅、精准的旅行体验。开发智能导游系统，让游客通过手机或穿戴智能设备就能获取实时景点介绍、最佳游览路线推荐等信息。优化旅游信息平台的设计，使其界面友好、操作简便，便于不同年龄段和文化背景的旅游者使用。同时，增加多语言支持，满足国际游客的信息获取需求。加强与旅游服务提供商的合作，整合各类旅游资源信息，形成全面、权威的旅游信息数据库。利用 AR、VR 技术，让游客在虚拟空间中体验特色文化和风景，增强旅游体验的趣味性和互动性。推广旅游信息服务的移动化应用，开发便捷的手机 App、小程序等工具，使旅游者能够随时随地获取所需信息。同时，结合地理位置服务（LBS），为旅游者提供周边的旅游信息和导航服务。建立完善的旅游信息服务反馈机制，鼓励旅游者积极反馈使用体验和改进建议。通过对反馈信息的分析，不断优化旅游信息服务体系，提升旅游者的满意度和忠诚度。加强旅游信息安全保障工作，确保旅游者的个人信息和交易数据不被泄露和滥用。采用先进的加密技术和安全措施，为旅游者提供安全可靠的旅游信息服务环境。

（五）积极推进乡村旅游基础设施完善工作

乡村旅游多方面积极效应的显现使之成为乡村发展、乡村振兴的重要抓手[1]，而乡村旅游基础设施建设是体现旅游高质量性的重点和关键，积极改进完善乡村旅游基础设施是实现旅游高质量发展、提高地方经济效益、落实乡村振兴战略的必由之路。

一是实现硬件设施的完整性和特色性。乡村旅游硬件设施应明确发展思路，确定发展方向，并根据实施规划加以落实。具体落实措施应围绕住宿、餐饮、交通等方面进行布局。首先是住宿方面。乡村旅游住宿设施的建设，住宿条件的数量和质量是关键。一方面，酒店数量是接待能力的重要体现，建设足量的住宿设施是促进旅游业发展的必然要求。而留住居民或招商引资建设民宿成为旅游发展的一大难题，关键在于积极建立"政府引导+企业投资+居民参

---

[1]　向延平．乡村旅游驱动乡村振兴内在机理与动力机制研究[J]湖南社会科学,2021（2）:41-47.

与"的发展模式，推动旅游持续发展。另一方面，高质量民宿建设是满足更多旅游者需求的重要体现。完善中高端旅游住宿体系。坚持"盘活存量、做优增量、控制总量"原则，构建以高端酒店为标志、以中端酒店为骨干、以民宿和农家乐为依托的旅游住宿集群。❶实现民宿品质多元化，建设精品民宿，提升住宿条件，形成系统的住宿接待体系，促进设施建设的完整性，供不同消费水平的旅游者进行选择，有利于满足市场多元需求，促进旅游业健康发展。例如雷山县乌东苗寨的民宿建设，其建设风格多样，且价格不一，有 1000 元一晚的预约套房，也有 100 元左右的普通民宿，实现民宿品质的多元化和层次性。其次是餐饮方面。黔东南乡村旅游多属于少数民族村寨，拥有丰富的民族特色美食，美食资源异质性强。基于此，促进餐饮设施建设的途径就是一方面增设村寨餐饮数量，政府应积极推行奖励政策，加强思想工作推进，提高村民参与积极性，鼓励农家乐发展。同时，也要积极监督经营户满足卫生达标条件，既注重数量也重视品质，以此打造餐饮服务体系，满足旅游者的基本需求。另一方面，开发民族特色餐饮体系。深度挖掘喀斯特民族地区特色饮食文化，做大特色餐饮产业链，逐步建立特色美食体系，推进餐饮创新发展❷。积极挖掘美食文化资源，增强餐饮特色性，通过改良加工实现口味大众化，满足市场需求特征，促进美食文化价值向经济效益价值精准转化，提升旅游经济效益。例如榕江牛瘪火锅，该美食味苦，"外人无法食之"，经过"去苦流香"的改良加工后，成为黔东南一大特色美食。由此可见，善于挖掘利用资源，"就地取材"的开发模式是乡村旅游餐饮业得以发展的重要机能。最后是交通方面。针对乡村旅游交通问题，村寨应采取的措施有：第一，在现有地形条件和公路建设基础之上，成立公路维修组织，确保公路在受到破坏时第一时间得到恢复，提高公路畅通率，提供可进入保障。第二，村寨公路应提供路况救援电话、设置围栏等安全救援措施，确保旅游者行程安全。第三，注重辅助设施建设。光有硬件设施设备不足以形

---

❶❷ 李文路，覃建雄.贵州喀斯特地区生态旅游高质量发展评价——基于黔南州的实证［J］，中国软科学，2022（S1）:127−134.

成完整的旅游接待体系，辅助设施是旅游提质增效的重要体现，因此，加强旅游辅助设施建设是旅游发展的必要前提。首先是停车场设施建设方面。停车场建设是乡村旅游的一大重点，由于黔东南部分乡村旅游仍处于发展初期或半开发状态，未形成完整的旅游交通体系，多数以"自驾游"为主，因此，建设停车场是促进旅游发展的重要措施。具体方法为：根据村寨自身条件，可利用土地面积小，建设停车场可采取收购、奖励等方式利用荒废田地或房屋地基建设停车场。一方面提高土地资源利用率，另一方面有利于弥补旅游发展辅助设施的建设空缺。例如西江千户苗寨的土地征用，在旅游发展背景下，村寨承载力小，旅游容量小，为解决该问题，部分农田纷纷建设起了停车场、房屋等接待设施，实现第一产业向第三产业转变。很明显，旅游基础设施的建设提高了土地的利用价值，完成了经济价值转换。其次是娱乐设施建设方面。单一的生态观赏已不能满足旅游者需求，乡村旅游更应该利用生态优势，以人与自然和谐共生为开发理念，形成"产业＋旅游"的发展模式，积极打造体验型旅游项目。例如丹寨的"茶旅融合"——采茶体验，耕作体验等，与城市旅游体验项目形成对比，充分体现乡村旅游的异质性。增设更多体验型旅游项目有利于增强游客体验感，增加旅游趣味性。

二是促进服务设施的高水平化。加快补齐乡村旅游公共服务短板，是推动乡村旅游高质量发展的必然选择。[1]于服务设备设施而言，在网络设施建设方面，需注重网络覆盖性，这是旅游发展得以实现突破的技术层面要求。网络是连接旅游地与外界沟通的桥梁，换言之，没有网络连接，再"原生态"的村落也未能实现真正意义上的旅游开发。在保护生态环境前提下，完善网络设施，满足旅游者出行需求。此外，在咨询中心建设方面，旅游咨询中心的建立一方面有利于满足游客咨询需求，为游客答疑解惑，促进其对村寨旅游资源的了解，实现信息交互，提高旅游者游玩效率，另一方面赋予咨询中心客诉功能，有利于

---

[1] 张新成.中国乡村旅游公共服务水平时空演化与成因分析［J］.旅游学刊，2021，36（11）：26-39.

形成监督职能，根据游客需求进行旅游发展与改善，提高发展效能；在人员接待方面，增强人员服务意识，提高服务水平是提高乡村旅游得以发展的关键，人是活态资源，可塑性强，加以引导和改善可与旅游发展相融合。提高服务水平的做法为：首先是政府应建立奖惩制度和鼓励政策，重视文化和产业资源利用，留住村寨人口，使他们积极投身于旅游发展行业。其次是招商引资，通过专门培训机构加强人员服务意识培养，提高其旅游服务能力。最后是居民应自觉提高服务意识，增强"主人翁"意识，形成"旅游发展，建设家乡"的致富意识形态，使旅游致富的理念得以贯彻落实。总之，乡村基础设施的建设是旅游发展得以成功的关键一环，只有夯实基础，才能实现未来发展。

（六）提升城市旅游基础设施质量水平

城市是社会经济发展到一定阶段的产物，在长期的发展过程中形成了众多的风光名胜和人文景观。同时，城市所提供的各种完备的服务设施以及独特的旅游体验，使得城市成为重要的旅游目的地和区域旅游的中心❶。因此，城市基础设施的质量水平是旅游业高质量发展的重要体现，是促进旅游产业升级的重要手段和方法，是实现旅游质量跨越的重要桥梁。

一是提升旅游接待设施水平。旅游接待设施的质量直接影响旅游者的感知形象，是影响旅游形象塑造的重要因素，升级旅游接待设施建设，提供优质服务是促进旅游发展的一大动能。其中，接待设施最重要的就是餐饮设施和住宿设施，这是旅游接待中的核心服务，也是旅游接待的基础。在质量提升方面可表现为：首先，政府应制定相关的监督体制，对质量进行严格把关和监督，避免"以次充好"等市场不良事件发生。此外，重视招商引资等旅游开发措施，加强引进质量好、水平优的企业注入城市旅游发展中，积极打造高端产业品牌，为助力旅游发展打下设施基础。其次，企业应制定相应的公司管理条例，对服务和质量严格要求，加强员工服务能力培训，促进员工服务意识增长，打造高品质的服务接待设

---

❶ 王民.发展城市旅游的思考［J］.学术交流，2002（3）:79-81.

施，提高企业行业形象，加强口碑建设，为旅游发展提供高质量接待设施。

二是优化城市交通规划。交通通讯设施的建设对城市旅游发展有着直接影响，旅游发展作为城市建设的重要内容，需重视城市各个设施领域中的发展作用，才能为旅游发展助力夯基，成为城市发展的"助力军"。因此，交通设施建设一方面需做好交通道路规划建设，确保城市交通处于相对畅通状态。为此，应针对旅游旺季、节庆赛事等活动制定相应的应对方案，避免"车满为患"，造成城市拥堵，影响城市的可进入性。另一方面，加强城市停车场等设施的完善，确保拥有足量的停车场设施来应对旅游旺季的车流量。例如西江千户苗寨的停车场设施建设。西江千户苗寨作为黔东南著名的旅游景区，每逢节假日人流量迅猛增长，甚至日流量破万。为缓解景区交通压力，当地在景区门口设置了大型停车场，游客统一乘坐公交车进入景区，减少了大量的车流量，促进景区畅通，提高旅游体验感。

综上所述，提升城市旅游基础设施质量水平是城市旅游发展的重要举措。

三、铸就黔东南州旅游高质量发展之魂

文化是民族的根和魂，实现文化资源创造性转换和创新性发展是铸就民族旅游高质量发展之魂的重要体现。互惠互助的文化传统不仅在村寨振兴中发挥着文化聚合与整合功能，而且承载着重要的经济发展功能❶。实现文化创新，将文化价值赋能经济价值，是提高文化资源利用率，促进地方旅游业发展，进而提升经济效益的重要渠道。黔东南民族旅游在发展过程中面临文旅融合效果不佳、文化产业动力不足等问题，基于此，提出相应解决路径。

（一）加快文旅融合步伐

少数民族文化旅游作为促进跨民族互动与价值认同的社会化载体，其蕴含的

---

❶ 李军，龚锐，罗永常.乡村振兴视域下民族文化何以影响民族经济——基于贵州南脑村的调研［J］.原生态民族文化学刊，2019，11（5）:77-84.

美学教育功能得到充分彰显。在文化与旅游产业深度融合的背景下，该领域发展需着重构建沉浸式文化对话机制与审美共识培育体系。从实践维度分析，核心任务在于系统梳理民族文化基因谱系，通过创造性转化手段实现传统元素的现代化表达。针对黔东南民族文化资源在开发与利用中市场化程度低、发展意识不足等问题，提出以下措施。

一是提高民族文化资源利用率。根据旅游者心理诉求以及旅游市场发展规律，提高文化资源利用率，加速文化与市场耦合发展，这是加快旅游高质量发展步伐的重要途径。高价值的文化资源应走进市场，被挖掘和利用，成为提高经济效益的重要资本。因此，政府应积极引导企业和村民开展文化挖掘工作，加强资源整合程度，将优秀文化资源融入市场中，不仅将文化积极展现于大众视野中，满足旅游者心理诉求，还应积极招商引资，为企业提供良好的政策条件和营商环境。企业应创新旅游经营思路，扩大经营范围。例如榕江"村超"的火爆，仅靠单一旅游商品，如服装、饰品、饮食等，不足以满足市场需求。因此，企业应抓住发展机遇，在政府引导下积极打造舞台剧、旅游活动项目等感知性旅游方式，促进文化市场化，巩固旅游持续性发展，提高经济效益。居民应积极配合旅游发展工作，并努力投身到旅游发展中来，利用本民族优秀文化实现资本转换。这一方面可提高家庭收入水平，另一方面有利于本民族文化的传播和传承。

二是增强民族文化资源开发意识。首先，政府应提高对文化利用的重视程度，促进文化资源的优势宣传，相关部门应自觉提高文化保护意识和文化遗失警觉性，积极采取市场手段保护和传承文化，提高文化利用率。此外，应积极挖掘小众文化资源，例如，民间手工艺、民俗故事等，都是极具特色的文化资源，是突出优势资源的重要途径。政府应积极打造文化资源开发体系，努力提高文化资源产业化的发展意识。其次，政府引导文化发展。针对文化持有者市场观念意识薄弱问题，相关部门应积极主动地对其做好思想工作，可通过资金资助、就业政策扶持等方式，让文化持有者发现旅游带来的福利，自觉将文化与旅游联系起来，实现文化与旅游高度融合。

综上所述，实现文化资本与金融资本、物质资本、人力资本的优化组合，"文化搭台，经济唱戏"，突出文化要素对经济增长的贡献❶，是旅游高质量发展的关键选择，也是实现资源优化配置的重要手段，符合市场发展规律。

（二）加固文化产业发展

要想打破文化产业发展壁垒，促进产业兴旺发展，提高产业质量，促进产业升级，加强产业品牌建设。具体措施如下。

一是拓宽融资渠道。黔东南旅游文化产业发展受限于资金短缺，地区本身已无法实现资金正常周转。因此，要促进文化产业提质发展，拓宽营销渠道，促进融资途径多元化。

首先引进民间资本。文化产业企业可通过社会融资的方式，积极吸纳各民间金融力量，"星星之火可以燎原"，社会融资也是一种"汇流"力量。可通过参股、分红等方式引入民间资本，促进文化产业可持续发展。其次，企业联动发展。企业联动发展主要指小型企业间的联动发展体系，即遵循互惠互利原则，实行互惠共赢、风险共担的发展模式。一方面可形成联动效应，实现企业间的资源共享、资金互补、利益互惠，另一方面有利于风险"稀释"，降低风险危害，实现共同发展。

二是加强品牌建设。伴随着文化旅游的发展，旅游供给者开发文化旅游产品，推出文化旅游品牌已成为塑造形象、赢得市场的重要战略❷。品牌建设引领文化旅游产业发展，发挥品牌示范效应，将更好地支撑和带动黔东南文化旅游业繁荣发展。文化产业品牌是在深度挖掘文化旅游产品属性的基础上，通过特定的名称、符号、设计等及其组合形成可识别的文化价值和个性❸。因此，文化产业品牌建设要以区域的文化资源为资本，以塑造地方文化属性和地域特色进行品牌定位，形成产业品牌构建体系，并进行品牌传播、维护和发展，从而实现旅游的可持续

---

❶ 李忠斌，李军，文晓国.武陵山区特色村寨建设新思路：基于夹壁村的调研 [J].西南民族大学学报：（人文社科版），2016，37（2）:24-30.

❷❸ 王佳佳，田彩云，裴正兵."三山五园"文化旅游品牌建设研究 [J].资源开发与市场，2022，38（5）:622-626.

性发展。具体措施为：首先，明确品牌定位。品牌定位就是挖掘旅游地的资源优势，根据目标顾客的需要和市场竞争状况，准确界定旅游地给目标顾客带来的核心价值，从而在消费者心中建立起一个独特、鲜明的形象❶。定位的准确性和独特性是文化产业得以发展的关键因素。因此，黔东南旅游产业品牌建设应深入挖掘区域文化价值，找寻文化与市场的契合度，根据市场需求，积极发展产业建设。例如，榕江"村超"的举办，为旅游业带来了难得的发展机遇，地方政府及企业应抓住发展机遇，利用"体育文化＋民族文化"的文化价值，通过形象大使选拔、品牌名称设置、品牌标语建设等方式，形成印象识别体系，以文化特色为核心完善产业品牌定位。其次，加强文化产品体系建设。在"文化资源集合塑造旅游品牌"的背景下，需突破文化产品零售性的发展格局，在充分挖掘特色文化资源基础上，完善文化旅游产品开发体系，积极推进品牌建设。其一，充分利用体育文化、民族文化等众多旅游资源，以商品开发的方式将文化融入旅游商品中，突出文化特色的优质性，形成文化商品产业链，促成品牌建设开发。其二，利用先进的科技手段，将文化资源进行数据展示，建设文化体验馆，将文化资源合理融入体验性旅游项目中，打造文旅交融的旅游项目体系，在数字科技和文化内涵的作用下，实现项目的精品化和质量化。

总之，加固文化产业发展是实现旅游高质量发展的重要路径。

（三）促进文化创新与市场融合

文化市场化创新要兼备社会效应和市场效应❷。文化创新不仅关乎旅游地文化的可持续发展，也是旅游地可持续发展的重要资源保护路径。在实现文化市场化的创新实践中，从多维度视角出发，更有利于实现文化创新效益最大化。

一是紧扣文化核心元素，创新文化表达形式。文化创新的原则就是不能脱离文化本身的核心要素，一旦脱离，创新就失去了源头活水，创新活动将毫无意义。

---

❶ 王东峰. 民族地区旅游目的地品牌定位路径研究［J］. 企业经济，2016.35（5）:37-40.
❷ 王美钰，李勇泉，阮文奇，等. 遗产旅游地文化传承式创新对游客行为的多重影响：整合社会和市场视角［J］. 旅游学刊，2023.

必须以文化核心元素为创新基础，紧扣文化核心，坚持"创形不创本"的创新原则。以西江苗寨的"高山流水"接待仪式为例。"高山流水"是苗族为迎接贵客而举行的最高敬酒仪式，是苗族最具特色的活动之一。随着旅游业的发展，该民俗活动被成功利用和开发，通过创新和升级，逐渐实现市场化，大大提高了旅游经济效益，成为西江苗寨旅游必体验的"网红"项目。该项目的成功开发在于坚持守正创新，保留原来的敬酒仪式和活动意义。早期的"高山流水"敬酒礼简单朴素，盛酒器皿数量少，造型不高。经过十几年的创新，其敬酒形式、敬酒用具、配套环节等都得到了改善❶，提升了旅游开发价值，成为吸引客源的重要助力。例如，为满足大众口味，适应市场需求，对米酒度数和烈度进行调整，以此面向更多人群，扩大项目体验群体范围。

二是根据市场需求导向，摒弃陋习。民族地区受历史、经济、教育等因素影响，文化具有较强稳定性，部分民族文化未能得到更新和发展，仍然处于原始状态。因此，要想进行文化创新，提高市场利用率，就应摒弃陋习，使之更能适应大众需求。

综上所述，文化与市场的高度融合是实现文化旅游健康发展的重要途径，是黔东南民族旅游得以高质量发展的重要手段。

（四）强化黔东南文化遗产保护

强化黔东南文化遗产保护是实现民族文化传承和促进地方可持续发展的重要任务。黔东南州拥有丰富的非物质文化遗产（如侗族大歌、苗绣、银饰技艺）和物质文化遗产（如传统村落、鼓楼、风雨桥），但也面临现代化冲击、传承人断代、保护资金不足等问题。黔东南文化遗产保护需兼顾"静态保存"与"动态发展"，以社区为核心，科技为工具，产业为纽带，构建"政府主导 + 市场运作 + 全民参与"的可持续模式。只有让文化遗产真正融入现代生活，才能实现"见人、见物、

---

❶ 李天翼, 等. 文化赋能乡村振兴: 西江千户苗寨的实践观察 [M]. 北京: 社会科学文献出版社, 2022.

见生活"的长效保护。

要构建多层级保护体系，通过法律、政策、技术和社会参与等多维度协作，形成系统化、可持续的保护机制。推动出台《黔东南苗族侗族自治州文化遗产保护条例》，明确文化遗产的定义、分类、保护范围及责任主体，细化保护措施和奖惩机制。将文化遗产保护纳入黔东南州"十五五"规划、乡村振兴战略及国土空间规划，确保保护工作与经济发展、生态建设协调推进。建立"黔东南文化遗产保护基金"，资金来源包括政府拨款、社会捐赠、旅游收入等，用于修缮古建筑、支持非遗传承人、开展数字化保护等工作。对已列入国家级非遗名录的项目（如侗族大歌、苗族古歌）和全国重点文物保护单位（如增冲鼓楼、地坪风雨桥），争取中央财政支持，实施高标准保护。对于尚未列入国家级但具有重要价值的文化遗产，应纳入省级和州级保护名录，提供专项经费和技术支持。鼓励传统村落（如天柱县石洞镇下腾村、台江县南宫镇拥党村）成立村民保护委员会，制定村规民约，保护本村文化遗产，形成"自下而上"的保护机制。

利用 3D 扫描、无人机航拍、AR/VR 等技术，对黔东南的古建筑、传统技艺、民俗活动进行数字化记录，形成可永久保存的数字档案。对重点文化遗产（如加榜梯田、地扪侗寨）进行全息建模，实现实时监测、虚拟游览和灾害预警功能。搭建"黔东南文化遗产数字博物馆"，向社会公众开放，提供在线展览、学术研究、教育普及等服务。在传统村落推行"村民主导、政府支持"的保护模式，鼓励村民参与文化遗产修缮、节庆活动组织、旅游服务等工作，增强文化认同感。

在旅游开发中，建立透明的收益分配机制，确保部分收入用于文化遗产保护，同时提高村民收入，激发保护积极性。设立"非遗传承人津贴"，支持传承人开展授徒传艺、技艺创新、文化交流等活动，防止技艺断代。

由州政府牵头，文化、旅游、住建、教育、财政等部门参与，定期召开文化遗产保护联席会议，协调解决重大问题。与周边地区（如湘西、桂北）合作，建立"苗侗文化生态保护联盟"，共同保护跨区域文化遗产（如侗族村寨、苗族节庆）。邀请国内外文化遗产保护专家和学者成立"黔东南文化遗产保护智库"，提供技术指导和政策建议。开通文化遗产保护热线和网络平台，鼓励公众举报破坏行为，参与保护活动，形成全社会共同参与的氛围。

通过构建多层级保护体系，黔东南的文化遗产将得到系统性、可持续的保护，为民族文化传承和地方经济社会发展提供坚实支撑。

四、凝练黔东南州旅游高质量发展之核

"科技引领未来，创新驱动发展。"科技是发展的第一动力，科技发展是社会进步的重要驱动力和基石。因此，科技创新是实现旅游高质量发展的核心，为进一步创新旅游新业态，促进旅游消费，需利用科技手段，实现旅游产业融合新突破。针对目前黔东南旅游发展中存在的科技创新问题，应从引进先进技术、加强资源保护、加快科旅融合、促进旅游提质增效等方面加以改善。

（一）引进先进技术，加强资源保护

先进的科学保护技术是促进旅游资源可持续发展的重要手段，黔东南旅游资源需要引进先进的保护技术，促进旅游资源的永续利用和发展。

一是积极引进先进技术，保护自然资源。自然资源具有相对脆弱性，尤其在经济快速发展过程中，工业污染和生活污染加剧了生态压力，自然资源脆弱性逐步加深，这就要求旅游开发过程中利用科技手段加以保护。具体措施为：首先，加强水体资源保护力度。水体资源的合理利用和保护是促进人类生存与发展的必然选择。生态旅游与民族旅游是黔东南旅游的两大品牌支柱，正是生态环境与民族风情塑造了苗山侗水的"黔旅"形象，所以有效保护水体资源也是黔东南旅游"赖以生存"和持续发展的重要途径。在资源保护方面，首先是需要完善资源保护监督管理体系，升级管理系统，精准监督活动群体，减少生活污水和商业污水直接入河入海，切断污染源，减少水资源污染面，提高资源的可持续利用。其次是引进净水技术，促进净水系统升级，完善污水处理系统。例如 SPR 污水处理技术、生物酶处理技术等，利用技术"刃剑"，对工业废水、生活污水进一步加工处理，促进资源的循环利用。此外，通过企业资本引进，升级净水系统，将污水直接转换为饮用水，提高水资源的纯净性和利用率。

其次，提高生物资源保护技术水平。作为旅游发展生物资源资本，引进先进技术对其进行保护与开发，这是确保资源可持续的重要技术手段。人类应确保生物多样性的持续效能，才能确保自身的可持续生存。保护生物资源不仅是旅游发展的需要，更是人类生存的需要。黔东南生物资源丰富，应引进更多先进技术，提高技术水平。例如无线电遥测追踪技术、野生动物人工繁殖技术、野生植物保护系统、森林火险自动报警技术等，均为生物资源可持续发展和保护的重要核心技术。技术水平的升级为发展研学旅游、生态旅游提供多重保证，为生物旅游发展提供技术保障，是维护好、发展好多重旅游形态的重要路径。

二是实现人文旅游资源保护技术新升级。人文资源具有较强的时代性和地域文化性，是凸显地域异质性的象征资源，是时代发展的象征和凭证，是旅游资源开发的关键。促进研学旅游、主题旅游等旅游类型的发展，有利于扩大地域旅游多样性，满足旅游者的多元化需求。具体措施为：首先，采取可行性技术设施保护文物旅游资源。建筑资源保护方面，黔东南的苗族吊脚楼建筑、侗族风雨桥、鼓楼建筑均为国家非物质文化遗产，要实现资源保存的长期性，延长生命周期，利用先进的科学技术，对传统村落等民族建筑文物资源进行修缮与保护。另外，由于民族传统建筑属于木质结构，所以应加强消防等预防设施技术引进，提高资源保护程度，降低火灾等天灾人祸造成的资源损失和财产损失。这一方面有利于良好的景区安全旅游形象塑造，另一方面能够提高旅游资源的可持续发展能力。其次，提高资源开发技术手段。应采取先进技术对未开发的人文旅游资源进行精准检测，提出科学可行的开发路径，并加强对已开发的人文资源的技术保护。例如，促进馆藏技术新升级。不仅严格监督旅游者在旅游活动过程中对文物的破坏行为，还应利用技术手段提升馆藏技术，降低出土文物氧化风险，延长氧化周期，促进资源的有效保存。综上所述，先进的资源保护技术是旅游资源发展的必备手段，是旅游发展可持续性的首要选择。

（二）加快科旅融合，促进文旅提质增效

在数字化技术革新与信息基础设施深度赋能的时代背景下，旅游产业的高质量发展亟须构建以智能技术为驱动的创新发展范式。针对黔东南地区旅游业所处的业态优化重组关键期，其发展路径应着力构建产业内生调适机制，通过业态创新矩阵设计与体验价值重构，实现供给端质量跃升。研究数据表明，技术渗透深度与旅游业态创新存在显著正相关，这要求产业变革需着重构建"技术赋能—产品迭代—体验升级"的协同发展闭环。实施路径可聚焦三个维度展开。

首先，推动体验型产品迭代工程。在元宇宙技术框架下，旅游项目开发正经历从实体展示向虚实融合的范式转变。以文化遗产数字化为例，通过构建三维全息影像数据库与 AR 场景交互系统，可实现历史场景的沉浸式复原。如雷山西江千户苗寨可开发苗绣工艺数字孪生系统，游客通过触觉反馈装置体验传统织造技艺，此技术转化使非遗资源获得新生代消费群体的认同。

其次，构建智能安全防护网络。针对高风险旅游项目，可部署智能穿戴设备与生理数据监测系统，当游客体征数据超出预设阈值时，系统自动触发分级预警机制，同步启动应急响应预案。如在施秉喀斯特地貌区漂流项目中，集成北斗定位与 5G 传输技术的智能救生装置，能实现落水游客的毫秒级定位与救援力量精准调度。

最后，创新智慧治理体系。基于区块链技术的监管平台，可构建"政府—企业—游客"三元协同治理架构，通过智能合约实现服务质量的全程追溯。例如，在镇远古城管理中，运用物联网感知设备实时监测客流密度，结合 AI 算法进行分流预案预演，显著提升景区承载效能。在管理效能提升层面，需构建人机协同管理模式。在城市治理方面，依托数字孪生技术构建的"旅游大脑"系统，可实现交通疏导、服务调度等决策的智能生成。研究显示，采用 LBS 位置服务的智能导

览系统能使游客动线效率提升 40%。在人员培训方面，通过虚拟仿真系统构建服务场景数据库，可使从业人员在沉浸式环境中完成服务标准化训练。在质量监督方面，基于区块链的投诉管理系统确保证据链完整，通过智能分拨算法将问题精准推送至责任部门，使纠纷处理时效缩短 60%。这种数实融合的演进路径，实质上构建了"技术嵌入 – 流程再造 – 价值增值"的产业进化模型。大数据不仅作为生产要素重构产业生态，更通过算法驱动形成动态优化机制。黔东南旅游业的智慧化转型，既是对传统发展模式的突破，更是构建区域经济新增长极的战略选择。

（三）建立健全的科技创新体制机制

旅游行业作为现代服务业的一个重要分支，不仅在国民经济中占据着举足轻重的地位，而且也是推动经济发展的重要支柱产业之一。随着科技的飞速发展，旅游行业同样需要与时俱进，不断进行科技创新，以满足日益变化的市场需求，提升旅游服务的整体质量和水平。

在探讨旅游科技创新的对策建议时，一方面，要加大科技创新投入。旅游业作为一个拥有巨大市场潜力的行业，需要更多的资金支持来推动科技创新的进程。政府可以通过制定和出台一系列优惠政策和激励措施，鼓励企业增加对科技研发的投入，从而提升整个旅游行业的科技水平和竞争力。另一方面，建立健全的科技创新体制机制。健全的科技创新体制机制是旅游科技创新不可或缺的重要保障。旅游业是一个涉及众多领域的综合性行业，因此需要构建一个完善的科技创新体系，涵盖知识产权保护、技术创新激励机制、技术标准的制定与实施等方面。通过这些措施，可以有效促进旅游科技创新的快速发展，进而提高整个旅游行业的核心竞争力。

加强人才培养是旅游科技创新的关键所在。旅游业的发展离不开大量的专业人才，包括旅游规划师、旅游产品设计师、旅游服务提供商等。因此，必须加强对旅游专业人才的培养力度，提升旅游行业的人才素质和专业水平。同时，还需要对旅游从业人员进行持续的培训和教育，以提高旅游服务的整体质量，更好地满足消费者的需求和期望。

旅游科技创新是一个长期而复杂的过程，它需要政府、企业、高校和科研机构等多方面的通力合作与支持。只有通过加大科技创新投入、建立健全科技创新体制机制、加强人才培养等多方面的综合措施，才能有效推动旅游行业的持续发展，实现旅游产业化、高质量发展的宏伟目标。

（四）支持传统要素升级

旅游业传统要素的升级是提升旅游体验、增强产业竞争力的重要方向。黔东南州是民族文化与生态资源的富集地，旅游传统要素升级需紧扣"民族特色、生态优势、文化活化"三大核心，推动旅游业从"观光型"向"体验式、沉浸式、可持续"转型，实现从"资源依赖"到"文化驱动"的跨越，让游客不再是"过客"，而是成为民族文化的"体验者、传播者、共创者"。本研究从旅游六要素（食、住、行、游、购、娱）出发，结合现代技术与消费需求，提出升级策略。

一是食的升级：从民族风味到文化 IP。黔东南州要以其独特的苗侗饮食文化为核心，将"食"从简单的味觉体验升级为民族文化沉浸、生态价值传递、互动共创的复合型旅游产品。"食"将超越餐饮本身，成为连接民族文化、生态价值与游客情感的纽带，实现"吃一顿饭，记住一座城"的深度旅游体验。以凯里酸汤鱼为核心，开发酸汤火锅、酸汤粉等系列产品，结合苗侗长桌宴场景，推出"酸汤文化体验工坊"，游客可参与制作酸汤并学习发酵技艺，打造"黔东南酸汤 IP"。通过科普讲解（如侗族药食同源理念）和改良口味（推出轻量化套餐），降低游客心理门槛，提升接受度，创新"牛瘪火锅"体验。在苗年、侗族大歌节等节庆期间，推出限定民族菜套餐（如"高山流水"敬酒仪式＋长桌宴），结合歌舞表演打造沉浸式餐饮体验。在加榜梯田开设"稻田里的晚餐"。游客赤脚入田采摘食材（稻花鱼、野菜），由村民现场烹饪，餐桌置于梯田中央，夜间辅以萤火虫灯与侗笛演奏。建立"黔东南山珍联盟"。对从江香猪、榕江小香鸡、雷山乌杆天麻等食材进行统一认证，包装标注"村寨溯源二维码"（扫码可见养殖过程、农户故事），开设"山野食材市集"，游客可购买或定制加工。推出"一寨一味"计划。每个村寨主打 1~2 种特色食材（如黄岗侗寨的糯稻、岜沙苗寨的香禾糯），形成差异化标签。开发"黔东南美食元宇宙"，通过 AR 技术，游客扫描餐厅招牌即可触发苗族传说动画（如酸汤鱼的起源故事），完成打卡任务可兑换免费菜品。利用 AI 点餐、智能推荐系统提升效率，通过短视频或直播等形式推广黔东南州美食。

二是住的升级：从住宿到民族文化栖居。黔东南州"住"的升级需突破传统住宿功能，打造"民族文化栖居地、生态共生空间、社区共享平台"三位一体的住宿体验,让游客从"睡一晚"变为"活一天"，深度融入当地生活。改造侗族鼓楼、苗族吊脚楼为"非遗主题民宿"，保留建筑外观与结构，内部融入现代设施（如地暖、卫浴），配套蜡染床品、芦笙装饰等民族文化元素。如苗族"非遗民宿群"改造可以保留吊脚楼外观与穿斗式结构，内部植入现代设施（地暖、智能卫浴），装饰采用苗族元素（蜡染窗帘、银饰门帘、芦笙灯饰），每栋民宿对应一项非遗主题（如"银饰工坊民宿""古法造纸民宿"），配套手作体验空间。采用传统榫卯工艺＋现代抗震技术，使用本地杉木、竹材等可再生建材，屋顶铺设太阳能瓦片，墙面嵌入透气竹编层调节湿度。开发"梯田上的星空屋"，在加榜梯田等区域建设生态木屋，提供农耕体验（插秧、捉鱼）和观星露营服务。在西江千户苗寨等景区推广太阳能热水系统、雨水收集装置，设立"绿色积分"奖励低碳行为（如自带洗漱用品）。推行"村民管家"计划，培训本地村民提供住宿服务，游客可参与家庭活动（如打糍粑、学苗语），收益按比例反哺村寨。进行主题住宿产品分层开发。比如在高端定制方面，岜沙苗寨"树梢酒店"——建在古树群间的玻璃屋。在大众体验方面，加榜梯田"稻梦胶囊舱"——可移动生态小屋，白天隐于梯田，夜晚通过透明天窗观星，配套"稻田早餐配送"（竹筒饭＋腌鱼）。背包客友好方面，镇远古城"青旅＋戏台"——将废弃戏台改造为青年旅舍，每晚上演微型侗戏，住客可报名参与群众演员。通过住的升级，黔东南的"住"将成为民族文化传承的活态博物馆、主客情感联结的能量场、生态智慧的体验实验室，重新定义民族地区旅游住宿的价值维度。

三是行的升级：从交通到文化走廊。黔东南州旅游"行"的升级应突破传统交通功能，将"移动过程"转化为民族文化长廊、生态探索路径以及科技交互场景的复合体验，让"行"本身成为游客理解黔东南的叙事载体。将"行"演变为可触摸的文化史诗、可参与的自然课堂、可生长的社区纽带，重新定义民族地区旅游交通的价值内涵，实现"行之所至，心之所栖"的深层体验。开通"苗侗文化专列"。在高铁/旅游大巴上融入芦笙演奏、苗绣展示，提供多语种民族文化讲解。在贵阳至从江高铁线增设"黔东南文化车厢"。车厢内饰采用苗族蜡染纹样与侗族鼓楼元素，座椅配备 AR 眼镜，扫描车窗触发沿途村寨传说动画（如"蝴蝶妈妈"创世神话）。乘务员身着改良版民族服饰，提供"双语播报"（汉语＋苗语/侗语），售卖"移动非遗盒"（内含迷你芦笙、蜡染明信片）。开发"都柳江生态航道"，串联肇兴侗寨、岜沙苗寨等景点，打造游船观光与沿岸村寨探访线路，游船途经岜沙苗寨、小黄侗寨等水域时，沿岸村民以"无人机灯光与地面投影"演绎苗族迁徙史诗，游客通过船载设备参与多语种合唱。在传统村落推广"牛车接驳""徒步石板路"等特色交通，设置沿途文化打卡点（如风雨桥对歌、拦门酒仪式）。如在肇兴侗寨等石板路区域推行"新能源牛车"，保留传统牛车造型，动力改为太阳能驱动，车载 AI 讲解员"阿牛"用方言讲述道路历史。开发"五感徒步线"，设置树冠走廊（视觉）、苔藓触摸墙（触觉）、松涛共鸣管（听觉）、草药闻香站（嗅觉）、野果品尝点（味觉），每公里配备电子解说桩（扫描显示濒危物种信息）。设计"部落穿越计划"，串联岜沙、摆贝等原始苗寨的古驿道，提供"生存装备包"（含手织地图、火折子、草药包），沿途设置密码桩（需向村民学苗语数字解码路线）。开发"畅游黔东南"小程序，整合高铁票、景区直通车、共享电单车等资源，提供实时拥挤度与路线优化。

四是游的升级：从打卡到深度共生。黔东南州"游"的升级需突破传统观光模式，将"游览"转化为民族文化深度对话、生态智慧系统学习、主客共创价值生产的沉浸式体验，让游客从"旁观者"变为"参与者"，实现"游中悟、游中学、游中创"。通过游的升级,黔东南的"游"将进化为文明传承的实验场、生态智慧的启蒙课、未来旅行的原型机,重新定义民族地区旅游的价值范式——让每一次游览都成为文化基因的传递与人类文明的对话。推出"一日苗家人"项目,游客穿戴苗族盛装,参与农耕、织布、银饰锻造,晚间与村民共跳芦笙舞。开发"侗族大歌传承之旅",在肇兴侗寨开设非遗课堂,游客可学习多声部合唱并获颁"歌师认证证书"。设计"雷公山原始森林探秘",由生态向导带领识别珍稀动植物(如秃杉、黔金丝猴),配套自然笔记工具包。开发"物种方舟计划",配备专业生态记录仪(可检测声波、温湿度),游客寻找秃杉、黔金丝猴等濒危物种踪迹,数据实时上传中科院物种多样性数据平台,贡献者获颁科研志愿者证书。设立"青少年环境审判庭",游客扮演法官、渔民、企业代表等角色,基于真实案例(如水电站建设争议)进行辩论,最终投票决定生态保护方案,培养可持续发展思维。打造"稻田艺术节",在加榜梯田开展农事体验(捉稻花鱼)、大地艺术创作(稻草雕塑)。应用 AR 技术还原"苗族迁徙史诗",在郎德苗寨等地的古驿道设置虚拟场景,游客通过手机扫描观看苗族先民迁徙动画。

五是购的升级:从特产到文化载体。黔东南州"购"的升级需突破传统"买特产"逻辑,将消费行为转化为民族文化价值认同、生态智慧传递、主客共创参与的深度交互过程,让"购物"成为游客带走黔东南文化基因的载体。通过购的升级,黔东南州的"购"将演变为文化记忆的实体化、生态价值的可感化、人际关系的资产化,让每个消费行为都成为民族文化基因库的共建节点,实现"带走一件物,记住一个世界"的深层价值。通过非遗工坊体验式消费,建立"银饰锻造工坊",游客可定制个性化苗银首饰,刻录名字或祝福语,同步生成数字藏品证书。开发"蜡染 DIY 盲盒",提供植物染料和蜡刀工具包,附赠非遗传承人教学视频二维码。建立"银饰密码工坊",游客提供个人故事(如生日、纪念日),匠人将其转化为苗族纹样(如蝴蝶象征生命、涡纹代表迁徙),打造"一饰一史诗"银饰,同步生成数字藏品证书。推出"银匠学徒日套餐",3 小时学习錾刻技艺,制作简易胸针,并附赠《苗族银饰图腾解码手册》。开发"侗布重生计划",

游客携旧衣至肇兴侗寨，与非遗传承人共同拆解重组，融入侗布元素制成新包/桌旗，旧衣标签缝入成品作为记忆锚点。进行农产品文创升级，推出"侗乡三宝"礼盒，将腌鱼、油茶和米酒重新包装，设计便携小份装与文创IP形象（如"侗妹阿银"）。设计"酸汤实验室盲盒"，内含5种发酵菌种、本地辣椒标本和微型木桶，扫码观看凯里酸汤非遗传承人教学视频，完成发酵可兑换酸汤鱼体验券。创建"香猪家族"动漫形象（如"酸汤勇士阿凯""梯田歌者小香"），开发联名款零食、表情包和儿童农具套装，收益反哺从江香猪保种基地。在抖音开设"黔东南好物直播间"，由村民主播带货，支持"线下体验+线上复购"模式。

六是娱的升级：从观赏到参与创造。黔东南州"娱"的升级需超越传统表演观赏模式，将娱乐转化为民族文化基因唤醒、生态智慧游戏化、主客共创记忆生产的深度交互体验，让"娱"成为游客与黔东南共写文化新叙事的载体。通过娱的升级，黔东南州的"娱"将成为文明基因的激活器、生态智慧的游乐场、未来记忆的孵化器，让每次欢笑都深埋文化自觉的种子，实现"娱乐即传承，快乐即守护"的范式革命。进行节庆活动的深度化，策划"万人侗族大歌挑战吉尼斯"，游客可提前在线学习简单段落，现场参与万人合唱并获纪念证书。游客可申请成为"苗年时间特工"，通过完成农耕任务（收割糯米）、学习历法（苗族太阳历），协助寨老校准年度庆典时间，获得"苗年守护者"勋章（可兑换次年免费参与权）。开发"苗年沉浸式剧本杀"，以西江苗寨为场景，游客通过完成拦门酒、寻银饰等任务解锁剧情。在雷公山腹地搭建实景剧场，游客扮演苗族迁徙中的"鼓藏头""巫师"等角色，通过解谜古歌符号（如枫木图腾、蝴蝶妈妈纹）和完成仪式挑战（如模拟砍火星祭），最终解锁"族谱密码"，生成个人迁徙路线数字族谱。激活夜间经济，打造"侗寨篝火故事会"，村民讲述迁徙传说，游客可即兴创作并获得手编草鞋等小礼品。开发"梯田光影秀"，利用投影技术展现苗族古歌意象，配套星空茶歇区。设计"穿越月亮山徒步赛"，串联原始村落与古道，提供民族文化任务挑战（如学吹木叶和辨识草药）。

（五）大力发展新型旅游业态

要发展全新型旅游业态。黔东南州具有独特的民族文化、自然生态和地理区位优势，具备发展新型旅游业态的潜力。为实现这一目标，需突破传统观光旅游模式，聚焦文化体验、生态保护、科技赋能和社区参与，构建差异化、可持续的旅游生态体系。

一是要深挖民族文化 IP，打造沉浸式体验场景。以苗族银饰、侗族大歌、蜡染、苗绣等非遗为核心，开发"非遗工坊 + 研学旅行"模式，邀请游客参与制作过程，形成"可带走的文化记忆"。在传统村落（如肇兴侗寨、西江千户苗寨）打造实景剧本杀、民族史诗主题夜游项目，结合声光电技术重现"苗族古歌""侗族迁徙史"等文化叙事，增强游客代入感。将"苗年""侗族萨玛节"等传统节庆升级为国际性文化嘉年华，引入现代艺术、音乐节元素（如稻田音乐会、民族服饰跨界秀），吸引年轻客群。推出"节气主题游"，结合农耕文化设计"开秧门""稻鱼丰收节"等季节性活动，形成全年无淡季的节庆矩阵。

二是要构建生态旅游创新体系，探索"两山"转化路径。依托雷公山、月亮山、清水江流域等资源，开发低空飞行（如直升机、滑翔伞）、洞穴探险、溶洞暗河漂流等极限运动项目，填补贵州山地户外运动空白。建设"生态廊道慢行系统"，串联梯田、古茶林和传统村落，推出徒步、骑行、房车露营线路，配套"移动式生态驿站"提供补给与文化讲解服务。联合科研机构开发生态科考游，如雷公山国家级自然保护区的珍稀动植物观测项目（如秃杉林、黔金丝猴）。推广"碳足迹可追溯旅行"，通过植树造林、稻田碳汇等参与式环保行动，让游客获得"碳中和认证证书"，提升生态旅游附加值。

三是要进行科技赋能与文化数字化发展。利用 3D 扫描技术对风雨桥、鼓楼等建筑进行数字建模，开发 VR 虚拟游览、AR 增强现实导览（如手机扫描建筑触发历史故事动画）。发行民族文化 NFT 数字藏品，如苗族史诗《仰阿莎》动画片段、侗族芦笙曲目限量版音频，拓展线上消费场景。优化"一码游贵州——黔东南州"小程序，整合景区预约、民族文化讲解、本地向导匹配、特产直购等功能，通过大数据分析游客偏好，动态推荐个性化路线。

四是要进行社区共建，建立利益共享机制。遴选 30~50 个传统村落，通过"政府＋企业＋合作社"模式改造闲置民居，发展高端民宿聚落（如"侗寨隐居""苗岭星空屋"），保留原住民生活场景，避免"空心化"。培训本地村民成为文化讲解员、手工艺导师或生态向导，确保旅游收益 60% 以上留存社区。出台政策鼓励艺术家、设计师驻村创作，将废弃粮仓、学校改造为民族文创空间、乡村咖啡馆等业态，形成"文化移民"与本地社区的共生关系。

要发展衍生型旅游业态。黔东南州在发展传统旅游业态的基础上，需通过衍生型旅游业态进一步延伸产业链、提升附加值，将民族文化、生态资源与多元产业深度融合，以文化为内核、以产业为纽带、以科技为杠杆，将"单一景点消费"升级为"全域体验经济"，形成"游客留得住记忆、村民看得见收益、文化留得住根脉"的"旅游＋"或"＋旅游"复合型可持续发展模式，推动旅游高质量发展。

一是要发展文化衍生，进行从传统到现代产业链的延伸。进行民族 IP 产业化开发，以苗族银饰、侗布、蜡染等非遗技艺为核心，联合设计师开发"国潮"系列产品（如苗绣背包、侗族纹样丝巾、银饰数字盲盒），打造"黔东南文创"品牌，通过电商平台与景区实体店双渠道销售。与知名品牌合作推出限量联名款（如故宫文创 × 苗绣笔记本、小米 × 侗族纹样手机壳），扩大民族文化传播半径。进行演艺经济升级，打造沉浸式民族剧场。在肇兴侗寨、西江苗寨打造实景演出《侗寨传奇》《苗岭史诗》，采用全息投影、互动装置等技术，将游客纳入剧情并参与表演。开发"村寨微剧场"，由村民演绎侗族大歌、苗族古歌等短剧目，结合餐饮推出"歌宴一体"体验（如长桌宴＋即兴对歌）。

二是要发展生态衍生，实现从观光到深度参与的绿色经济转变。进行自然资源的体验式转化，在雷公山、月亮山开发"山地运动＋自然教育"产品，如森林徒步＋野生药材识别、溶洞探险＋地质科普，配套专业向导与安全装备租赁服务。推出"稻田认养计划"，游客可远程认养梯田，通过直播监控作物生长，秋收时到现场参与收割并兑换有机大米、稻田鱼干等农产品。联合中医药机构开发"苗药温泉疗愈""侗医针灸理疗"项目，建设森林康养基地，提供定制化亚健康调理方案。依托夏季凉爽气候，推出"避暑旅居套餐"，整合民宿、农事体验、非遗手作，吸引长三角、珠三角客群中长期居住。

三是要进行产业融合，实现跨界联动，激发乘数效应。深化"旅游＋农业"，打造"茶旅融合示范园"（如雷山银球茶庄园），游客可参与采茶、制茶、茶道学习，开发茶染手作、茶膳餐饮等衍生品。将黔东南香禾糯、从江椪柑等地理标志产品包装为"旅游伴手礼"，设计轻量化小包装，嵌入民族文化故事（如"稻鱼共生"生态理念）。创新"旅游＋制造业"，在凯里、台江等地建设"银饰锻造研学基地"，游客可参与设计并打造专属银饰，工坊提供后期保养与复购服务。开发苗侗文化元素户外装备（如蜡染图案冲锋衣、侗锦防晒帽），与专业运动品牌合作推广。

四是要发展数字衍生，实现虚实融合，拓展消费场景。利用数字孪生技术构建"线上黔东南"，游客可穿戴 VR 设备参与虚拟节庆（如线上苗年赶集），购买数字藏品（如 3D 版风雨桥模型）。开发"苗侗文化 AI 导游"小程序，通过语音交互解答游客关于建筑、服饰、习俗的疑问，并推荐个性化游览路线。在传统村落设立"民族直播间"，村民通过直播展示手工艺制作、生态农产品种植过程，实现"边游边购"。扶持本地达人创作"黔东南奇遇记"系列短视频，以趣味化内容传播非遗技艺、山野美食，吸引年轻流量。

要发展提升型旅游业态。黔东南州要在现有旅游业态基础上，通过提升型旅游业态实现从"粗放式扩张"向"精细化运营"的转型。聚焦品质升级、体验深化、服务优化与品牌增值，推动旅游产业向高端化、特色化、可持续方向进阶。

一是要进行品质升级，实现从"流量驱动"到"质量引领"。旅游服务标准化与特色化并行，制定民族特色服务标准，结合苗侗文化礼仪（如拦门酒、长桌宴），编制《黔东南民族旅游服务规范》，培训从业人员双语（汉语＋苗／侗语）接待能力，打造"有温度的民族服务"标签。在西江千户苗寨、肇兴侗寨等核心景区引入野奢帐篷酒店、悬崖无边泳池民宿等高品质业态，配套苗药 SPA、星空观景台等设施，满足中高端客群需求。在景区推广人脸识别入园、AI 语音导览、智能停车系统，减少游客排队时间。建设"民族文化数字驿站",提供 VR 预体验、AR 实时翻译等服务。改造传统村落污水循环处理系统,推广太阳能路灯、可降解餐具,打造"零碳示范景区"。

二是要进行体验深化:实现从"表层观光"到"精神共鸣"。进行文化体验的深度挖掘。在雷山、榕江等地打造"非遗传承人工作室集群",游客可通过预约与国家级非遗传承人(如苗绣大师、侗族大歌歌师)面对面学习,颁发"非遗研修证书"。将"姊妹节""芦笙节"等传统节庆与沉浸式戏剧结合,设计"角色扮演 + 任务解锁"模式(如扮演苗族青年完成对歌、银饰制作等任务),增强文化代入感。联合国际生态组织开发"雷公山生物多样性科考营",提供黔金丝猴追踪、喀斯特溶洞生态观测等高端研学产品,吸引亲子与学术客群。举办"环月亮山国际越野赛""清水江生态漂流挑战赛"等赛事,配套专业训练营与安全救援体系,塑造"中国南方户外运动天堂"形象。

三是要进行品牌增值,实现从"区域名片"到"国际 IP"。针对 Z 世代推出"黔东南秘境探险"主题产品;针对银发族设计"慢享苗侗康养之旅";针对国际游客开发"东方部落文明探源"线路。统一区域旅游视觉系统,以苗族蝴蝶纹、侗族鼓楼轮廓为核心元素设计 LOGO,应用于景区标识、文创产品与宣传物料。组织侗族大歌团赴联合国教科文组织演出,在巴黎、东京等城市举办"黔东南文化周",通过"高势能传播"提升国际影响力。在 Instagram、TikTok 开设"Discover Qiandongnan"账号,发布苗侗生活美学短视频(如染布过程、火塘饮食),吸引海外 KOL 打卡传播。

五、坚守黔东南州旅游高质量发展之本

"人才资源是第一资源。"旅游人才建设是旅游高质量发展的首要任务和发展根本,人才建设直接影响旅游发展的前景性和长远性,旅游发展需要人才建设,没有人才资源，旅游发展工作就无法得到开展，培育和建设一支数量足够、结构合理、切合需求的高素质旅游人才队伍是发展旅游业的关键。❶目前黔东南的旅游面临人才匮乏的严峻挑战，积极采取人才治理措施是促进其旅游发展的重要路径。

（一）积极推进旅游人才培养

在当今社会，旅游业已成为全球经济发展的重要支柱之一。为了进一步推动旅游产业蓬勃发展，旅游人才的培养显得尤为重要。然而，我国在旅游人才培养方面仍存在一些亟待解决的问题。例如，旅游人才培养的机制尚不健全，师资力量相对薄弱，以及实践能力的不足等。为了应对这些问题，以下是一些针对性的改善策略和建议。

一是要建立完善的旅游人才培养机制。完善的旅游人才培养机制至关重要。政府应当出台一系列关于旅游人才培养的政策和规定，明确培养目标、任务和标准，并对旅游人才培养的过程进行严格的监管和评估。此外，政府还应积极与旅游企业展开合作，共同推动旅游人才培养的实践和应用，确保培养出的人才能够满足市场需求。

二是要加强旅游人才培养的师资力量。旅游人才培养的师资力量是影响培养质量的关键。旅游高校需要加大对教师的培训力度，引进更多具备丰富实践经验的优秀教师，提升师资队伍的整体素质和教学能力。同时，高校应与旅游企业建立紧密的合作关系，共同开发实践课程，使学生能够在实际工作中得到锻炼和提升。

三是要提升旅游人才培养的实践能力。实践能力是确保学生能够适应未来工作的重要环节。旅游高校应重视实践教学，通过模拟实训、建设实习基地等方式，增强学生的实际操作能力。此外，高校还应与旅游企业携手合作，共同设计实践

---

❶ 黄世华，杨兆兰，李生彪.甘肃省人才队伍建设的调查与思考［J］.兰州文理学院学报（社会科学版），2023，39（1）:95-102.

课程，让学生在真实的工作环境中学习和成长。

四是要加强旅游人才培养的国际合作。旅游人才培养的国际合作是推动旅游教育国际化的重要途径。旅游高校应积极寻求与国外知名旅游高校的合作机会，引进国际先进的教学理念和方法，培养具有国际视野的旅游人才。同时，高校还应与国外旅游企业建立合作关系，为学生提供海外实习和交流的机会，拓宽他们的国际视野。

五是要建立科学的旅游人才培养评价体系。科学的旅游人才培养评价体系是确保人才培养质量的重要保障。旅游高校应构建一套完善的评价体系，对学生的知识掌握、技能水平和综合素质进行全面评估。同时，高校还应与旅游企业共同参与评价体系的制定和实施，确保评价结果能够真实反映学生的能力水平，为旅游产业输送更多高质量的人才。

六是要构建复合型文旅人才梯队。为支撑黔东南"国际旅游目的地"战略目标，需要系统性培育兼具理论素养、实践技能与创新能力的复合型文旅人才，重点涵盖以下实施维度：其一，人才政策创新工程。旅游主管部门应构建梯度式人才激励机制，通过专项培养计划定向输送管理精英。重点实施国际化人才储备项目，对接重点旅游景区建设需求，采用"政策引导＋定向培养"双轨模式，建立覆盖行政管理、企业经营、服务运营的全领域人才库。其二，产教融合培育。搭建"政产学研协同育人平台"，形成人才分类培养机制。学术型人才——依托高等院校构建"理论＋实践"培养体系，侧重公共外交等专业领域系统化教育。实务型人才——聚焦政企在职人员能力提升，重点培训涉外公务人员、跨国业务骨干及服务团队，建立"岗位实训＋海外研修"的成长通道。其三，三维能力提升计划。构建"立体化培训矩阵"：行政管理层实施轮岗交流计划，企业经营层推行海外对标学习项目，服务运营层开展职业技能认证。特别建立"旅游人才国际交流基金"，支持管理人员赴全球知名旅游城市进行专项研修。其四，行业标准化建设工程。由州级文旅发展委员会牵头制定从业人员资质认证体系，推行服务标准化认证制度。重点实施"旅游服务品质提升行动"，建立从业人员信用档案，通过星级评定机制优化行业生态。通过建立完善的旅游人才培养机制、加强师资力量、提升实践能力、推进国际合作以及建立科学的评价体系，可以有效改善当前旅游人才培养的现状，为黔东南州民族旅游产业的持续发展提供坚实的人才支持。

（二）人才结构协调发展

黔东南旅游发展存在人才结构不合理的问题，民族村寨的旅游发展建设与人才结构的矛盾关系，是阻碍旅游业发展的重要原因。采取人才结构调整措施，是促进旅游业高质量发展的有效方式。

首先通过教育发展促进人才培养。高层次旅游人才是旅游业得以发展的主观因素，而优秀的旅游管理人才是通过教育培养而来。具体做法如下。

其一，高校应加强学科建设。习近平同志在全国教育大会上指出，高校要"着重培养创新型、复合型、应用型人才"，明确把创新摆在首要位置，为高等教育的人才培养指明了方向，也为旅游人才的培养提供了道路基础。高校作为旅游人才培养的主阵地和人力资源的重要供给侧，需顺应时代总要求，积极承担人才培养的重任❶。高校应积极加强旅游学科建设，扩大学科建设规模，充实和完善学科理论知识和学习基础设施，优化专业设置，提高专业内涵，改革教学模式，提高学生学习兴趣，促进学生专业知识技能全方位发展，积极培育高层次旅游人才。具体而言，高校应以市场需求为导向，培养旅游复合型人才。旅游发展的不同阶段，需要不同阶段的发展人才，摸清旅游市场发展所需的能力素质和知识结构，做好行业发展趋势分析，形成"市场＋"的人才培养模式，精准了解市场发展方向。在旅游发展初期，对旅游规划与开发型人才需求量大；在旅游发展中期，如何促进旅游业可持续发展，需要管理型人才加以治理；在发展中后期，如何调整旅游发展现状，实现旅游产业结构转型与升级，需要创新型人才探讨旅游发展路径。由此说明，旅游发展的持续性离不开复合型人才的培养。其二，社会应提供就业机会。旅游学科是旅游人才接受培养的重要途径，而每年高校招生中多数高

---

❶ 杨美霞.新时代旅游人才培养供给侧改革路径［J］.社会科学家，2022（1）:52-56.

校旅游管理专业招生人数不达标。究其原因，在于社会就业岗位供量不足，无法满足毕业生择业需求，导致旅游管理等相关专业被划分为"冷门"专业。改变这一现象的方式就是提供适量的旅游相关专业岗位，解决岗位供求矛盾，调整岗位结构，满足旅游发展需求，提高学科吸引力，促进就业相对稳定性。其三，居民应转变择业思想观念。受传统思想观念的影响，认为体制内的工作才是最好的职业去向，忽略了时代发展带来的旅游市场新业态和新的就业机会。所以人们应该转变择业思维，积极投身于旅游发展中，提高旅游与自身互惠互利意识，积极发挥旅游市场发展与择业需求选择的协同作用，促进旅游业高质量发展。

其次加强政府引导旅游发展。政府在旅游发展中一直发挥着重要的引导作用，所以面对旅游人才"留不住，引不进"问题，政府应采取积极应对措施。具体措施为，一是制定相关的优惠政策和人才引进政策。合理协调资金分配问题，合理调配人才发展资金，有效利用政策机制、薪资酬劳、住房补贴等福利待遇吸引更多高层次人才建设黔东南旅游。二是实现人才借调。利用政府相关职能，由政府或相关旅游部门向各行各业借调专业技术人员，完善旅游人才队伍。❶一方面有利于提高当地旅游发展质量，另一方面通过"授人以渔"的方式培养地方人才，促进旅游技术的提升；三是积极做好当地居民的思想工作。要想留住人才进行地方旅游建设，除了政策鼓励，更应该做好本地居民的思想工作，提高其旅游发展的"主人翁"意识，提高居民"家乡利益就是我的利益"的思想觉悟，为建设家乡贡献自身力量，使其积极投身于地方旅游发展建设中。

（三）注重教育引导思想

人类的思想观念对人的行为活动有着极为重要的影响，所以做好正确的旅游发展思想引导是促进旅游业健康发展的重要动能。针对农村文化水平整体偏低问题，具体做法如以下几点。

---

❶ 兰宗宝，兰申菊.关于广西乡村旅游人才建设的战略思考[J].广西农业科学，2009，36（8）：263-266.

一是政府开展文化课讲授工作。政府应通过聘请、志愿招募等手段对村民进行综合素质教育和专业技能培训，一方面改变其根深蒂固的思想陋习，提高思想觉悟，促进文化传承自觉性，为旅游业发展提高开发可能性；另一方面提升村民文化利用能力，将文化资源转变为经济资源的市场化手段，实现民族文化资源的创新性发展和创造性转换，培养年轻人创新能力和经营能力，使其积极投身于旅游行业中，减少人口外流，为乡村旅游发展提供人员动力，促进旅游发展空间和发展速度。授课的方式一定程度上可转变居民的发展观念，为彻底改变根深蒂固的"顽固"思想提供新的思想血脉，为促进地区经济发展提供积极的思想基础。

二是引进辅助产业助力旅游发展。旅游发展初期离不开基础设施的建设和营销宣传，这就需要大量的资金作为投资基础，良好的经济条件是发展的必要前提，因此，除招商引资外，可根据地区优势发展其他产业，其目的在于打造"产业+旅游"的发展模式，让旅游业与其他产业深度融合，相辅相成。形成产业互助模式，其他产业的兴旺发展可为旅游发展提供资金来源，而旅游业的发展也成为其他产业营销推广的一大助力。例如，黔东南可利用山地特征发展茶产业，实现茶旅融合，一方面可调整产业结构，另一方面可助力旅游发展。

三是加强教育基础设施建设。教育是促进社会发展的根本，重视教育才能改变未来，旅游同样需要教育做支撑。农村教育的发展不仅需要做思想工作，学习设备建设也需同步进行。加强教育设备更新，完善教育设施，提高师资水平，为教育发展提供更优良的条件，重视教育对旅游发展的前景影响，是政府需考虑的管理思路。在基础设施方面，可设置城乡校车交通设施，一方面解决农民在农忙时节接送孩子的时间压力，另一方面为留守儿童提供安全的出行条件，避免非营运车辆非法载客，提高对未成年人的人身和财产保护。在师资方面，政府出台更多优惠政策以及福利补贴，吸引更多优秀教师任教，改善偏远地区教育现状，壮大教师人才队伍，为培育更多优秀人才夯实教育基础。

（四）传承文化助力旅游

民族文化是旅游文化产业得以开发和利用的根本，是民族村寨旅游发展的重要依托和根基。从大局出发，保护民族文化更是保持民族多元化的重要手段，所以做好民族文化传承工作至关重要。

一是宣传教育，提高重视。政府应以人才促进发展为思想前提，树立"旅游文化需人才继承"的发展理念，加强对居民文化传承的重视，积极做好文化继承思想工作，改变居民忽略文化继承的思想行为，为民族文化旅游发展提供持续的思想支持。以推进教育为前提，从根源上转变人们的思想观念。此外，本民族人民应增强民族责任感，提高民族文化传承的思想觉悟，实现民族自信、文化自信，积极形成"文化是民族的根和魂"的思想理念，保护文化的可持续发展，促进文化的再生，为保证民族文化脉脉相承与发扬提供高度自信的思想觉悟，为旅游发展打下文化资源基础。

二是保护现存民族文化。首先，在建筑方面。建筑工艺技术凝聚了民族祖先高超的智慧，是民族文化的结晶，所以保护建筑工艺不仅是旅游发展的重要举措，更是民族文化得以保存与延续的重要途径。针对民族建筑，应采取"古老建筑保护，建筑工艺传承"的方式，积极成立建筑保护组织和培养传承人，让建筑工艺得以延续和发扬。其次，在语言方面。教育机构和居民应重视民族语言的传承与运用，积极营造优良的语言学习环境。居民应重视用本民族语言与孩子进行沟通交流，让语言得以延续。此外，教育应更加重视民族语言的发展前途，在普通话普及前提下，应开设少数民族语言课程，通过教育体制改革防止语言文化流失现象。最后，在民俗活动方面。民俗活动的传承应与旅游项目发展协同起来，富有特色的民俗活动往往成为吸引客源的重要因素，所以政府和企业应积极挖掘民俗活动的亮点，利用民俗活动的可塑性积极打造民俗活动旅游项目。

六、营造黔东南州旅游高质量发展之境

地域营商环境直接影响旅游经济的发展程度，良好的营商环境是拉拢经营者与地区旅游之间实现互惠互利的重要桥梁。因此，改善黔东南旅游经济活动的空间布局，并走出经济基础困境的方法如下。

（一）打破空间布局限制

黔东南旅游空间布局的合理性受限于地形因素和资源的集中程度，故打破空间布局限制是实现旅游发展的重要路径选择。

其一，因地制宜，提高土地利用率。提高土地利用率是黔东南旅游发展的重要话题，在土地资源贫瘠的民族村寨，提高土地利用率是旅游发展的重要手段。但是如何将有限资源利用起来？将哪些资源利用起来？如何利用才能提高发展成效？是旅游发展需要深思的一系列问题。换言之，没有充裕的土地面积就无法发展旅游吗？答案显然是否定的，转变思维方式，创新发展手段，保留原有特色，进行形式创新，同样能发展旅游。在现有地形基础上建设富有特色的旅游设施和项目。例如，雷山县南猛村的房屋民宿改造，将吊脚楼房屋改造成为精品民宿，既保留了原有的村寨特色，突出民宿的地方特色性，又合理利用现有资源，避免因土地建设面积稀缺而导致的住房设施供应不足等问题。又如，西江千户苗寨的农田改造。随着旅游业的兴起，小农经济已不再是千户苗寨的主要家庭经济结构，为提高经济效益，适应旅游发展，进一步加强设施建设，部分农田被征用为房屋地基和道路建设，完善千户苗寨的基础设施建设，确保市场供求平衡，为旅游发展提供较为完善的设施基础，推动旅游业在村寨的可持续发展。

其二，加强资源整合，村寨联动发展。民族村寨旅游发展在保留资源层次性的基础上加强村寨间的资源整合发展。例如，苗寨与侗寨或邻近村寨的联动发展。首先，在资源上，既保留民族地域资源特色，又进行发展合作，通过旅游路线等"捆绑销售"形式，突出旅游路线的景观异质性和地域性，既保留了地域特色，避免资源重复，又能促进景区间的联动发展，实现利益共享。其次，在技术上，实现技术共享，即在基础设施或旅游项目发展技术上实现共享。技术共享并不意味着设施的重复和复制，而是根据地域特色，用同样的先进技术打造不同的项目风格，既实现技术资源共享，又能加强景区间的技术合作，实现共同进步和双赢。

综上所述，地域合作与资源共享是加快旅游高质量发展的有效途径。

（二）夯实旅游经济基础

经济基础是发展的动力和根本，没有经济基础，就无法建设上层建筑，从而无法从根源上消除旅游营商环境的主要障碍。因此，夯实旅游经济基础是实现旅游发展的前提。在国家脱贫攻坚的战略背景下，农村基本实现脱贫，但是村寨目前仍无法满足旅游发展建设所需的雄厚资金，"资金缺则发展缓，发展缓则资金缺"的矛盾循环愈演愈烈，因此改变该局面应从调整产业结构、引进人才资源等维度出发，需各主体多方面、深层次努力。

首先，在产业结构调整方面，优化产业结构和转换增长动力成为现阶段地区实现旅游高质量发展的重点，而政府引导基金在产业升级和经济发展中扮演着关键角色。在旅游发展初期，政府应根据地方优势，引导基金在地区实现产业多元化，为旅游发展奠定产业基础，使之成为旅游发展建设的辅助产业。例如，在乡村振兴背景下，产业扶贫政策已遍布全国各个乡村，而榕江县部分乡村因其独特的气候优势和地形特征，百香果产业已初具规模，成为村民经济收入的重要组成部分，为改善村民生活水平从而进一步促进旅游发展奠定了产业基础。在人力资源建设方面，政府作为旅游发展的引导者，建立有效刺激旅游发展的相关政策是关键，因此应出台相关优惠政策，鼓励村民建设家乡，提高村民发展意识。在人才引进方面，积极吸纳各领域复合型旅游人才，采取"人才＋技术"发展模式，提高人才与技术赋能，促进旅游业高质量发展。在资金方面，提高企业投资的福利待遇，放宽政策，积极招商引资，并通过融资等方式引进外来资本开发建设民族村寨。在管理方面，积极制定并落实相关管理条例，维护村寨正当利益，保护民族文化免遭破坏，维护市场可持续发展秩序。此外，各地旅游管理部门应从微观层面上挖掘本地旅游的优势和潜力，采取适合本地旅游业的激励方案，这对于旅游产业解困与振兴尤为重要 ❶。

其次，村民应抓住发展机遇，利用自身民族特色文化优势，将文化资本转化为经济资本，实现价值转换，在提高自身收益的同时实现文化传承与保护。例如，榕江县摆贝苗寨返乡创业的大学生 L，L 是一个土生土长的苗族人，大学毕业后选择返乡创业，利用互联网平台，通过直播带货等方式将蜡染等民族工艺品在网上售卖，以提高经济收益，实现文化的经济价值转化。此外，直播期间，通过答疑形式解答观众的手工艺制作问题，无形中实现了苗族手工艺文化的传播，直播已成为民族文化发扬与传承的有效平台。

综上所述，夯实旅游经济基础，需要多维度、全方面、多主体的协同作用才能完成，而只有打牢经济基础，才能促进旅游发展。

（三）协调发展主体利益关系

旅游景区的营商环境应该由各发展主体间共同营造，才能实现旅游产能升级和可持续发展。

首先，由于多主体参与存在盲目性，不仅不利于地区旅游业建设工作的开展，甚至还会引发社会冲突，破坏社会发展秩序，政府机构参与并统筹协调相关部门，可以有效地解决保护区建设中出现的问题 ❷。因此，政府作为旅游发展的主要管理者，在景区管理中出现多主体争执时，应及时给予相应的解决方案，平衡各方利益，以长远和全面的眼光看问题，以保护和发展为前提，坚持维护地区整体利益，积极引导企业、居民等各主体和谐共处，互惠互利，共同营造良好的营商环境。具体而言，对于企业发展，政府应采取适度干预原则，坚持维护市场发展规律，打

❶ 沈强 . 外在冲击、经济基础与旅游产业和谐发展——基于时间序列数据的实证检验［J］.现代管理科学，2016（3）:103-105.

❷ 张志颖 . 非物质文化遗产整体性保护的中国实践——国家级文化生态保护区建设成效与问题研究［J］.青海民族大学学报（社会科学版），2021，47（3）:124-131.

造良好的活态市场，才能有效激发市场潜能，促进旅游产业结构升级。面对居民，政府应正确做好思想工作，加强旅游效益的相关宣传，提高居民的"主人翁"意识，鼓励他们积极主动投身于家乡旅游发展中来。政府自身应完善管理机制，正确处理好与居民的关系。例如，针对思想较顽固的部分居民，政府应采取正确的方式沟通协调，避免发生冲突。此外，政府作为群众的服务者，应以维护居民正当利益为前提，建立科学合理的利益分配机制，让居民在参与旅游发展中获益，并坚持"保护中发展，发展中保护"的旅游开发原则，正确引导村寨旅游发展。

其次，企业作为"外来者"，应摆好姿态，处理好各方主体间的关系，树立命运共同体的思想意识。具体而言，作为外来资本投入者，需积极配合地方政府工作，严格遵守地方管理条例，在不破坏地方制度和市场规律的条件下进行企业经营。企业要想在地区实现和谐发展，应积极主动处理好与居民的关系。在开发建设过程中，应采取正当手段进行房屋与地面的租赁等交易，通过沟通、协商、补偿等方式协调好双方的利益关系。尤其在民族地区开展旅游经济活动，离不开地域特色文化的利用，保护文化也成为企业应承担的责任。在保护中将特色文化与产业高度融合，才能实现产业在旅游地区的持续健康发展。因此，作为企业，应以发展的眼光看问题，虚心向当地居民学习民族文化知识，将文化合理融入产业中，这就需要企业与居民和谐相处，互惠互利，共同营造良好的营商环境。

最后，居民作为旅游发展的重要主体和动力，应正确看待旅游发展，在维护正当利益且保护自身民族文化发展的同时，持包容之心和理解之态。其一，居民应积极响应国家旅游发展政策，配合地方有关部门工作，支持旅游发展机制实施，遇到问题及时沟通解决，尽量避免主体间矛盾加深。其二，对于外来资本注入，保持理性思维，应以积极正面的态度对待，树立"企业带来就业"的积极观念，合理处理与企业的关系。

综上所述，各主体间和谐共处才能维护好旅游营商环境，才能促进旅游高质量发展。

（四）构建全方位营销体系

一是要进行市场分级运营。构建"立足贵阳、巩固全省、拓展两广、开拓全国"的旅游市场促销格局，全方位开展宣传促销活动。一级市场（核心攻坚区）形成"3小时高铁圈"覆盖区域，包括贵州省全境及湘桂粤川滇渝相邻地市。实施交通网络织密计划，联合铁路部门开通"黔行号"旅游专列，开发跨省景区直通车。建设民族文化走廊，打造"苗侗风情—湘西秘境—桂北山水"跨省黄金旅游线，进行大数据精准营销，建立游客画像系统，针对不同群体推送定制化套餐（如家庭研学包、银发康养卡）。建立节庆联动机制，策划"泛西南旅游季"，统筹各省特色节庆形成联动效应。二级市场（价值深耕区）重点突破长三角、珠三角、京津冀"环渤海"区域三大城市群高净值客群。建设商务会展生态圈，与北上广深会展公司进行战略合作，打包"会议+考察+度假"产品，开发数字经济峰会、生态论坛等高端会奖旅游。实行候鸟旅居计划，针对长三角推出"夏季避暑+冬季温泉"双季卡，打造精品民宿聚落，提供月租型养生公寓。培育新业态，建立数字游民基地，配套高速网络和共享办公空间，建设暗夜星空观测站、天文主题研学营地。三级市场（机会孵化区）包括境内其他客源市场。设立云端旅游实验室，运用VR技术开发"数字孪生景区"，通过元宇宙平台开展虚拟旅行，与B站、小红书合作发起"百城探黔"短视频挑战赛，与新能源车企合作推出"充电免门票"计划。

二是要突出旅游主题营销。首先，要对黔东南州旅游的核心主题进行定位，提出旅游主题。针对黔东南州突出的民族文化与自然生态的双重独特性，可以尝试提出诸如"秘境黔东南·心灵原乡""千年苗侗韵，山水黔东南"之类的主题口号，提炼核心价值。其次，进行目标市场细分。瞄准核心客户群，比如民族文化爱好者、非遗研学群体之类的文化深度体验者，自然探险、徒步摄影、避暑康养人群之类的生态旅行者，民俗体验与自然教育组合需求的家庭亲子客群，网红打卡、小众旅行、户外运动爱好者之类的年轻潮流群体。关注区域市场，国内关注珠三角、长三角、川渝及周边省会城市，国际关注东南亚（文化相似性）和欧美（生态文化深度游）等区域。再次，要打造主题营销亮点。打造民族文化超级 IP，建立"苗年·侗年狂欢季"，结合雷山苗年、肇兴侗年等节庆，打造年度盛事，融入长桌宴、芦笙舞、银饰刺绣体验等互动内容。打造"百节之乡"品牌，按月推出特色节庆（如台江姊妹节、独木龙舟节），形成"月月有节庆"的吸引力。推出非遗活化体验，如推出"跟侗族歌师学大歌""苗族蜡染手作课"等沉浸式项目，强化文化传播。进行自然生态场景营销，建设"中国最美梯田带"，加榜梯田农耕文化体验与摄影大赛，结合无人机航拍进行传播。实行"森林康养计划"，在雷公山、月亮山推出徒步、观星、疗愈瑜伽等生态旅游产品。串联镇远古城、潕阳河、杉木河漂流，打造"清水江流域秘境"、山水人文走廊。建设村寨沉浸式体验，与西江千户苗寨、肇兴侗寨等合作，开发精品民宿与家庭接待项目，让游客参与插秧、酿酒等日常劳作。推广小众村寨（如岜沙苗寨、黄岗侗寨），以"最后的枪手部落""侗族大歌发源地"为故事点，制造话题性。最后进行线上引爆、线下联动和时间营销。通过短视频营销、纪录片、影视植入、元宇宙体验进行线上引爆。与抖音、小红书合作，发起 # 我在黔东南当一天苗家人 # 挑战赛，邀请旅行 KOL 拍摄"24 小时民族生活日志"。联合央视拍摄《黔东南密码》，或与综艺节目合作取景。开发虚拟苗侗村寨数字展厅，通过 VR 展示节日盛况与非遗技艺。通过主题高铁专列、旅行社合作和城市快闪活动进行线下联动。在贵广高铁、沪昆高铁打造"黔东南文化车厢"，车内装饰、广播均融入民族元素。在北上广深举办"黔东南风情快闪店"，展示银饰、蜡染并提供酸汤鱼试吃。设计"苗侗风情 5 日深度游""非遗手作亲子营"等主题线路，捆绑交通与住宿优惠。进行"全球最长的千人侗族大歌""寻找黔东南守护者"等事件营销。通过以上策略，黔东南州可强化"民族文化与自然生态双遗产"的独特定位，从同质化旅游竞争中突围，吸引高价值客群，实现从"过境地"到"深度游目的地"的升级。

三是构建全媒体传播矩阵，强化媒体宣传营销。为强化黔东南州旅游媒体宣传营销，需结合现代传播趋势与目标客群偏好，通过多元化渠道、创意内容和精准投放提升曝光度与吸引力。与央视、省级卫视等主流媒体合作联动，投放黔东南旅游形象广告（如《国家地理》风格短片），重点覆盖《天气预报》黄金时段。联合制作纪录片《黔东南：未被讲述的东方秘境》。通过探索频道、BBC Travel（英国广播公司旗下的旅游内容品牌）等国际平台推广生态与民族文化主题内容，吸引海外游客。通过抖音、快手、哔哩哔哩短视频平台，小红书和微博等引爆社交媒体。发起＃黔东南奇遇记＃挑战赛，鼓励用户发布"苗绣 DIY""侗族大歌学唱"等互动视频，设置万元现金奖励。邀请头部旅行博主拍摄"三天两夜深度探秘"系列，突出小众村寨与非遗体验。打造"黔东南必去的 9 个治愈系打卡点"图文攻略（如加榜梯田日出、镇远古城夜景），联动 KOL 种草。开设官方账号定期发布"节气里的黔东南"主题内容，结合农耕文化与自然景观。布局精准数字广告，进行 OTA 平台定向推送（携程、飞猪、马蜂窝），根据用户搜索偏好（如"民族风情""避暑胜地"），投放定制化广告，捆绑"高铁票＋民宿＋体验项目"套餐。针对珠三角、长三角用户推送"高铁 3 小时直达秘境"主题广告，突出周末游便利性。通过视觉化内容创作、故事化内容营销、热点事件传播，打造高传播性内容 IP。进行 4K 航拍宣传片创作，以"从云端到人间"为视角，展现梯田、村寨、森林的壮丽景观，在机场、高铁站循环播放。进行 VR 全景体验，开发"云游黔东南"小程序，用户可 360°观看雷山苗年盛况、岜沙枪手部落仪式，激发实地游览兴趣。进行故事化内容营销，拍摄《黔东南人物志》系列微纪录片，讲述非遗传承人（如银匠、歌师）、生态护林员的真实故事，传递"人与土地共生"的价值观。在春节、中秋等传统节日推出"黔东南年味地图""侗寨中秋月光宴"等内容，关联用户情感需求。争取热门影视剧（如古装剧、田园治愈系）在镇远古城、西江苗寨取景；与综艺《哈哈农夫》合作明星体验任务。通过以上策略，黔东南州可实现"精准触达、内容破圈、口碑裂变"的立体化传播，将"民族文化与生态秘境"标签深入人心，推动从流量到客流的有效转化。

四是区域联合营销。黔东南州依托三省交界的区位优势和便捷交通条件，开展区域联合营销是突破单一景点局限、实现全域旅游升级的战略选择。黔东南州要突破传统行政区划桎梏，打造"湘黔桂文旅金三角"战略枢纽，构建跨省 2 小时文旅经济圈。通过高铁网络数据分析,精准锁定珠三角(3小时高铁圈)、成渝(4小时高铁圈)两大千万级客源市场。将苗族侗族非遗文化转化为沉浸式体验产品,与周边世界遗产(荔波喀斯特、赤水丹霞)、都市文旅(成都熊猫基地、广州长隆)形成"原生文化+顶级IP"的差异化组合。进行产品矩阵创新,开发"山地文明走廊"主题线路,串联黔东南传统村落集群→梵净山→镇远古城→桂林山水,形成民族文化与自然遗产的时空对话。打造"舌尖上的北纬26°"美食专线,整合酸汤鱼、柳州螺蛳粉、四川火锅等地域美食IP,设计5天4夜跨省美食地图。搭建"黔湘桂文旅数字联盟"平台,实现三省区景区门票互通、酒店积分通用、交通接驳联程。运用区块链技术建立客源贡献值分配机制。开发AR增强现实导览系统,游客扫描特定地标即可触发跨区域景点推荐,形成流量裂变效应。构建三省交界处"超级旅游集散中心",提供跨省租车、异地还车、多语种导游共享、紧急救援联动等公共服务。建立导游跨省执业资格互认机制,培育精通多民族文化的"超级导游"队伍。成立由三省政府、OTA平台、文旅集团组成的股份制运营公司,采用GBC(政府—企业—消费者)协同治理模式。设立区域文旅产业发展基金,重点投资跨省交通接驳设施和文化遗产数字化工程。建立季度轮值联席会议制度,配套开发区域文旅发展指数监测系统。试行"跨省旅游飞地经济",在珠三角设立黔东南文旅体验馆,反向吸引合作景区入驻展示,构建双向导流通道。开发"民族节庆护照",游客集齐苗年节、火把节等三省特色节庆打卡,可兑换跨境旅游大奖。创建"山地文明研究院",联合高校开展民族文化系统性研究,为旅游产品注入学术基因,提升内容竞争力。通过空间重构、数字赋能和制度创新三维突破,既能保持黔东南文化原真性,又可实现区域价值倍增,使地理交界劣势转化为流量汇聚优势,最终推动中国西南文旅协同高质量发展。

七、强化黔东南州旅游高质量发展之支撑

为实现黔东南州旅游产业高质量发展目标，需构建多维度协同支撑体系，具体包含全域旅游信息服务体系、旅游安全韧性保障体系、旅游交通网络便携服务体系、旅游公共服务均等化体系、旅游行政管理服务体系、旅游支撑服务体系六大核心要素。通过建立多语种智慧旅游信息平台，整合 GIS 地理信息系统与大数据分析技术，实现旅游资源的数字化呈现与智能推荐。重点开发具备实时更新功能的电子导览系统，集成景区承载力监测、票务预订及游客评价反馈模块，构建"一站式"旅游信息生态系统。参照世界旅游组织（UNWTO）数字旅游服务标准，建立跨部门数据共享机制。需着力强化旅游安全基础设施建设，建立基于物联网技术的全域安全监控网络。实施从业人员安全资质认证制度，完善旅游应急救援体系，包括建立直升机救援基站和山地搜救专业队伍。参照《国家旅游安全保障标准》，构建旅游安全风险预警系统（T–SRWS），并开展游客安全行为培训计划，优化旅游安全韧性保障体系。运用交通可达性模型优化路网布局，重点改善"最后一公里"接驳系统。建议实施旅游交通标识系统国际化改造工程，构建"空铁水陆"立体交通接驳体系。通过 PPP 模式引入新能源观光专线，建立景区间摆渡车智能调度系统，实现游客集散中心与主要景点的无缝衔接，提升旅游交通网络效能。基于游客画像技术开发差异化产品体系，建立旅游服务质量认证制度。实施景区票价分级管理制度，完善特殊群体旅游服务设施。建议创建"旅游惠民卡"电子平台，整合跨区域旅游资源，并通过政府购买服务方式提升公共旅游产品供给质量，推进旅游公共服务均等化。推进旅游行政审批"一网通办"改革，建立旅游企业信用评价数据库。建议设立旅游产业研究院，构建政产学研协同创新机制。完善旅游投诉快速响应系统，建立旅游市场综合监管平台，实施旅游服务质量黑名单制度，创新旅游行政服务机制。通过体制机制、政策、金融、人才、用地等方面保障，强化旅游支撑体系。

（一）构建全域旅游信息服务体系

基于智慧旅游发展理念，本研究提出构建"五位一体"的旅游信息服务体系，具体实施路径如下。

一是建设多层级旅游咨询服务网络。依据中心地理论，构建三级旅游咨询服务体系。在凯里黄平机场、高铁枢纽站等一级节点设立综合型旅游咨询中心（TIC），配备多语种服务专员及智能交互终端；在3A级以上景区入口、城市商业综合体等二级节点设置自助式旅游信息亭（Kiosk）；在乡村旅游点、交通接驳站等三级节点配置电子导览二维码矩阵。采用"主中心+分中心+服务站"的复合架构，实现服务半径不超过5公里的全覆盖目标。

二是优化智能化旅游导引标识系统。参照《旅游导向系统设置规范》（GB/T 31382—2015），建立三级标识体系：在省际交通干线设置全景导览信息板（LBS），应用AR增强现实技术实现动态信息呈现；在城市主干道部署智能路标系统（ILS），集成环境监测与信息推送功能；景区内部采用可穿戴式电子导览设备（WED）。重点推进多模态交互式导航终端研发，实现基于位置服务（LBS）的个性化路径规划。

三是构建智慧化移动服务体系。打造"三网融合"的智慧旅游云平台：

（1）语音服务网：建立AI智能应答系统，整合12301旅游热线，开发方言识别与多语种翻译模块。

（2）移动互联网：开发集成AR实景导航、客流热力分布图、智能行程规划等功能的官方App，实现与"一码游贵州"平台的数据互通。

（3）物联感知网：部署支持NB-IoT技术的环境监测传感器，构建旅游安全预警系统。特别需完善应急通信保障体系，建立基于北斗卫星的应急救援定位系统。

四是建设数字化旅游信息服务矩阵。构建"双平台"协同机制。在目的地虚拟旅游系统（DMS）方面，运用三维建模技术构建数字孪生景区，开发旅游产品生命周期管理系统（TPLM）；在旅游电商平台方面，建立旅游企业信用评价数据库（TECD），实施在线旅游产品标准化认证。重点推进旅游大数据中心建设，构建包含 12 个基础数据库和 8 个主题数据库的数据仓库，开发旅游舆情监测系统和市场预测模型。

五是构建集成化智慧旅游中枢系统。基于 PPRR 应急管理模型，建立旅游指挥调度中心（TECC）：

（1）预防阶段：构建旅游安全风险图谱，建立多源数据融合的预警系统。

（2）准备阶段：开发情景模拟训练系统，制定 21 类应急预案数字化模板。

（3）响应阶段：搭建多部门协同指挥平台，实现"一键式"应急响应。

（4）恢复阶段：建立旅游危机后评估系统，完善保险理赔快速通道。建议采用区块链技术构建不可篡改的旅游服务追溯系统。全域旅游信息服务体系通过融合新一代信息技术，构建"前端智能感知—中台数据处理—后端决策支持"的闭环系统，为黔东南州旅游高质量发展提供旅游信息服务。

（二）优化旅游安全韧性保障体系

本研究从制度韧性、技术韧性、管理韧性和文化韧性的四维保障体系方面出发，提出旅游安全韧性保障体系的优化路径。

一是构建制度韧性系统。建立 PPRR 模型应急管理体系。在预防机制方面，参照 ISO22301 标准构建旅游安全治理指数（TSGI），包含一级指标和二级指标。在准备机制方面，开发数字化应急预案知识库（DEPKB），实现预案要素的模块化组合与情景推演。在响应机制方面，建立"1+5+N"应急指挥体系（1 个指挥中心 +5 个专业组 +N 个现场处置单元）恢复机制方面，创建旅游危机后评估模型（T-PRAM），设置恢复效能评估指标。完善多主体协同治理机制，构建政府—企业—社区—游客"四位一体"责任共担体系，实施旅游企业安全信用分级管理制度（SECM），建立包含多项指标的评估体系，创新"保险 + 科技"风险转移模式，开发旅游安全责任险智能核保系统。

二是提升风险治理能力。构建风险图谱，运用 FASTCOM 框架进行全要素风险识别，建立包含地质、气象、设施等 8 类风险的分类矩阵，开发旅游安全风险动态评估系统（TRAS），集成层次分析法（AHP）与模糊综合评价法（FCE）。建设智能监测网络，部署物联网感知终端（LPWAN），实现重点区域环境参数的分钟级采集，构建基于 BIM+3DGIS 的景区安全数字孪生平台，设置多个风险监测点位，建立旅游安全大数据中心（TSDC），日均处理 2.3 亿条异构数据。

三是优化技术韧性支撑系统。在智能安防体系方面，应用 UWB 定位技术建立游客动态监测系统，定位精度达 0.3 米；部署 AI 视频分析系统，实现多类危险行为的智能识别与预警；建设应急物资智能仓储系统（EMSS），应用 RFID 技术实现物资全周期管理。在气象服务方面，建立旅游气象服务指数模型（TMSI），包含舒适度、安全度等 5 个维度，开发微尺度气象预报系统（MSWFS），空间分辨率达 100 米 × 100 米，构建"空天地"一体化监测网络，布设多个梯度气象观测站。四是建设韧性能力培育工程。在应急能力建设方面，开发虚拟现实应急演练平台（VREEP），设置多个典型事故场景；建立旅游安全培训认证体系（TSTCS），制定岗位能力标准；实施"安全卫士"培养计划，年均培训专业救援人员 500 人次。塑造文化韧性，编制民族地区特色安全指引手册，融入传统防灾智慧；创建"安全文化示范景区"评价体系，设置文化传播力、实践转化率等评估维度；开发苗侗文化元素的智能安全警示系统，实现文化符号与安全提示的有机融合。通过优化旅游安全韧性保障体系，可以大大缩短事故响应时间，实施后提升黔东南州旅游安全指数，实现黔东南州旅游高质量发展。

（三）完善旅游交通便捷服务体系

本研究提出"三维四核"旅游交通服务体系优化框架，具体实施路径如下。

一是优化多层级交通网络。构建立体化交通廊道，在航空网络方面，扩建凯里黄平机场航站楼，加密至长三角、珠三角城市群航线，构建"2 小时航空经济圈"。在高铁网络方面，推动贵广高铁复线工程，增设旅游专列停靠班次，实现 3A 级以上景区高铁接驳率 100%；在公路系统方面，按照《旅游公路设计规范》

改造环雷公山旅游公路，设置多处景观式服务区；在水路交通方面，开发潕阳河航运旅游专线，建设多个生态化游船码头。构建智慧化路网管理系统，应用交通仿真模型（TSIS）优化路网布局，部署交通流量监测系统（TDMS），数据采集频率达 10 秒 / 次；建立旅游交通动态诱导系统（TDGS），实现路况信息分钟级更新。

二是构建三级枢纽体系。一级枢纽（贵阳主中心）：打造 TOD 模式综合交通体，集成航空、高铁、地铁等多种交通方式；二级枢纽（县域节点）：建设"交通 + 旅游"复合型枢纽，设置民族文化体验区与智慧旅游服务中心；三级枢纽（景区门户）：配置新能源摆渡车接驳系统，服务半径不超过 5 公里。制定服务标准，建立旅游交通服务质量指标体系（TQS），包含多项量化指标；实施枢纽设施适游化改造工程，设置双语导视系统与无障碍通道；开发枢纽客流预警系统（CPWS），容量预警阈值设定为设计承载量的 80%。

三是优化智慧化服务集成系统。优化智能出行服务平台，构建 MaaS（出行即服务）平台，整合多类出行服务商资源；开发行程链管理系统（TCMS），实现"门到门"智能行程规划；部署 AI 语音导览系统，支持苗语、侗语等民族语言。推出新型交通服务产品，推出"交通 + 门票"联程票务系统，覆盖 87% 的 A 级景区；创建自驾游数字护照（DDP），集成电子路书与应急服务功能；试点自动驾驶观光巴士，运营线路覆盖 22 个重点特色村寨。

四是创新协同化运营机制。进行管理机制改革，建立旅游交通发展基金（TTDF），年筹资规模不低于 2.5 亿元；推行特许经营制度（BOT），吸引社会资本参与旅游专线运营；制定《旅游交通服务标准体系》，涵盖 6 大领域 58 项标准。建立技术支撑体系，建设旅游交通大数据中心（TTDC），日均处理 1.2 亿条运营数据；开发智能公交调度系统（IBDS），发车间隔动态调整精度达 ±30 秒；应用区块链技术建立运力交易平台，实现闲置运力的市场化配置。通过完善旅游交通便捷服务体系，可以大大缩短平均换乘时间，提高路网通行效率，提升旅游交通满意度，实现黔东南州旅游高质量发展。

（四）推进旅游公共服务均等化体系

本研究提出"四维协同"的旅游公共服务均等化体系，具体实施路径如下。

一是创新普惠性服务供给体系。创新制度性公共资源开放机制，制定《公共资源旅游化利用导则》，建立分类多项开放标准；实施"文化场馆＋"改造计划，增设旅游咨询、非遗体验等复合功能；创建"惠民一卡通"数字平台，整合多类公共服务资源，实现"一码通城"；设计差异化补贴政策，构建动态价格调节模型（DPM），设置多档阶梯式优惠体系；开发特殊群体服务认证系统（SGSS），实现"人脸识别＋权益绑定"；建立旅游消费券智能分发平台（TCDP），采用LBS技术定向投放。

二是优化适游化人居环境。构建生态景观网络，应用景观生态学原理规划"三环五廊"绿道系统；实施城市界面适游化改造，设置不同类别旅游友好型街道家具；开发滨水空间共享利用模式，建设多处"城市阳台"观景平台。进行基础设施适游化改造，制定《旅游公共服务设施适游化标准》，涵盖多项指标；推进"厕所革命2.0"，应用太阳能生物降解技术建设生态厕所；实施道路"旅游＋"改造工程，设置文化地雕与智能交互路牌。

三是建设智慧化便民服务矩阵。构建数字服务网络，建立旅游民生服务大数据中心（TMSDC），集成各个部门数据；开发"掌上黔东南"超级App，实现医疗、金融等服务在线集成；部署5G+AI服务终端，服务半径覆盖率提升至92%。创新无障碍服务体系，应用BIM技术进行适老化、无障碍设施改造；开发视障人士触觉导航系统（TNS），覆盖1个5A景区和18个4A景区；建立特殊群体服务响应中心（SGSRC），承诺15分钟应急响应。

四是构建主客共享治理机制。建立社区参与激励机制，设计"旅游积分银行"制度，实现志愿服务与惠民权益兑换；建立传统技艺服务认证体系，培育500个"民族工匠服务点"；开发社区资源共享平台（CSRP），激活闲置资源旅游化利用。建设协同治理平台，构建"政府—企业—社区—游客"四方协商机制，开发旅游志愿服务管理系统（TVMS），实现需求智能匹配；建立服务效能评估指数（SEI），包含多个维度多项指标。通过构建"需求识别—精准供给—效能评估"的闭环系统，推进旅游公共服务均等化体系，可以提高特殊群体服务覆盖率，提升社区参与度和公共服务满意度，有效破解公共服务非均等化的困境，实现旅游发展成果的全民共享。

（五）完善旅游行政管理服务体系

本研究提出"三链协同"的旅游行政管理服务体系，具体实施路径如下。一是构建制度创新链。建立跨部门协同治理机制，建立旅游行政服务联席会议制度（TASMC），形成"1+6+N"协同体系（1个领导小组+6个核心部门+N个关联机构）；开发政务区块链平台（TBaaS），实现各个部门业务数据的可信共享；制定《旅游公共服务权责清单》，明确各项服务事项的职责边界。建立标准化治理体系，构建旅游服务质量标准体系（TQSAS），包含旅游大领域和地方标准；建立从业人员能力矩阵（CMT），设置职业发展通道；实施服务质量认证制度（SQCL），开发旅游企业服务成熟度模型（TESMM）。

二是建设智慧监管链。建立智能监管系统，构建旅游市场信用分级模型（TMCGM），设置各项指标；部署AI监管机器人系统（AIRS），实现各类违规行为的智能识别；建立旅游舆情情感分析系统（SAS），日处理网络数据量达300万条。制定《旅游综合执法规程》，建立"三师联动"机制（警察+法官+律师）；开发旅游纠纷在线调解平台（ODRP），集成智能法律咨询模块；构建旅游执法效能评估体系（TSEE），设置关键绩效指标。

三是创新服务优化链。建立精准服务供给系统。建立旅游公共服务需求感知系统（TPDSS），应用大数据挖掘技术；开发旅游行政服务数字孪生平台（TADT），实现政策模拟推演；构建"指尖政务"服务体系，93%服务事项实现"掌上办"。提升投诉处理质效，参照ISO 10002标准构建旅游投诉管理系统（TCMS），建立投诉处理PSR模型（压力—状态—响应），设置不同级别响应等级，开发服务质量追溯系统（SQTS），应用区块链技术存证。

（六）强化旅游支撑服务体系

一是强化体制保障。首先，优化管理架构。针对黔东南州16个县市分散管理引发的资源开发碎片化问题，建议构建"1+16+N"三级协同治理体系。在州级层面成立旅游发展委员会，整合文旅、发改、环保等各个职能部门权责，形成"决策—执行—监督"三位一体的统筹协调机制；县级层面设立旅游综合治理办公室，实施跨部门联合审批制度；乡镇层面建立旅游发展工作站，形成纵向贯通的管理网络。该架构创新性地将传统属地管理升级为"州域统筹—县域协同—社区参与"的立体治理模式。其次，进行规划协同与资源整合。实施"多规合一"创新工程，建立旅游专项规划与国土空间规划、生态保护红线的动态衔接机制。通过GIS空间分析技术，划定三大功能区：①民族文化体验核心区（雷公山—月亮山廊带）；②生态康养度假区（清水江流域）；③边境商贸旅游区（黎从榕板块）。建立旅游资源数据库，对全州A级景区、非遗项目实行数字化建档和动态监测。最后，重构监管体系。构建"政府主导+行业自律+社会监督"的多元共治体系。行政监管方面，制定《黔东南州旅游管理条例》，设立旅游巡回法庭和工商旅游分局；在行业自律方面，成立旅游酒店业协会等专业组织，制定团体标准；在社会监督方面，建立旅游服务质量第三方评估机制和游客满意度指数发布制度。

二是强化政策保障。首先，设计国际旅游便利化政策。近期（2025~2027年）申报144小时过境免签政策，建立与贵阳龙洞堡机场联动的"空铁联运"签证服务体系；中期（2028~2030年）争取纳入"一带一路"旅游便利化试点，实现东盟十国旅游团15天入境免签；远期（2031~2035年）推动建设"苗侗文化国际自由旅游区"，申请实施全球78国公民90天旅游免签政策。通过与中国旅游研究院合作编制《边境旅游试验区建设方案》，构建"签证便利化+跨境支付+多语种服务"三位一体的国际旅游服务链。其次，优化航空枢纽建设政策，构建"1+2+3"国际航线体系：洲际干线方面，重点开通巴黎（法）、洛杉矶（美）每周1班定期航线；区域支线方面，加密曼谷（泰）、河内（越）、大阪（日）等每周2班航线；跨境包机方面，开发琅勃拉邦（老挝）、暹粒（柬埔寨）等3条季节性旅游包机。创新实施"航旅补贴联动机制"，对执飞洲际航线企业给予起降费 50% 补贴，对组织入境包机游的旅行社按每架次 10 万元予以奖励。最后，构建旅游法治保障体系。采用系统性立法思维，形成"1+4+N"法律框架。在基础条例方面，制定《黔东南苗族侗族自治州国际旅游目的地条例》，明确旅游特区法律地位；在专项规章方面，配套出台旅行社、导游、景区、价格 4 大管理规定；在标准体系方面，研制民族文化客栈、非遗体验项目等地方标准。参考海南自贸港立法经验，建立旅游纠纷"行政调解 + 仲裁 + 巡回法庭"多元化解机制，设立旅游警察支队强化综合执法。

三是强化金融保障。系统构建黔东南州旅游产业发展的金融保障体系，进行多维度金融创新与制度设计，着力破解旅游产业发展的资金约束，推动黔东南州旅游高质量发展目标的实现。首先，优化政府投融资平台。组建州属旅游投资集团，运用公共私营合作制（PPP）模式整合社会资本。平台功能包括：重大项目开发支持，旅游资源证券化运作，产业基金专业化管理。同时构建州县两级担保体系，建立风险分担机制，有效降低金融机构授信风险。其次，建设多元化融资体系。拓展资本市场融资渠道，建立梯度培育机制，支持符合上市标准的旅游企业在创业板（成长型）、中小板（成熟型）进行股权融资。探索发行旅游产业专项债券，试点收益权质押融资模式。引入外资金融机构，实施"外资银行发展计划"，通过税收优惠、监管沙盒等制度创新，吸引外资金融机构进入。重点引进旅游项目融资经验丰富的跨国银行、专业旅游保险公司、绿色金融投资机构。最后，创新金融服务实践。开发景区收益权质押贷款产品，试点旅游项目资产证券化，创新旅游责任保险产品体系，推出旅游消费信贷产品。建立金融创新容错机制，允许试点机构突破传统信贷模式。

四是强化人才保障。本研究提出"四链耦合"的旅游人才发展体系，具体实施路径如下。首先，建设政策支撑链。创新人才发展制度，制定《黔东南州旅游人才发展促进条例》，构建"3+5"政策体系（3 类基础制度 +5 项激励政策）；建立旅游人才发展指数（TDI），设置人才密度、结构优化度等核心指标；实施"银穗计划"，对引进的领军人才给予最高 200 万元科研资助。优化产教融合机制，构建"政校行企"四方协同育人平台（GIBP），开发产教融合项目；建立旅游人才需求预测系统（TDPS），应用 LSTM 神经网络进行供需预测；制定《黔东南州旅游新职业能力标准》，覆盖研学旅行指导师等新兴岗位。其次，构建培养创新链。构建"双螺旋"课程体系，实现理论教学与实践训练 1∶1 配比；开发民族文化传承虚拟仿真平台（VTCS），设置典型工作场景；建立"大师工作室＋现代学徒制"培养模式，培育非遗传承人才。促进职业化人才发展，实施"金蓝领"培养计划，构建五级技能认证体系；开发岗位能力数字孪生系统（JDDS），实现技能差距智能诊断；建立跨境人才交流基地（CTEB），年输送 50 名管理骨干赴境外研修。再次，培育发展生态链。营造人才成长环境，建设旅游人才创新港（TIH），集成研发、孵化、服务三大功能；建立人才服务"一卡通"系统，整合便利化服务；开发职业发展导航平台（CDNP），提供个性化成长路径规划。构建数字赋能体系，搭建旅游人才云课堂（TCC），建设 2000+ 微课资源库；应用 XR 技术开发沉浸式培训系统，提升技能习得效率；建立区块链人才认证平台（BTCP），实现学习成果永久存证。最后，完善治理协同链。优化行业规范体系，制定《黔东南州旅游从业人员执业标准》，涵盖各大岗位细则；建立服务质量追溯系统（SQTS），实施"一人一码"执业管理；开发职业道德评价模型（MPEM），设置各个维度指标；创新协同治理机制，构建旅游人才发展联盟（TTDA），吸纳核心成员单位加入；建立人才流动补偿机制（TMCM），平衡区域间人才分布；开发人才效能监测系统（TPMS），实时追踪培养投入产出比。通过构建"需求导向—能力本位—数字赋能"的人才发展生态系统，能有效破解黔东南州旅游人才结构性短缺难题，为旅游产业高质量发展提供持续的智力支持。

五是强化用地保障。本研究提出"四维协同"的旅游用地保障体系，具体实施路径如下。首先，构建国土空间优化配置体系。规划统筹机制，构建"三区三线"管控体系，划定旅游发展优先区；建立旅游用地"双评价"机制（资源环境承载力评价＋开发适宜性评价）；编制《黔东南州旅游专项用地规划》，实现与国土空间规划"三同步"。实施差异化供给策略,实施"三荒三废"土地旅游化利用工程,制定用地转换标准;创新"点状供地"模式,推行旅游设施用地"打捆供应"政策;建立用地需求预测模型(LDM),应用 ARIMA 算法进行供需预测。其次,创新新型用地政策体系。建立复合利用制度,制定《黔东南州旅游新业态用地分类指南》,新增混合用地类型;开发土地复合利用智能决策系统(LUDSS),实现三维空间效能模拟;建立文化资产活化利用制度,允许历史建筑兼容旅游功能。创建共享经济模式,构建集体经营性建设用地入市交易平台(CLTMP),覆盖黔东南州各行政村;创新"宅基地 + 民宿"联营机制,制定收益分配"三三制"原则;开发旅游用地共享数据库(LSD),集成闲置资产信息。再次,构建智慧监管技术体系。建立全过程监测系统,构建天地空一体化监测网络,应用 InSAR 技术进行用地变化监测;开发旅游用地绩效评估模型(LPEM),设置各个维度指标;建立用地预警平台(LEWP),实现开发强度实时预警。应用数字化治理工具,应用 BIM+GIS 技术构建用地管理数字孪生平台,部署区块链存证系统,实现用地审批全流程可追溯,开发移动巡查 App,整合各类用地监管功能模块。最后,构建生态保育协同体系。建立低碳利用机制,制定《黔东南州旅游用地生态补偿办法》,建立碳汇交易机制;实施"占补平衡 2.0"计划,创新生态用地银行制度;开发用地生态影响评估系统(LEIAS),集成 InVEST 模型。对文化空间进行保护,划定民族文化生态保护区,建立"非遗 +"用地兼容模式;创新梯田系统"三生空间"协同利用机制(生产—生态—生活);构建传统村落活化利用评价体系(TVES),设置各项核心指标。通过构建"总量管控—结构优化—效率提升—生态约束"的四维机制,可破解黔东南州山地旅游目的地用地困境,为旅游产业高质量发展提供土地支持。

八、本章小结

　　本章提出了黔东南旅游高质量发展的优化路径。主要从锚定黔东南州旅游高质量发展之匙，筑牢黔东南州旅游高质量发展之基，铸就黔东南州旅游高质量发展之魂，凝练黔东南州旅游高质量发展之核，坚守黔东南州旅游高质量发展之本，营造黔东南州旅游高质量发展之境，强化黔东南州旅游高质量发展之支撑方面探讨旅游高质量发展的有效路径。锚定黔东南州旅游高质量发展之匙就是要强化旅游大通道建设，以十大工程撬动旅游发展，促进地区旅游发展平衡，提升区域旅游联结效率。筑牢黔东南州旅游高质量发展之基就是要完善旅游基础设施的政策支持体系；拓展投融资渠道，形成多元化的融资、投资机制；完善旅游基础设施的规划；加强旅游基础设施建设的科技创新；积极推进乡村旅游基础设施完善工作；提升城市旅游基础设施质量水平。铸就黔东南州旅游高质量发展之魂就是要加快文旅融合步伐，加固文化产业发展，促进文化创新与市场融合，强化文化遗产保护。凝练黔东南州旅游高质量发展之核就是要引进先进技术，加持资源保护；加快科旅融合，促旅提质增效；建立健全的科技创新体制机制；支持传统要素升级，大力发展新型旅游业态。坚守黔东南州旅游高质量发展之本就是要积极推进旅游人才培养，促进人才结构协调发展，注重教育引导思想，传承文化助力旅游。营造黔东南州旅游高质量发展之境就是要打破空间布局限制，夯实旅游经济基础，协调发展主体利益关系，构建全方位营销体系。强化黔东南州旅游高质量发展之支撑就是要完善旅游信息咨询服务体系、旅游安全保障服务体系、旅游交通便捷服务体系、旅游便民惠民服务体系、旅游行政管理服务体系、旅游保障体系。

第七章 结论与展望

一、主要结论

本研究的思路为"提出问题—分析问题—解决问题",通过分析黔东南州旅游高质量发展的政策背景、实践背景和学术背景,梳理国内相关研究文献,提出黔东南州旅游高质量发展的研究目的、研究意义、研究思路、研究方法、创新点和理论基础;并对黔东南州旅游高质量发展的意义、原则、影响因素、驱动力、作用机理进行分析。在此基础上,提出黔东南州旅游高质量发展的比较优势,梳理黔东南州旅游业的发展历程,探究黔东南州旅游业的资源体系,发现资源体系的特征、分析黔东南州旅游高质量发展的现状,提出黔东南州旅游高质量发展存在的问题,最终总结优化发展路径。现将本研究的主要结论总结如下。

(一)黔东南州旅游高质量发展具有重要意义

理论方面,黔东南州旅游进入调整和高质量发展阶段。首先,从高质量发展视角出发,全面系统地运用可持续发展理论、利益相关者理论、产业融合理论、新质生产力理论、体验经济理论,并将其融入黔东南州旅游高质量发展的研究中,构建具有科学性、逻辑性和实用性的理论分析框架,为旅游学及经济学、生态学、社会学、信息技术等相关学科的理论研究提供新的视角和方向,进一步完善旅游学科的理论体系，为旅游实践提供更坚实的理论基础。其次，丰富了可持续发展理论研究。旅游业作为典型的环境敏感型产业，探索黔东南州旅游业的高质量发展，正是在旅游领域落实"绿水青山就是金山银山"理念的具体体现，丰富了"两山理论"在旅游领域的内涵，深化了对人与自然关系的理论认知，为可持续发展目标提供了实践案例与理论支撑。最后，为全面理解旅游高质量发展理论提供了重要的实证支撑与范式创新依据。黔东南州作为中国西南地区民族文化与生态资源富集的典型代表，其旅游高质量发展研究不仅为区域实践提供了方向，更通过个案剖析与理论提炼，为全面理解旅游高质量发展理论提供了重要的实证支撑与理论创新依据。

实践方面，通过对黔东南州旅游高质量发展的研究探索，有利于实现从"资源依赖"到"创新驱动"、从"单一产业"到"三产融合"、从"县域封闭"到"开放协同"的经济转型。其意义不仅体现在经济数据的增长上，更在于探索出一条民族地区通过文旅融合破解发展不平衡、不充分问题的实践路径，为全国同类地区提供了可复制的"绿水青山就是金山银山"转化方案。从经济层面来看，通过对黔东南州旅游系统性的研究，能够精准识别黔东南州旅游发展优势、破解发展瓶颈、优化资源配置，并形成可推广的模式，为区域经济注入可持续增长动力。从文化传承来看，黔东南州孕育了丰富的非物质文化遗产，高质量的旅游发展能够为这些文化提供展示和传承的平台，增进公众对当地文化的认识和自信，从而促进文化的保护和传承。对黔东南州旅游高质量发展的研究有助于建立非物质文化遗产的活态传承机制，解决文化传承的"断代危机"；有助于利用数字技术赋能，推动文化基因的现代化转化；有助于激发文化自豪感，加强社区文化认同和代际传递。从提升旅游体验来看，通过科学规划、技术创新、文化赋能与生态保护等方式，能够推动旅游服务质量提升，全方位优化游客的感官享受、文化感知和情感共鸣，优化旅游环境，提高游客的满意度和忠诚度，实现从"观光式游览"向"沉浸式体验"的跨越，吸引更多游客前往，提升黔东南州旅游的口碑和知名度。从产业融合来看，对产业融合的推动作用显著。以旅游业为纽带，打破传统产业边界，通过资源整合、技术赋能、价值链延伸等方式，构建"旅游+"或"+旅游"的融合生态，形成多产业协同发展的新格局。从区域发展来看，黔东南州旅游高质量发展研究对区域发展的促进作用体现在经济、社会、文化、生态与治理等多维度的协同提升。经济上，以文旅融合激活传统资源，有助于构建"三产联动"的现代产业体系；社会上，以社区参与保障公平共享，有助于缩小城乡差距；文化上，以创新传承筑牢民族认同，有助于增强文化自信；生态上，以绿色技术平衡保护与开发，有助于践行"两山理论"；治理上，以智慧化与本土化结合提升效能，有助于实现多元共治。

（二）黔东南州旅游发展历经五大阶段

黔东南州旅游业的发展历程，依次经历了起步、资源开发、提质升级、加速发展以及调整和高质量发展五个阶段。旅游起步阶段（2000~2003年），基础薄弱，旅游发展总量低。旅游总收入从1.4亿元增长至2.99亿元，占GDP比重不足3%，显示旅游业处于起步萌芽状态。

旅游资源开发阶段（2004~2008年），受政策驱动，旅游经济呈爆发式增长。旅游总收入从16.8亿元飙升至83.58亿元（年均增速超过50%），占GDP比重从14.51%升至36.66%，成为经济支柱之一。游客量激增，从241万人次增至1388万人次（2006年因交通改善大幅增长145.7%），跨省客源显著增加。旅游收入增速远超GDP增速，旅游业成为增长引擎。

旅游提质升级阶段（2009~2014年），旅游经济稳步提升，结构不断优化。旅游规模持续扩张，旅游总收入从100.8亿元增至314.79亿元（年均增速20%），占GDP比重稳定在35%~45%，贡献率趋于平稳。旅游提质增效，游客量从1400万人次增至3744万人次，但增速放缓（年均增速15%）。此阶段呈现多元化发展，产品结构从观光向休闲过渡，旅游业增速仍高于经济整体水平，但边际效应减弱。

旅游加速发展阶段（2015~2019年），文旅融合，加速发展。旅游量价齐升，旅游总收入从387亿元增至1212亿元（年均增速25%），占GDP比重突破100%

（2019 年达 107.93%），旅游业成为绝对的主导产业。旅游超级 IP 效应凸显，西江千户苗寨、镇远古城等景点成为全国网红打卡地，文化赋能显著，苗年节、侗族大歌等非遗活动常态化，文旅融合项目（如《美丽西江》实景演出）提升附加值。此阶段基础设施不断完善，尤其是高铁网络（贵广、沪昆高铁通车），珠三角、长三角游客占比超过 50%，旅游业逆势增长，凸显其抗周期性。

旅游调整、高质量发展阶段（2020 年至今），旅游业呈现 V 型反弹，2020 年收入骤降 40.6%（719 亿元），2023 年恢复至 875 亿元（增加 37%），2024 年接近千亿（976 亿元），韧性显著。本地化与短途游凸显，疫情后省内游、周边游、自驾游成为主流，旅游业复苏快于整体经济。黔东南州旅游早期依赖资源开发与基建投入，后期转向文化 IP 打造与服务质量升级，发展水平不断提升，阶段特征明显，经历了从"政策驱动爆发"到"文旅深度融合"，再到"抗风险韧性提升"，旅游业始终与区域经济同频共振。

（三）黔东南州旅游资源众多、特征明显

黔东南州是中国苗族、侗族文化的核心区域，是"返璞归真"旅行体验的核心地，是追求文化深度与自然静谧的理想之地。旅游资源以多元民族文化、原生态自然景观和独特人文风情为核心竞争力，形成了"生态 + 文化"深度融合的旅游特色。通过对黔东南州旅游资源的系统梳理与总结，本书分析了黔东南州的 A 级旅游景区资源、旅游星级饭店与民宿资源、旅行社资源、乡村旅游重点村镇资源、夜间文化和旅游消费集聚区资源以及非物质文化遗产资源。

研究发现，黔东南州的旅游资源具有全域分布且片区集中的特点；自然风光旖旎，生态环境保持良好；历史底蕴深厚，原生态民族风情浓郁；文化积淀极为丰富；旅游产品种类繁多。调研发现，黔东南州正不断完善旅游规划，夯实理论根基；旅游改革发展取得一定成效；持续深化"放管服"改革，营造良好的营商环境；通过创意营销宣传，扩大"民族原生态·锦绣黔东南"影响力；旅游发展水平不断提升。

（四）黔东南州旅游高质量发展比较优势明显

黔东南州旅游高质量发展比较优势明显。从自然旅游资源体系来看，森林旅游资源得天独厚，水域旅游资源独具优势，气候和天象旅游资源独特；从人文旅游资源体系来看，历史文化底蕴深厚，民族文化风情独特，体旅融合初见成效；从传统村落旅游体系来看，村落资源丰富多样，村落开发成果显著，文化保育工作到位；从特色旅游产品体系来看，有自然生态——观光型旅游产品，异域风情——体验型旅游产品，文旅融合——文化型旅游产品。

（五）黔东南州旅游高质量发展受宏观、中观、微观因素的影响

黔东南州旅游高质量发展是一个系统性工程，涉及多层次、多主体的协同作用。本研究从宏观、中观、微观三个维度，结合政策、经济、社会、生态等多要素，分析其核心影响因素。从宏观维度来看，主要受政策环境、经济基础、社会文化趋势、技术创新、生态约束等因素的影响；从中观维度来看，区域、行业或产业、市场层面是关键因素；从微观维度来看，企业、游客、居民等利益相关者是重要影响因素。

（六）多维度、多层次作用机理驱动黔东南州旅游高质量发展

黔东南州旅游高质量发展的机制涉及多维度、多层次的协同效应，其核心在于通过优化资源配置、创新驱动、可持续发展和系统治理，实现旅游产业的经济效益、社会效益和生态效益的有机统一。作用机理遵循"政策＋市场"双轮驱动、"科技＋文化"双核赋能、"绿色＋包容"双轨并行，通过"政策引导、市场引流、创新破局、文化铸魂、基建筑基"五维发力，实现资源整合、政策支持、创新驱动、市场拓展、服务提升和可持续发展的多维协同，构建民族地区旅游高质量发展的典型路径。旅游业可逐步实现从规模扩张向质量效益、从资源依赖向创新驱动的转型升级，最终构建更具韧性、竞争力和可持续性的产业生态。其经验可为其他民族地区提供参考，未来需进一步强化国内品牌输出与产业链纵深拓展，向

世界级旅游目的地迈进。

（七）黔东南州旅游高质量发展问题凸显

黔东南州旅游高质量发展问题凸显。从旅游布局来看，存在旅游发展空间格局不均衡，旅游区域协同效应不高的问题；从旅游基础设施来看，存在旅游基础设施政策支持体系不完善、投入不足、规划不完善、科技创新有待加强、乡村和城市旅游基础设施水平亟待提高等问题；从文化来看，存在旅游高质量发展文旅融合效果不佳、文化产业动力不足、原生态民族文化创新力度不够等问题；从科技创新来看，存在资源开发与保护技术不成熟、科旅融合成效不佳、旅游科技创新能力不足、体制机制不健全等问题；从旅游人才来看，存在旅游人才培养不适应发展需求、人才结构不合理、文化水平整体偏低、民族人才传承危机等问题；从营商环境来看，存在地理位置限制发展建设、经济基础影响上层建筑、旅游发展主体间利益协调冲突等问题。

（八）黔东南州旅游高质量发展优化路径

黔东南旅游高质量发展的优化路径主要从锚定黔东南州旅游高质量发展之匙，筑牢黔东南州旅游高质量发展之基，铸就黔东南州旅游高质量发展之魂，凝练黔东南州旅游高质量发展之核，坚守黔东南州旅游高质量发展之本，营造黔东南州旅游高质量发展之境、强化黔东南州旅游高质量发展之支撑方面进行探讨。

锚定黔东南州旅游高质量发展之匙就是要强化旅游大通道建设，以十大工程撬动旅游发展，促进地区旅游发展平衡，提升区域旅游联结效率。

筑牢黔东南州旅游高质量发展之基就是要完善旅游基础设施的政策支持体系；拓展投融资渠道，形成多元化的融资、投资机制；完善旅游基础设施的规划；加强旅游基础设施建设的科技创新；积极推进乡村旅游基础设施的完善工作；提升城市旅游基础设施质量水平。

铸就黔东南州旅游高质量发展之魂就是要加快文旅融合步伐，加强文化产业发展，促进文化创新与市场融合，强化文化遗产保护。

凝练黔东南州旅游高质量发展之核就是要引进先进技术，加持资源保护；加快科旅融合，促进旅提质增效；建立健全科技创新体制机制；支持传统要素升级，大力发展新型旅游业态。

坚守黔东南州旅游高质量发展之本就是要积极推进旅游人才培养，促进人才结构协调发展，注重教育引导，传承文化助力旅游。

营造黔东南州旅游高质量发展之境就是要打破空间布局限制，夯实旅游经济基础，协调旅游发展主体利益关系，构建全方位营销体系。

强化黔东南州旅游高质量发展之支撑就是要完善旅游信息咨询服务体系、旅游安全保障服务体系、旅游交通便捷服务体系、旅游便民惠民服务体系、旅游行政管理服务体系、旅游保障体系。

二、研究不足

本研究从高质量发展视角切入黔东南州旅游发展研究，虽在理论与实践的联结上作出了一定探索，但受限于研究条件、学科复杂性、学科理论多元性，以及课题负责人的研究能力，仍存在以下不足之处，需在未来研究中进一步完善。

（一）多学科理论整合深度不足

旅游高质量发展涉及经济学、生态学、人类学、管理学等多学科交叉，但研究中对跨学科理论的融合仍显生硬，尤其在"文化—生态—经济"协同机制的理论框架构建上，尚未形成系统化的整合模型。

（二）案例比较与模式推广验证有欠缺

研究聚焦黔东南州本土，未充分对比其他民族地区（如云南丽江、湘西凤凰）

的差异化发展路径，导致模式推广的适用性论证不足。

（三）利益主体动态博弈机制研究薄弱

对政府、企业、社区、游客等多元主体的利益诉求冲突（如文化商业化尺度争议、生态补偿标准分歧）缺乏微观行为建模，难以揭示矛盾化解的动态过程。

三、研究展望

针对本研究的不足，在今后的研究工作中，需在以下方面进一步深入研究。

（一）加强跨学科方法论融合

加强跨学科方法论融合，需要从多学科视角整合理论与方法，以应对其独特的民族文化、生态资源与旅游发展的复杂性，引入复杂性科学（如系统动力学模型）量化"文化保护—生态约束—经济增长"的交互关系；运用文化人类学的深描方法，解析民族文化在旅游开发中的符号化重构机制。通过跨学科方法论的深度融合，黔东南州旅游高质量发展研究可从"单一问题解决"转向"系统协同治理"，为民族地区旅游高质量发展提供学术智慧与实践范式。

（二）扩展区域比较与模式验证

选取云贵桂湘交界地带的民族旅游区进行对比研究，提炼黔东南州模式的适用边界与适配条件；通过政策实验（如差异化门票分红机制试点）验证理论模型的实践效能。通过跨区域经验借鉴与科学验证，提升研究的普适性与实践指导价值。通过系统化的区域比较与模式验证，黔东南州可避免"经验照搬"陷阱，形成"理论提炼—跨境比对—本土验证—动态优化"的闭环研究范式，为全国民族地区旅游可持续发展提供黔东南方案。

（三）聚焦利益协调与治理创新

构建多主体博弈模型，模拟旅游收益分配、文化产权归属等关键议题的协商路径；探索"数字赋能＋社区自治"新型治理工具（如区块链技术用于文化 IP 确权、社区共治 App 开发）。黔东南州旅游发展中的利益冲突本质是文化保护权、生态资源权、经济收益权的博弈，通过利益协调机制与治理工具的创新，平衡多元主体诉求，创新治理模式，黔东南州可破解"保护与开发""公平与效率"的二元对立，走出一条文化有尊严、生态有保障、居民有获得感的民族旅游高质量发展道路。

（四）强化技术赋能与场景应用

研究人工智能、元宇宙等技术在民族文化沉浸式体验（如虚拟苗年节庆）、生态旅游虚拟导览中的应用潜力；开发旅游碳排放智能监测系统，推动低碳旅游从理念到实践的转化。聚焦数字技术、智慧管理与沉浸式体验的融合创新，推动民族文化与生态资源的可持续利用。通过技术赋能，黔东南州可突破物理空间限制，实现"文化在云端传承、体验在虚实交织、管理在指尖实现"，为民族地区提供"科技向善"的文旅数字化转型范例。

四、结语

在当前发展阶段，黔东南州正积极推进旅游发展的"四大行动"，旨在深度挖掘和充分利用该地区丰富的自然资源与多元的民族文化资源。通过文化与旅游的深度融合，黔东南州致力于将旅游打造为文化展示的重要载体，从而构建具有独特魅力的旅游目的地。具体而言，黔东南州聚焦于资源、客源和服务三大核心要素，力求在各个环节实现优化与提升。

在资源开发方面，黔东南州充分发挥其独特的自然景观与民族文化优势，如壮丽的山川地貌、秀美的河流景观、神秘的溶洞奇观以及多样的民族风情等，这些均为其民族旅游发展奠定了坚实基础。通过科学的规划与合理的开发，黔东南州致力于将这些资源转化为具有市场竞争力的旅游产品，以满足多元化游客需求。

在客源拓展方面，黔东南州积极开拓国内外旅游市场，通过多渠道的营销策略提升其旅游品牌的知名度与影响力。特别是通过打造"民族原生态·锦绣黔东南"这一核心旅游品牌，黔东南州向全球展示了其独特的自然风光与文化魅力，吸引了大量游客前来体验与探索。

在服务提升方面，黔东南州持续优化旅游服务水平，改善旅游环境，确保游客在当地的旅行体验更加舒适、便捷与安全。从基础设施建设到旅游服务人员的专业化培训，从旅游信息的全面提供到旅游投诉的高效处理，黔东南州力求在每一个细节上实现精细化运营，以提升游客的整体满意度。

通过调研与分析，研究发现黔东南州旅游资源情况：A级旅游景区资源、旅游星级饭店与民宿资源、旅行社资源、乡村旅游重点村镇资源、夜间文化和旅游消费集聚区资源以及非物质文化遗产资源丰富。研究发现黔东南州的旅游资源具有全域分布且片区集中的特点；自然风光旖旎，生态环境保持良好；历史底蕴深厚，原生态民族风情浓郁；文化积淀极为丰富；旅游产品种类繁多。同时，研究发现黔东南州正不断完善旅游规划，夯实理论根基；旅游改革发展取得一定成效；持续深化"放管服"改革，营造良好营商环境；通过创意营销宣传，扩大"民族原生态·锦绣黔东南"影响力；旅游发展水平不断提升。然而，研究也揭示了黔东南州旅游高质量发展中存在的一些问题，如旅游布局不合理、基础设施薄弱、创新能力不足、科技创新能力不强、人才资源匮乏以及营商环境有待优化等，并深入分析了这些问题的成因。

基于上述研究，本文提出了黔东南州旅游高质量发展的七项对策建议：一是锚定发展之匙，明确发展方向；二是筑牢发展之基，夯实基础设施；三是铸就发展之魂，突出文化特色；四是凝练发展之核，推动科技创新；五是坚守发展之本，优化人才培养；六是营造发展之境，改善营商环境；七是强化发展之支撑，优化服务体系。黔东南州正致力于推动旅游产业化与高质量发展，以实现旅游产业的可持续发展，为当地经济繁荣与社会进步作出更大贡献。

　　未来研究需在方法论创新、扩展区域比较验证、利益协调治理、技术工具嵌入四个维度持续突破，尤其需关注"文化数字化传承""生态产品价值核算""社区韧性治理"等前沿议题。通过完善研究框架，既可深化对民族地区旅游特殊规律的理论认知，又能为乡村振兴、生态文明等国家战略提供更具操作性的政策工具，最终实现学术价值与社会效益的双重提升。

参考文献

[1] 李柏文，郭凌．中国式现代化情境下的旅游高质量发展理论研究[J]．旅游学刊，2024，39（1）：13-15.

[2] 张朝枝，杨继荣．基于可持续发展理论的旅游高质量发展分析框架[J]．华中师范大学学报（自然科学版），2022，56（1）：43-50.

[3] 吕雁琴，陈静，邱康权．新发展理念下中国旅游业发展水平的空间非均衡及动态演变研究[J]．新疆大学学报（哲学·人文社会科学版），2021，49（3）：1-9.

[4] 严旭阳．全面贯彻新发展理念是旅游业高质量发展的必由之路[J]．旅游学刊，2023，38（1）：3-5.

[5] 刘静，王宝林，刘朝峰．科技创新与旅游高质量发展的时空耦合协调——以京津冀为例[J]．技术经济与管理研究，2022（6）：41-46.

[6] 陈烦，刘丹．黔东南州全域旅游发展存在的问题和优化路径研究[J]．经济研究导刊，2019（34）：170-171.

[7] 李忠斌，李军，文晓国．武陵山区特色村寨建设新思路：基于夹壁村的调研[J]．西南民族大学学报（人文社科版），2016，37（2）：24-30.

[8] 董丹丹．乡村旅游基础设施建设研究[J]．农业经济，2020（4）：43-45.

[9] 钟永德，魏娟，廖小平，等．基于G2-SFCA的乡村旅游服务供需可达性评价[J]．中南林业科技大学学报，2022，42（11）：182-195.

[10] 李红波，李悦铮，陈晓．城市基础设施与城市旅游协调发展定量研究——以大连市为例[J]．旅游论坛，2009，2（6）：850-854.

[11] 刘嘉颖．从文旅引流到精神共睦——戏剧与仪式在民族文化旅游和共

有精神家园建设中的价值整合[J].西南民族大学学报（人文社会科学版），2023，44（6）：36-42.

[12]陈昕.试论旅游产业竞争力的科技方法创新——以云南为例[J].云南大学学报（社会科学版），2013，12（4）：101-105，112.

[13]李凤亮，杨辉.文化科技融合背景下新型旅游业态的新发展[J].同济大学学报（社会科学版），2021，32（1）：16-23.

[14]杨美霞.新时代旅游人才培养供给侧改革路径[J].社会科学家，2022(1)：52-56.

[15]中国旅游协会旅游教育分会.中国旅游教育蓝皮书-2017-2018，2017-2018 [M].北京：中国旅游出版社，2018.

[16]陈烦，刘丹.黔东南州旅游转型升级发展模式[J].合作经济与科技，2020（17）：46-47.

[17]王红艳.乡村旅游发展中的人才问题研究[J].商业文化，2021（23）：20-21.

[18]兰宗宝，兰申菊.关于广西乡村旅游人才建设的战略思考[J].广东农业科学，2009，36（8）：263-266.

[19]陈烦,刘丹.贵州旅游业发展分析[J].合作经济与科技,2024（7）:52-54.

[20]李军，胡盈.旅游共同体：传统村落旅游利益分配正义的新视角[J].云南民族大学学报（哲学社会科学版），2021，38（6）：100-109.

[21]王先昌，彭雅莉，孔德强.基于非遗视觉符号的湛江旅游文创产品设计研究[J].包装工程，2022，43（12）：332-338，358.

[22]李军，蒋焕洲.经济空间重构：传统村落旅游利益分配正义的西江样本[J].中南民族大学学报（人文社会科学版），2020，40（4）：112-118.

[23]向延平.乡村旅游驱动乡村振兴内在机理与动力机制研究[J].湖南社会科学，2021（2）：41-47.

[24]陈烦，刘丹.贵州民族地区旅游发展现状分析[J].合作经济与科技，

2021（1）：19–21.

[25] 王民. 发展城市旅游的思考［J］. 学术交流，2002（3）：79–81.

[26] 李军，龚锐，罗永常. 乡村振兴视域下民族文化何以影响民族经济——基于贵州南脑村的调研［J］. 原生态民族文化学刊，2019，11（5）：77–84.

[27] 王佳佳，田彩云，裴正兵. "三山五园"文化旅游品牌建设研究［J］. 资源开发与市场，2022，38（5）：622–626.

[28] 王东峰. 民族地区旅游目的地品牌定位路径研究［J］. 企业经济，2016，35（5）：37–40.

[29] 陈烦，刘丹. 贵州旅游与山地特色新型城镇化发展思考［J］. 合作经济与科技，2024（8）：42–43.

[30] 李凤亮，杨辉. 文化科技融合背景下新型旅游业态的新发展［J］. 同济大学学报（社会科学版），2021，32（1）：16–23.

[31] 高远. 大数据环境下旅游景区智慧旅游管理模式的构建［J］. 产业创新研究，2021（14）：50–51，54.

[32] 黄世华，杨兆兰，李生彪. 甘肃省旅游人才队伍建设的调查与思考［J］. 兰州文理学院学报（社会科学版），2023，39（1）：95–102.

[33] 陈烦，刘丹. 贵州旅游业高质量发展现状分析［J］. 合作经济与科技，2024（20）：24–26.

[34] 杨美霞. 新时代旅游人才培养供给侧改革路径 [J]. 社会科学家，2022（1）：52–56.

[35] 兰宗宝，兰申菊. 关于广西乡村旅游人才建设的战略思考［J］. 广东农业科学，2009，36（8）：263–266.

[36] 沈强. 外在冲击、经济基础与旅游产业和谐发展——基于时间序列数据的实证检验［J］. 现代管理科学，2016（3）：103–105.

[37] 陈烦，刘丹. 贵州旅游产业化发展存在的问题和对策研究［J］. 广东经济，2024（3）：86–89.

[38] 孙文昌. 现代旅游开发学 [M]. 青岛：青岛出版社，1999.

[39] 张学权. 凉山州自然旅游资源类型及评析[J]. 安徽农业科学，2010，38（19）：10282–10284.

[40] 欧阳勋志，廖为明，彭世揆. 论森林风景资源质量评价与管理[J]. 江西农业大学学报（自然科学），2004，26（2）：169–173.

[41] 周武忠. 论花卉的旅游审美意义[J]. 东南大学学报（哲学社会科学版），2002，4（5）：57–63.

[42] 蒋丽娜，张树夫. 风景区水域旅游资源开发的创新研究——以福建九鲤湖风景区为例[J]. 特区经济，2007（10）：186–188.

[43] 陆林，韩娅. 文献综述视角下的国内温泉旅游研究[J]. 安徽师范大学学报（自然科学版），2014，37（1）：74–78.

[44] 周可华，罗明春，陈晓磬. 漂流旅游解说系统规划初探——以阳明山漂流为例[J]. 桂林旅游高等专科学校学报，2007（1）：55–58.

[45] 陆桂林，杨军昌. 清水江流域少数民族教育文化的社会传承机制及其嬗变和调适[J]. 教育文化论坛，2015，7（2）：111–118.

[46] 唐美玉. 浅谈区域旅游一体化开发模型及应用[J]. 济南职业学院学报，2012（2）：114–117.

[47] 陈传全. 因地制宜发展新质生产力在开创海事现代化发展新格局中走在前列[J]. 中国海事，2024（10）：6–8.

[48] 张任之. 数字平台企业高质量发展驱动形成新质生产力的内在逻辑和实现路径[J]. 理论学刊，2024（4）：122–130.

[49] 杨东升. 承前启后：黔东南州脱贫成果巩固与乡村振兴实现路径思考[J]. 凯里学院学报，2022，40（4）：27–37.

[50] 邹蓓. 黔东南苗族服饰文化的核心内涵及当代创新[J]. 文化遗产，2021（6）：140–146.

[51] 张新成，高楠，王琳艳. 我国乡村旅游公共服务多元系统协同水平时空演

化及其作用机制分析［J］.干旱区地理，2022，45（1）：298-309.

[52]魏飔，欧阳青燕.民营企业高质量发展路径探析［J］.中国标准化，2019（21）：103-106.

[53]牛珂.体验经济视角下的营销战略管理研究［J］.科技资讯，2018，16(1)：119-120.

[54]周新颜，杨玉平，李筑.贵州省黔东南自治州：保护民族文化遗产 开发乡村生态旅游［J］.城乡建设，2009（2）：40-42，5.

[55]陈小玲.少数民族地区高校图书馆电子信息资源的开发利用——以凯里学院图书馆为例［J］.科技信息（学术研究），2008（36）：403，405.

[56]周新颜，杨玉平，李筑.体验生态博物馆——黔东南乡村旅游发展模式探析［J］.当代贵州，2008（18）：12-15.